아름다운 은퇴

Harold G. Koenig 저 · 유재성 역

은퇴의 진정한 의미는 무엇인가?

학지사

역자서문

　은퇴는 어떤 직장에서 어떤 일에 종사하든지 누구나 언젠가는 직면하게 되는 하나의 필수적인 인생 관문이다. 인생을 시작할 때가 있으면 마무리할 때도 있고, 일을 시작할 때가 있으면 끝맺음할 때도 있다. 역자는 다양한 사람들을 상담하면서, 특히 노년기에 접어드는 사람들이 은퇴나 그 이후의 삶에 대해 별다른 인식이나 준비 없이 살아가는 것을 보고 '은퇴 준비'의 필요성에 대해 많은 생각을 하게 되었다. 그렇지만 은퇴와 관련된 글을 쓰거나 번역을 해야겠다는 구체적인 생각은 없었다.

　그러다가 한국 사회가 급격하게 노령화되고 있는데도 정작 은퇴와 그 후의 삶을 위한 체계적인 이해와 준비는 미흡하다는 사실이 서서히 가슴에 와닿았고, 노년기를 위한 준비는 개인의 차원에서뿐만 아니라 사회적 시스템 차원에서도 필요하다는 사실이 머릿속에 들어왔다. 그러던 차에, 작년에 30여 년의 교직생활을 정리하고 은퇴한 저명한 대학 교수를 만날 기회가 있었다. 이 교수는 은퇴 후 학교에 가면 후배 교수나 제자들이 '왜 왔지?'라고 생각하는 것 같아 마음이 움츠러들고, 언제부터인가 아는 사람들과 부딪치는 것이 불

편하여 사람들이 많이 다니지 않는 길로 다니게 되었다고 했다. 아
침에 산보를 나갔다가 동네 가게에서 김밥 한 줄을 맛있게 먹고 집
을 향해 발걸음을 옮기다 보면, 하루 일과를 시작하기 위해 바쁘게
오가는 사람들을 보게 되는데, 길거리에 서서 그 모습을 보면 '나는
어디로 가지?' 하는 생각이 떠올라 공허해지는 자신을 발견한다는
것이었다. 이 은퇴 교수의 허전한 웃음이 갈 곳을 찾아 방황하고 있
을 때 역자의 시선을 붙잡은 것이 이 책이었다.

 일전에 한 유력 일간지에서 한국의 노인 자살률이 OECD 국가들
중 가장 높다는 사실을 지적하며 노인문제를 시리즈로 보도한 적이
있었다. 한국 사람들은 개인적으로 은퇴 후나 노년기 삶을 미리 준
비하기보다 대책 없이 노년기를 맞거나 자식에게 의존하는 경우가
많은데, 자식들은 사회나 정부의 지원을 기대하지만 정부는 기초적
인 제도 외에 달리 효과적인 정책이나 지원대책을 세우지 못하고
있는 실정이기에 노인문제가 심각하다는 내용이었다. 이러한 상황
에서 은퇴 후 노년기 삶에 대한 관심을 갖고 우리보다 한 발 앞서 대
책을 세워 온 미국 사회의 모습을 보면서 우리의 상황에 맞는 적절

한 지혜를 탐색하는 것은 가치 있는 일이라고 본다. 그런 의미에서, 미국에서 '노인학'과 '영성' 분야에 크게 기여하고 있는 이 책은 우리가 여러 면에서 참고할 만한 균형잡힌 좋은 통찰들을 제공하고 있다.

이 책이 의사나 간호사 등 건강 관련 종사자들, 상담사나 사회복지사, 교회의 사역자들 그리고 누구보다도 은퇴를 앞둔 사람들이나 이미 일선에서 물러나 '웰빙 노년'을 추구하는 사람들 혹은 그런 삶을 사는 데 도움이 필요한 사람들에게 일조하기를 바란다.

이 책이 나오기까지 번역과 출판을 결정해 준 학지사의 김진환 사장님, 보다 좋은 번역서가 되도록 애써 준 학지사의 편집진과 역자의 연구 조교 김계명 사모에게 감사드린다.

당신이 인생의 궁극적인 의미와 목적, 파워를 경험하기를 축복하며…!

2006년 7월
역자 유재성

최근 중년기에서 노년기로 접어들면서 은퇴를 고려하거나 이미 은퇴한 사람들이 급증하고 있다. 코닉 박사는 박식하고 탁월한 의학 교수자 은퇴 관련 전문가다. 그는 이 책에서 '느림'이라는 것이 생산성의 증가와 새로운 발견과 행복으로 인도하는지, 아니면 그 반대의 결과를 가져오는지에 대해 질문한다.

65세 이상의 사람들을 관찰한 적이 있는가? 게으름을 피우며 느리게 사는 사람들이 건강하고 만족스러운 삶을 사는가? 아니면 몸과 마음이 더 빨리 노화되고 약해지는 삶을 사는가? 한편 광대한 우주가 조그만 혹성에 사는 한 생명체의 행복을 위해 창조되었다고 생각할 수 있을까? 인간은 아직 우주의 어느 곳에서도 정보를 확장하고 진보하기 위해 계획을 세울 수 있는 능력을 가진 다른 생명체들을 발견하지 못하였다. 그렇다면 우리는 하나님의 창조작업을 가속화하는 일을 돕는 존재로 창조되었다고 볼 수 있을까?

이러한 사실이 무언가를 생산하며 사는 것은 느슨하고 게으름을 피우며 사는 것보다 더 많은 유익과 행복을 가져올 수 있음을 의미하는가?

　20세기 이전까지만 해도 사람들은 일할 수 있을 때까지 일하는 것을 당연하게 생각하였다. 무언가를 생산하는 사람으로 살다가 후에 나라의 자원에 의존하는 사람이 된다는 것은 흔한 일이 아니었다. 국가나 고용주가 사람들에게 연금을 제공한다는 생각은 거의 존재하지 않았다.

　최근 어떤 나라에서는 55세 이후 직장에서 일하는 것과 주당 35시간 이상 일하는 것을 금지하는 법안을 만들었다. 이 나라의 생산성은 앞으로 어떻게 될 것이라고 보는가? 보다 젊은 나이에 아직 더 일할 수 있는 사람들이 일자리를 떠나려고 할 것인가? 일찌감치 느슨하게 살도록 강요하기보다 더 일하고, 더 많이 만들어 내고, 더 다양한 경제활동을 하는 것에 대해 적절한 보상을 주는 것이 도움이 되지 않겠는가?

　프랭클린 루스벨트가 대통령으로 재직하고 있을 때, 미국에서 처음으로 사회보장제도가 전국적으로 도입되었다. 그때 은퇴 연령으로 설정한 나이는 65세였다. 당시 사람들의 평균 수명은 65세였고, 사회보장연금을 수령할 수 있는 사람이 국민의 절반가량이었다. 이

때 들어가는 전체적인 비용은 당시에는 합리적인 비용이었다.

그러나 지금은 상황이 달라졌다. 사회보장제도를 유지하기 위해 지불해야 할 비용은 점점 더 증가하고 부담스러워졌다. 이러한 상황은 은퇴연령을 평균수명의 변화에 따라 탄력적으로 규정했더라면 피할 수 있는 것이었다. 오늘날 이러한 법안을 제안한다면 국회에서 지지 표를 거의 받지 못할 것이다. 그렇지만 65세가 넘어서도 일하는 사람들의 수입에 과세하지 않는 방안은 상당한 지지를 받을 수도 있을 것이다. 이렇게 될 수 있다면 이는 개인들뿐만 아니라 국가 전체의 경제에도 큰 축복이 될 것이다.

최근에는 많은 미국인들이 65세 이후에 교회나 자선단체의 활동에 적극적으로 참여하고 봉사하는 것이 좋다는 생각을 갖기 시작했다. 미국은 자원봉사활동에서 이미 다른 나라들을 능가하고 있다. 그리고 수많은 사람들이 자원봉사활동을 통하여 더 생산적이고 행복한 삶을 살고 있다.

하지만 더 필요한 것은 청소년들이 자신들의 장래 진로를 계획할 때 더 이상 움직일 수 없을 때까지 유익하고 생산적인 삶을 살 수 있는 계획을 세울 수 있도록 돕는 것 또한 지혜로운 일이 아닐까? 직종에 따라서는 75세, 더 나아가 85세까지도 왕성하게 활동할 수 있는 분야가 많이 있기 때문이다.

물론 일찌감치 다른 직종으로 이직하기 위해 계획을 세우고 준비하는 것이 필요할 때도 있다. 예를 들면, 훌륭한 외과 의사지만 손이 떨리기 시작했다면 교수나 강사 혹은 연구자로 변신하도록 미리 준비할 필요가 있는 것이다. 마찬가지로 비행기 조종사가 75세가 넘었다면 그 비행기를 탈 사람은 거의 없을 것이다. 따라서 이 조종사는 노년기에 할 수 있는 일을 미리 준비하는 것이 필요하다.

나아가 사람들은 노년기에 정부에서 제공하는 자원에 의존하여 살 계획을 세우기보다는 젊어서부터 예기치 못한 응급사태에 대비하여 다양한 투자계획을 세우도록 교육받을 수 있다. 65세 이후에 보다 유익하고 행복하게 일할 수 있도록 계획을 세우는 동시에 25세 때부터 이미 자신의 자산을 다양하게 운용하는 것을 시작할 수 있다. 사람들은 이러한 노력으로 평생에 걸쳐 새로운 일을 위해 재원을 마련할 수 있고 기부도 할 수 있을 것이다.

　나는 보다 많은 학교, 교회, 사업체에서 사람들이 노년기 삶을 위한 지혜로운 계획을 세우도록 격려하고 필요한 교육을 제공하게 되기를 소망한다. 이러한 준비가 나중에 얼마나 유익한 삶을 살 수 있게 만드는지 수많은 자료들이 증거하고 있다. 나는 지금 89세로 그 어느 때보다도 의욕과 활력이 넘치는 기쁜 삶을 살고 있다. 사람들로 하여금 보다 영적인 풍요로움을 맛보도록 돕는 수많은 프로그램들에 참여하고 있기 때문이다. 당신도 이러한 기쁨과 활력을 원한다면 계속하여 이 책을 읽기 바란다.

존 템플턴 경

차 례

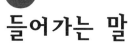

들어가는 말

"많은 사람들은 무엇이 참된 행복을 가져다 주는지에 대해 잘못된 이해를 갖고 있다. 그것은 자기만족을 통해 얻어지는 것이 아니라 가치 있는 목적에 충실함으로써 얻어지는 것이다."

-헬렌 켈러(Helen Adams Keller)

어느 토요일 아침 나는 집 뒷마당에 앉아 깊은 생각에 잠겼다. 며칠 전에 50번째 생일을 맞았고, 미국 은퇴자 협회에서 보낸 편지가 막 도착한 참이었다. 이러한 사실들에 나는 새삼 놀랐고, 여러 가지 생각을 하게 되었다. 은퇴하고 나면 무엇을 하며 시간을 보낼 것인가? 어떤 결정을 내리느냐에 따라 이것은 나머지 내 인생에 큰 영향을 미칠 것이다. 지금은 어떤 결정을 내리기보다 당분간 이러한 결정을 유보하고 싶다. 하지만 아무런 행동도 취하지 않는다면 내 미래는 이에 크게 좌우될 것이다. 많은 사람들은 은퇴하고 나면 다양한 활동들을 하며 시간을 보낸다고 말한다. 하지만 나는 내 인생의 마지막 부분에서 얻을 수 있는 의미를 충분히 이루지 못하거나 상실할까 봐 두렵다.

인생은 한 번밖에 살 수 없는 것이고, 또 다른 인생을 살 기회가 있는 것도 아니기 때문에 내가 왜 이 시점에, 여기 이 자리에 있는지에 대한 목적을 상실한 채 그냥 살고 싶지는 않다. 나는 내 인생에 어떤 목적이 있고, 내가 갖고 있는 기독교 신앙과 밀접한 관계가 있음을 믿는다. 나는 내가 어떤 힘이나 비인격적인 경로를 통해 우연히 이 땅에 살게 되었고, 결국에는 원자와 세포로 돌아갈 것이라고 믿지 않는다. 내 인생에 분명한 목적이 있다면, 나는 그 목적을 향해 나아가야 한다. 어떤 것도 이것을 방해할 수는 없다. 지금 내게는 선택할 수 있는 기회가 있다. 따라서 어떤 결과가 발생할지 모른 채 그냥 그대로 살아가고 싶지는 않다. 앞으로 몇 년이 지나면 나는 직장을 그만두고 은퇴하게 될 것이다. 그러나 은퇴 전에 준비해 두고 싶다. 그래서 내 인생의 다음 단계가 어떤 방향으로 전개될 것인지 알 수 있게 되기를 원한다. 은퇴 후의 단계는 적어도 25~30년 이상 지속될 것이다. 이를 위해 나는 미리 계획을 세워 갈 것이다.

내 가까운 친구와 동료들도 이러한 문제에 대해 생각하고 있는지 모르겠다. 은퇴하면 그들은 무엇을 하며 지내게 될까? 사람들은 일상 생활에서 이러한 대화를 잘 하지 않는다. 하지만 마음속으로라도 생각해야 한다. 특히, 55세나 60세 정도의 연령층에 있는 사람들은 더욱 그러하다. 직장을 떠나면 그들의 상당수는 건강과 재정이 허락하는 한 여가와 레크리에이션을 즐기는 생활을 하려고 할 것이다. 이러한 선택을 하는 사람들을 비난할 생각은 추호도 없다. 그들은 오랜 세월 동안 하고 싶은 것들을 포기해 가며 가족을 부양하고 어쩌면 조금이라도 저축하기 위해 노력했을 것이다. 대부분의 사람들은 이러한 삶의 과정을 따라가고 있는 것처럼 보인다. 나 역시 그러한 과정을 따르게 될 것이다.

나도 사실 여유 있는 노후를 위해 미리 계획을 세우고, 그냥 편하게 살았으면 좋겠다. 그렇지만 마음속에서 계속 무언가가 자극하고 있음을 부인할 수 없다. 나는 그저 단순하게 살아가는 것 이상을 원한다. 나는 세상을 변화시키는 일을 계속하기를 원한다. 케이 위트모어(Kay Whitmore)는 "어떤 변화를 만들어 낸다는 것은 쉬운 일이 아니다. 그러나 그것을 시도하지 않음에 따르는 대가는 너무 크다."고 말하였다. 그렇다면 은퇴한 후 무료하게 지내지 않으려고 여가 활동을 하면서 활기차게 살아가는 것보다 더 나은 대안이 있는가?

이러한 고민을 하는 사람은 나뿐만이 아니다. 다음 사람들의 경우를 참고해 보라.

- 존(John)은 지난 달에 55번째 생일을 맞이하였다. 그는 최근 30여 년을 몸담아 온 직장을 그만두면 무엇을 할지에 대해 많은 생각을 하고 있다. 몇 년 내에 조기 은퇴를 해야 할까? 아니면 65세까지 계속 일하는 것이 좋을까? 은퇴할 시점이 그동안 생각했던 것보다 훨씬 빨리 그리고 점점 더 빨리 다가오는 것 같다. 존은 자신의 일을 좋아한다. 그는 일을 통해 개인적인 성취감을 크게 느끼고 있다. 대부분의 친구도 직장에서 만났다. 한 주간의 삶은 일을 중심으로 이루어지고 진행되어 왔다. 그런데 더 이상 매일 아침 사무실에 출근하여 일하지 않는다면 어떻게 시간을 보내게 될 것인가?
- 67세의 조시(Josie)는 남편을 잃고 지금 아파트에서 혼자 살고 있다. 지

난 몇 년 동안 관절염 때문에 제대로 활동하지 못하고 있다. 그녀에게는 결혼해서 근처에 살고 있는 두 자녀가 있지만 저마다 자기 일과 아이들을 돌보느라 그녀가 원하는 만큼 시간을 함께 보내지는 못한다. 그래서 조시는 많은 시간을 혼자 집에서 자신의 건강에 대해 염려하며 텔레비전을 보는 것으로 시간을 때우며 외롭게 지내고 있다.

- 짐(Jim)은 이제 막 66세가 되었다. 일년 전에 40여 년간 중장비 기사로 일한 목재 공장에서 은퇴하였다. 그는 상사의 지시대로 성실하게 책임을 다하며 열심히 일하였다. 그렇지만 자기 일을 좋아했던 적은 없었다. 그래서 언젠가는 자기 사업을 경영하는 사장이 되겠다는 생각을 종종 했었다. 하지만 그 생각은 현실화되지 못했다. 그러다가 나중에는 열심히 일해서 돈 관리를 잘 하면 언젠가는 직장을 그만두고 여행도 하면서 즐겁게 살 수 있을 것이라는 생각으로 위안을 삼곤 했었다. 실제로 짐은 작년에 은퇴를 하고 아내와 함께 여행을 다녔고 보름 동안 유럽을 여행하기도 하였다. 하지만 지난 몇 달 전부터는 이런 생활이 무료해지기 시작했고, 인생이 결국 이런 것인가, 이것이 전부인가 하는 생각을 갖게 되었다.

- 조앤(Joan)은 지난 25년 동안 전화 회사에서 일해 왔다. 그러나 최근 사장이 예산 삭감과 감원정책을 이유로 자신의 조기은퇴를 원한다는 것을 알게 되었다. 곧 60세가 되는데 그때 회사를 떠나야 할 상황이 된 것이었다. 자녀들은 이제 장성하여 다 집을 떠났고, 남편은 여전히 자기 사업을 하느라 바쁘다. 조앤은 직장을 그만두면 무엇을 해야 할지 고민하고 있다.

당신은 어떠한가? 어쩌면 당신이 은퇴할 시점은 아직 멀었는지도 모른다. 그렇지만 최근에 은퇴에 대해 생각해 본 적이 있는가? 혹시 조만간 은퇴해야 할 상황은 아닌가? 아니면 이미 은퇴하여 나머지 인생을 어떻게 보다 더 가치 있고 의미 있게 살지 고민하고 있지는 않은가? 인생의 마지막 3분의 1을 살아가면서 아침마다 일어나야 할 이유를 주고 앞날을 기대하게 만드는 인생의 비전을 갖고 있는가? 당신은 소중한 인생의 마지막 날들이 만족스럽고 충만하게 되기를 원하는가? 내가 그러하듯이, 당신도 여전히 주변 세계를 의미 있게 변화시키기를 바라는가? 자신의 인생에 대한 어떤 분명한 방향과 목적을 원하는가? 병들거나 사랑하는 사람을 잃을 때라도 혹은 나이 들면서 생기는 각종 원치 않는 변화들에 직면하게 될 때라도 그러한가? 이러한 물음들 중 어느 한 가지라도 당신이 "그렇다." 고 대답한다면, 이 책은 그런 당신에게 꼭 필요한 책이 될 것이다.

만약 당신이 심각하게 은퇴를 고려하기 시작한 첫 번째 범주의 사람들에 해당된다면, 당신은 미국에서 앞으로 5~10년 사이에 일자리를 떠나기 위해 준비하는 8천만 명의 베이비 부머 세대 중 첫 번째 물결에 속해 있을 것이다. 지금 중년기 후반인 수많은 미국인들은 2011년이 되면 65세쯤 되어 있다. 만약 자의적 선택이었든, 건강 악화나 고용주 때문이었든 이미 은퇴를 하였다면 일터를 떠난 3천만 명의 65세 이상 그룹에 해당될 것이다. 어느 범주에 해당되는지와 관계없이 당신에게는 현재뿐만 아니라 다가올 미래에도 인생의 목적과 파워를 성취할 수 있는 기회는 많다.

나는 이 책을 본격적으로 저술하기 전에 먼저 제목을 구성하는 은퇴, 파워 그리고 목적이라는 단어들이 무엇을 의미하는지 살펴보고자 한다.

은퇴라는 말은 매우 다양한 의미로 사용되고 있다. 어떤 사람들은 은퇴를 일하러 가거나 다른 사람의 지시를 받아 수행하는 부담 없이, 여가와 즐거운 시간을 보낼 수 있게 된 때라고 이해한다. 한편 자기 자리에서 물러나 젊은 사람들로 하여금 직장에서 수행해야 할 모든 책임과 과제를 떠맡게 하는 것이라고 보는 사람들도 있다. 또 다른 사람들의 필요보다는 자신의 변화를 위한 필요에 주목하는 시간이라고 인식하기도 한다.

경제학적인 측면에서 본다면, 은퇴란 간단히 말해 급여를 받는 노동으로부터 떠나는 것이다. 그렇지만 이처럼 단순한 경제학적인 정의는 은퇴가 의미하는 것을 충분히 설명하지 못한다. 다음의 정의는 은퇴에 대한 보다 더 확실한 의미를 알려 준다. "은퇴란 인생의 첫 3분의 2에 해당되는 기간에 존재한 제약들이 더 이상 존재하지 않는 마지막 3분의 1이다." 인생의 첫 3분의 1은 성장하고 교육을 받으며, 배우자를 만나고 자녀를 생산하는 일에 사용된다. 인생의 중간 3분의 1은 주로 자녀를 양육하고 직업이나 전문 분야에서 성장하는 데 사용된다. 그리고 자녀들이 장성하여 집을 떠나고 평생 동안 일한 모든 과정을 마치고 일을 떠나게 되면, 인생의 마지막 3분의 1에 접어듦과 동시에 예전에는 없었던 새로운 기회들의 시기인 은퇴의 삶이 시작된다.

파워란 말은 이 책의 제목에서 우리가 관심을 가져야 할 두 번째 단어다. 웹스터 사전에 따르면, 파워란 무언가를 "실행하거나 행동하는 혹은 생산해 내는 능력"이다. 파워는 대개 젊음, 신체적 스피드, 능력, 독립, 정신적 기민성 등과 연관 지어 생각한다. 왕이 자기 왕국의 신하들에게 갖는 파워처럼 어떤 사람에 대한 영향력 그리고 성숙함과 같은 개념과 연결될 수도 있다. 파워에 대한 반대 개념은

파워가 없는 것, 즉 약하고 느리고 흔들리고 어떤 능력이나 영향력
이 없는 것을 의미한다. 부유하거나 정치적인 영향력을 가진 사람
들을 제외한 대부분의 사람들에게는 노년기가 신체적, 경제적, 인
지적, 사회적 능력의 하락과 더불어 파워상실의 시기가 되는 특징
이 있다. 노령기에 접어든 성인들은 자주 신체적 부위의 약화나 통
증 등의 건강 문제로 힘들어한다. 뿐만 아니라 기억력의 저하와 경
제 문제로 고통을 당하고, 사랑하는 사람의 죽음이나 이동으로 인
한 상실의 슬픔을 반복하여 경험하게 된다. 나아가 가정이나 직장,
사회에서 맡아 왔던 역할들이 무시되거나 아예 없어지기도 한다.
그리하여 점점 더 파워를 상실하고 의존적인 부분이 늘어나게 된
다. 이러한 현상은 정말 불가피한 것일까?

　목적이란 말은 이 책의 제목에서 가장 두드러지는 단어다. 목적이
란 무엇이며 그것이 특별히 노년기에 중요한 이유는 무엇인가? 목
적이란 우리가 중요하다고 결정하고 또 성취하기를 원하는 어떤 구
체적인 목표들을 갖는 것이다. 목표는 우리가 시간과 자원을 어떻
게 사용할지를 결정한다. 목적은 인생에 방향과 의미를 제공할 뿐
만 아니라, 우리로 하여금 목표를 향하여 나아가도록 힘을 준다. 즉,
목적은 에너지를 제공한다. 또한 목적은 동기를 부여하고 집중하게
하며, 사람의 하루를 구성하고 가득 차게 한다. 그리고 목적은 인생
의 비전을 갖는 것이다. 비전이란 마음의 눈으로 보는 어떤 중요하
고 의미 있는 것, 아직 이루어지지는 않았으나 이루기 위해 노력할
가치가 있다고 결정한 어떤 것에 대한 그림이다.

　인생의 목적을 갖는 것은 중요하다. 인생의 마지막 3분의 1을 활

력있고 충족적이며 강화시키는 기간이 되도록 만드는 열쇠가 되기 때문이다. 하버드 대학교의 심리학자인 윌리엄 셸던(William H. Sheldon)은 "행복은 어떤 후회나 주저함이 없이 한 방향을 향해 전심으로 달려가는 어떤 상태"라고 말했다. 은퇴하면서 가지는 어떤 분명한 목적과 비전은 노년기의 정신적, 사회적, 영적, 신체적 웰빙을 좌우하는 가장 중요한 요소들이다. 그리고 인생의 목적을 갖는 것은 나이가 얼마나 많은지, 얼마나 병약한지, 당신의 경제적·사회적 상황이 어떠하든지 상관없이 중요하다. 벤자민 메이스(Benjamin Mays)는 "인생의 비극은 목표를 달성하지 못한 것에 있는 것이 아니라 달성할 목표를 갖고 있지 않다는 것"이라고 주장하였다. 이러한 사실을 인식하고 있다면 당신은 목표를 가질 수 있다.

은퇴와 관련하여 목적을 갖는 것이 중요한 또 다른 이유는 시간과 관련이 있다. 1900년대 초기만 해도 인간의 평균수명은 45세 전후였으며, 은퇴 후 생애가 길지 않았다. 당시에 사람들은 신체적으로 일할 수 없을 때까지 일하고, 짧은 기간 동안 다른 사람들에게 의존하여 살다가 사망하였다. 그때는 일선에서 물러난 뒤 시간을 어떻게 보낼 것인지 걱정할 이유가 없었다. 그러나 오늘날에는 상황이 달라졌다. 만약 당신이 50세까지 건강을 적절하게 유지하며 살 수 있다면, 이제는 80세 혹은 그 이상까지도 살 것이라고 기대할 수 있다. 왜냐하면 1970년대부터 65세 이후 생존율이 증가해 왔고 이것이 평균수명 연장의 절반을 차지하기 때문이다. 오늘날 대부분의 사람들은 65세까지 살아남기 때문에(80% 이상) 그 이후의 평균수명의 증가는 이 연령대 이후의 사망률 감소로 이루어질 가능성이 크다. 향후 20여 년에 진행될 의학적 진보는, 특별히 줄기세포 영역의 연구를 통해, 사람들의 평균수명을 더욱 늘려 90~100세에 이르게 할 것으로 보인다. 케네스 맨튼(Kenneth Manton)과 제임스 보펠(James Vaupel)은 환경적 요인들 때문에 유전자의 질병 수용성이 큰 영향을 받을 수 있지만, 유전자가 인간수명 결정에 영향을 주는 것은 이전에 생각했던 것보다 훨씬 덜하게 될 것이라는 사실을 발견하였다. 인간수명을 예견하는 것은 생후 15년 동안에 음식섭취를 얼마나 잘 하고 전염성 질환을 비롯한 각종 질병에 얼마나 노출되느냐가 중요한 관건이 된다. 그렇다면 1920~1950년 기간의 아동기 생활 조건의 향상을 고려할 때, 향후 20여 년 동안 미국에서의 수명 연장에 대한 기대는 과거 20년보다 더 급격하게 증가될 것으로 보인다.

미국인들은 앞으로 25~40년에 이르는 은퇴기를 보내게 될 것이다. 이것은 거의 또 하나의 인생기와 같은 것이다. 1945~1967년 사이에 태어난 베이비 부머 세대는 역사상 가장 건강하고, 신체적으로 가장 활동적이며, 교육을 가장 잘 받은 은퇴자들이 될 것이다. 또한 정치적으로 가장 강력한 파워를 가진 그룹이 될 것이다. 2030년이 되면 전 미국의 투표 인구 중 50세 이상이 47%를 차지하고 55세 이상은 40%를 차지하게 될 것이다. 이러한 통계수치는 보수적인 인구추산에 근거한 것이다. 보다 상향적으로 추산한다면 이 숫자는 더 올라갈 것이다. 앞으로 은퇴자들은 더욱 건강하고, 지식도 있고, 정치적인 영향력도 있으며, 시간도 많을 것이다. 그렇다면 그 시간을 갖고 무엇을 할 것이냐가 관건이 되는 것이다.

실존주의 철학자요 의사였던 칼 야스퍼스는 다음과 같이 말하였다. "자신의 노년기가 갖는 본질적인 의미를 깨닫는 데 실패한 사람들은 세월의 고통을 느낄 수밖에 없을 것이다. 자신에게 주어지는 대로 삶을 사는 사람과 자신의 삶을 인내하고 기대하며 경험하는 사람 사이에는 인생의 의미를 실현하고 구축하는 데 엄청난 차이가 난다."

자, 이제 은퇴의 목적을 탐색함으로써 자신의 마지막 삶을 구축하고 실현하기 위한 여정을 함께 시작하자. 이 목적은 당신으로 하여금 더욱 깊은 인생의 의미와 가치를 발견하고 성공적인 은퇴기를 보낼 수 있도록 강화시켜 줄 것이다.

은퇴는 여가의 시작이 아니다

"지혜로운 사람으로서 더 젊어지기를 원한 사람은 없었다."

−조나단 스위프트(Jonathan Swift)

　태양을 즐기며 골프를 치고 와인을 마시는 안락한 여가생활을 위해 직장을 떠나는 것에 대해 생각해 보자. 은퇴자들에게 마치 아메리칸 드림처럼 여겨질 것이다. 그런데 여가생활을 하며 은퇴기를 보낸다는 생각은 제2차세계대전 이후 비즈니스를 하는 사람들의 마케팅 전략에서 시작되었다는 사실을 아는가? 나는 이 사실을 알고 놀랐는데, 당신도 놀라지 않을 수 없을 것이다. 이 장의 내용은 시빅 벤처(Civic Ventures)의 사장이고, 『프라임 타임: 베이비 부머들에 의한 은퇴 혁명과 미국의 변혁(Prime Time: How Baby Boomers Will Revolutionize Retirement and Transform America)』의 저자인 마크 프리드맨(Mark Freedman)의 연구에 상당 부분 의존하고 있다. 프리드맨은 최근에 '인생의 황금기'에 대해 갖는 미국 사회의 이미지는 불과 40~50년 전에 일단의 개발업자들과 보험사들이 구축하였다는 사실을 발견하였다. 이들은 미국 대중들에게 사회에서 발을 떼고 여가생활을 즐길 것을 강조하는 공격적인 마케팅을 실시하였다. 이러한 전략을 사용한 그들의 목표는 단순하였다. 바로 이윤을 창출하는 것이었다. 오늘날 대부분의 사람들이 갖고 있는 은퇴에 대한 견해는 이처럼 아주 최근에 형성된 것이다.

미국의 역사를 통해 볼 때, 성인은 나이가 들어도 생산적인 일에 종사하거나 자기 가족과 사회를 위해 봉사하는 것이 일반적이었다. 신체적 문제나 건강상의 이유로 더 이상 할 수 없을 때까지 하는 것이 보편적이었던 것이다. 1860년의 경우, 연령상의 이유로 은퇴하도록 규정된 사람은 주 판사뿐이었다. 그것도 모든 주에서 이 조항이 적용된 것은 아니었다. 1928년에 출판된 웹스터 사전 초판에는 '은퇴'라는 단어가 나이의 개념과 전혀 연결되어 있지 않다. 그 이유는 무엇인가? 20세기 후반까지만 해도 의료적 치료와 건강관리는 상대적으로 초보적인 수준에 머물렀고, 은퇴는 주로 질병이나 장애 때문이었다. 따라서 은퇴 후의 삶이 비교적 짧았고, 얼마 지나지 않아 사망하는 것이 일반적이었다. 그러나 제2차 세계대전 이후 상황은 달라졌다. 의료기술과 건강관리의 발전은 인생의 후반기에도 향상된 건강을 유지하게 하였고 삶도 연장시켰다. 건강이 더 좋아지고 더 많은 시간을 갖게 된 사람들은 정부의 새로운 사회보장제도를 포함한 각종 연금으로 수입도 많아지게 되었다. 따라서 재정적으로 보다 안정되고 더 많은 시간을 갖고 활동하는 새로운 노년기 성인들을 대상으로 비즈니스를 할 환경이 조성된 것이었다. 그리고 그들은 이런 기회를 놓치지 않았다.

여가 산업

마크 프리드맨은 그의 책 『프라임 타임(*Prime Time*)』에서 델 웹 (Del Webb)을 비롯한 '여가 산업가들'에 대해 이야기하였다. 이들은 지난 40여 년 동안 은퇴란 사회로부터 발을 떼고 여가생활로 시간을 보내는 것을 의미한다는 개념을 제공해 왔다. 이러한 개념은 너무도 보편화되어서 여기에 이의를 제기할 사람은 거의 없을 것이다. 1910년에도 플로리다와 캘리포니아에서 유사한 시도들이 있었지만, 미국 역사상 여가 문화가 새로운 시대를 열며 발전하기 시작한 것은 1960년대 애리조나에서 선 시티(Sun City) 은퇴자 커뮤니티가 출범하면서부터였다.

1960년 1월 1일 델 웹 부동산 개발 회사가 건설한 선 시티는 일 년 만에 입주자가 2,500명이나 되는 엄청난 성공을 거두었다. 1970년이 되자 거주자는 1만 5,000명이 되었고, 1980년에는 5만 명까지 늘어나서 애리조나 주에서 7번째로 큰 도시가 되었다. 이 회사는 사람들에게 아주 매혹적인 계약 조건들을 내놓았다. 1960년대의 물가로 1만 달러만 있으면 노인들이 방 3개와 화장실 2개가 딸린 집을 구해 선 시티로 이주할 수 있었던 것이다. 선 시티는 노인들을 위한 활동과 개인적인 가치를 존중하는 환경으로 꾸민 곳인데다 1,500달러만 더 추가하여 지불하면 골프 코스 위에 지은 집에서 살 수 있었다. 그리고 모든 생활은 선 시티를 중심으로 돌아가도록 만들었다. 이 동네에 살기 위해서는 나이 제한이 철저하게 적용되었다. 55세나 그이상이 되어야만 살 수 있었던 것이다. 만약 하루라도 집에 손주들을 들이면 하루에 100달러까지 벌금을 물어야 할 정도였다.

1960년에 웹이 2백만 달러를 투자하여 얻은 수익은 상상을 초월하는 것이었다. 그의 개발 회사는 그 후 선 시티와 선 시티 웨스트(Sun City West)에서만 2만 5,000채가 넘는 집을 팔았다. 이처럼 나이제한을 걸고 개발된 선 시티 이후에 애리조나와 플로리다에는 비슷한 커뮤니티가 수없이 건설되었고, 이 공동체들로 인해 미국의 은퇴 문화는 완전히 뒤바뀌었다. 이러한 지역에서 여가를 즐기며 살아가는 것이 성공적인 노년기 삶의 상징처럼 된 것이다. 이러한 모든 변화는 프리드맨이 구체적으로 묘사한 것과, 이제 내가 정리하려는 하나의 역사적 맥락 안에서 일어난 것이었다. 이를 통해 우리는 은퇴에 대한 웹의 생각이 어떻게 빨리 사람들에게 전달된 것인지를 이해하는 데 도움을 받을 것이다.

초기 미국사회에서의 노인들

미국의 건국 초기에는 노령자들이 갖춘 지난날의 삶의 지혜와 도덕적 교훈, 농사의 지식, 집안일을 처리하는 능력 때문에 주위 사람들로부터 가치를 인정받고 존경을 받았다. 성경에 기반을 둔 퓨리탄 윤리에 따라 노령자들이 크게 존중받았던 것이다. 장수는 그럴

만한 가치가 있는 사람들에게만 주어지는 특별한 은총으로서, 하나
님의 섭리에 따른 결과로 여겼다.

> "너는 센 머리 앞에서 일어서고 노인의 얼굴을 공경하며 네 하나님을 경
> 외하라. 나는 여호와이니라" -레위기 19:32
> "늙은 자에게는 지혜가 있고 장수하는 자에게는 명철이 있느니
> 라"-욥기 12:12
> "백발은 영화로운 면류관이니, 의로운 길을 걸어야 그것을 얻는다."
> -잠언 16:31
> "그는 늙어도 여전히 결실하며……" -시편 92:14

　나이듦에 대한 이러한 견해는 미국 건국 초기부터 산업화되기 이
전까지 거의 200여 년 동안 지속되었다. 그리고 노인들이 깊이 존경
받으며 사회의 구성원으로 활동할 수 있도록 하였다. 노인은 지혜
를 나누어 줄 수 있는 자원으로 인정받았고, 특히 젊은 세대들이 따
라가야 할 대상으로 여겨졌다. 젊은 사람들이 나이가 들어 보이게
노력을 할 정도였다. 당시 판사들은 가발을 썼고, 지역 사회 지도자
들은 가발이 백발처럼 보이게 변색했다. 심지어는 노인의 기울어진
어깨처럼 보이려고 의상을 고쳐 입기도 하였다. 당시에는 예수 그
리스도와 천사들을 주로 백발 노인으로 그렸다. 65세가 넘은 사람
들은 전체 인구의 약 2%를 차지하였는데, 이들은 문화와 전통 그리
고 역사의 보존자요 계승자로 존중되었다. 사실 그 당시에는 젊은
사람들이 계승해야 할 지식과 기술들을 노인들이 보유하고 있었다.
왜냐하면 그때는 글을 읽거나 쓸 수 있는 사람이 많지 않았고, 대부
분의 학습이 생활을 통해 전수되는 도제 방식으로 이루어졌기 때문

에 충분히 그럴 만했던 것이다. 이처럼 건국 초기의 미국 사회는 전통적으로 전해 내려온 퓨리탄적 가치관이 지배하였고, 이 가치관은 노인들이 다음 세대의 젊은이들에게 전수해 주었다.

노령자들은 대개의 경우 재정 문제에서도 통제권을 행사하였다. 농업이 생업의 주류였던 시대에는 가족 대대로 내려온 농장을 보유하고 운영한 이들이 주로 나이든 사람들이었다. 그들은 다른 사람들에게 일을 지시하고 감독하였다. 그리고 자신들이 어떤 일을 하고 싶은지, 얼마나 그 일을 할 것인지 등에 대해 스스로 결정할 수 있었다. 그들은 건강이 허락하는 한 사회적으로 중요한 역할을 해야 한다고 생각했고, 어린 자녀들을 돌보며, 성장하는 아이들을 가르치고, 보다 힘이 덜 드는 농장 일과 집안일들을 부지런히 하려고 하였다. 그러나 언제부터인가 노령자들과 나이듦에 대한 긍정적인 태도는 급격하게 변화하기 시작하였다.

프리드맨에 따르면, 이러한 변화는 1800년대 초기에 시작되었다고 한다. 이때는 종교가 노령자들에 대한 사회적 인식에 긍정적인 영향만을 끼치지 않았다. 당시 미국의 종교계는 대개의 경우 개신교가 주도하는 다양한 분파와 교단들로 구성되어 있었다. 저마다 자신들의 교리와 실천, 조직 구조들을 갖고 있었다. 그러다가 1830년대에 제2차 대각성 운동이 일어나면서 대부분의 개신교 그룹들이 복음주의적 방향으로 크게 선회하기 시작하였다. 복음주의는 개신교에서 언제나 중요한 부분이었는데, 당시 분위기를 주도한 사람은 찰스 피니(Charles G. Finney)였다. 피니는 구원과 죄인의 회개에 초점을 맞춘 불 같은 설교를 하였다. 그리고 피니와 그의 추종자들은 젊음과 자기 개선, 진보를 강조하였다. 구원과 관련하여 젊은이들은 무한한 가능성을 가진 반면, 노령자들은 죄를 보상하고 구원에 이를 시간이 이미 지난 것으로 그려졌다. 노령자들은 젊음을 찬미하는 이 새로운 문화 속에서 의존과 질병과 실패를 상징하였고, 그들에게 미래란 거의 없는 것이었다. 피니는 노령자를 존중하고 공경하였던 퓨리탄적 가치관과 전통을 거부하며, 그들의 시대는 지나갔음을 강조하였다. 이러한 나이듦에 대한 부정적인 견해는 일터에서의 변화와 맞물려 더욱 강화되었다. 사회적으로 새로운 산업체와 공장들이 농업을 대체하기 시작하면서 나이든 사람들은 점차 일하기가 어려워졌다. 그들이 일에서 젊은 노동자들을 따라잡을 수는 없었기 때문이었다.

1800년대 후반부로 접어들면서 노령자들은 존중받기는커녕 의존적이고 불필요한 존재로 인식되었다. 그리고 '한물 간 퇴물'로까지 불리게 되었다(이 용어는 지금도 쓰이고 있다.). 이러한 추세는 유명한 종교 운동과 경제적 환경 변화의 영향뿐만 아니라 학계를 통해서도 더욱 강화되었다. 사회학이나 사회사업 그리고 의학 분야에서 나름대로의 방식으로 나이듦에 대한 새로운 인식을 강화하였다. 변화된 시대 상황에서 더 중요해지고 가치 있게 받아들여진 것은 생산성이었다. 생산성은 나이가 들어감에 따라 감소한다는 사실은 누구도 부인할 수 없는 것이다. 로버트 포겔(Robert Fogel)은 『미국 노예제도의 흥망성쇠(*Without Consent or Contract: The Rise and Fall of American Slavery*)』란 책에서 미국 남부에서는 남성 노예들의 평균값이 35세에 가장 높았다고 기록하였다.

그런데 나이가 들어감에 따라 생산성이 감소되는 것은 사실이지만, 언제 그렇게 생산성이 떨어지는가에 대해서는 특정한 시기가 없다고 지적하는 사람들도 있다. 70대 후반까지도 일을 하는 노예들이 있었다는 사실은 노령에도 일을 지속할 수 있었다는 것을 의미한다. 또한 1880년에 70대 인구의 80%가 노동 현장에 있었다는 것도 고려할 필요가 있다. 1900년대 초기의 연구에서는, 55~64세의 공장 노동자들이 대체로 건강 상태가 양호하였고, 아파서 일을 못하는 경우가 25~40세의 젊은 노동자들보다 적었다는 사실을 볼 수 있다.

그럼에도 불구하고 의학계에서는 나이듦을 '불치의 병'으로 묘사하였다. 존스 홉킨스 대학의 교수이며 미국 의학계의 개척자 중 한 사람인 윌리엄 오슬러 경(Sir William Osler)이 동료들에게 행한 연설의 내용을 살펴보라. 그는 "고정된 시기"라는 제목의 이 연설에서, 40세가 넘은 사람들은 사회에 기여할 것이 별로 없고, 오히려 사회 발전에 방해가 된다고 주장하였다.

나는 내 친구들에게 잘 알려진 두 가지 확고한 생각을 갖고 있습니다. 특별히 해가 되는 집착적인 생각은 아니나 이 중요한 문제와 직접적인 연관성이 있는 것입니다. 첫째는 40세 이상된 남자들의 상대적 무용성입니다. 충격적으로 들릴 수 있겠지만 세계의 역사는 이 사실을 말해 주고 있습니다. 인간의 행동이나 과학, 예술, 문학에서 사람들이 이루어낸 성취를 전부 합한 후 그것에서 40세 이상 사람들이 해 낸 것들을 빼 보십시오. 일부 중요한 유산이 빠질 수 있겠지만 그 결과는 오늘 우리가 살아가고 있는 상황과 그리 다르지 않을 것입니다. 실제로 세상에 기여한 감동적이고 생동감 있는 유익한 작업들은 25세에서 40세에 이르는 활동적이고도 건설적인 황금 연령대에 이루어졌습니다. 정신적으로 균형이 잡혀 있고 신뢰할 수 있는 시기이기 때문입니다. 내가 갖고 있는 두 번째 고정된 생각은 60세 이상된 사람들은 쓸모가 없다는 것입니다. 이 연령대의 사람들이 일을 멈춘다면 정치적으로나 경제적으로, 전문적인 분야에서 헤아릴 수 없는 유익이 있을 것입니다…. 안토니 트롤로프(Anthony Trollope)는 『고정된 시기(The Fixed Period)』라는 흥미로운 소설에서, 60세가 되면 깊은 묵상을 하며 평화롭게 일터를 떠나는 대학이 있었던 그런 시대로 회귀하는 것이 줄 수 있는 실제적인 유익함에 대해 언급한 바 있습니다.

그러나 오슬러는 벤자민 프랭클린(Benjamin Franklin), 나다니엘 호손(Nathaniel Hawthorne), 다니엘 웹스터(Daniel Webster), 에이브러햄 링컨(Abraham Lincoln), 벤자민 디스렐리(Benjamin Disraeli) 등이 60세 이후에 이룩한 수많은 업적들을 생각하지 못한 것 같다. 그리고 앨버트 아인슈타인(Albert Einstein)이 40세부터 76세에 이르러 사망할 때까지 성취한 연구 업적들 역시 망각한 것 같다. 오슬러는 56세 때 이 연설을 하였는데 정작 그 자신은 60세가 되자 순순히 평화롭게 떠나려 하지 않았고, 결국은 자신의 의지와는 달리 70세에 폐렴에 걸려 일터에서 퇴출되고 말았다.

어쨌든 오슬러나 다른 주목받던 전문가들이 노년기에 관련하여 한 발표들은 대부분 유명 언론 매체들을 통해 소개되어 다양한 관심을 받았다. 그 영향으로 1900년대 초기에는, 나이든 사람들이 어떻게든 나이 들어 보이지 않으려고 머리를 염색하거나 의치를 하고, 처진 얼굴 피부나 잔주름을 제거하는 성형에 관심을 보였다. 건국 초기 청교도들이 '영광의 면류관'으로 여겼던 백발은 이제 무기력함과 인생의 쇠락을 의미하는 것이 되어 버리고 말았다. 평생 동안 열심히 일해 온 사람들은 나이가 들어 더 이상 공장에서 일할 수 없게 되었을 때 값싸고 허술한 집안에서 살아가는 자신들을 발견하였다. 당시 값싼 집에는 대개 노인들이 살았다. 의도적으로 그렇게 만든 것은 아니었다고 할지라도, 노년층의 곤경에 공감한 개혁가들과 노동지도자들도 이들의 어려운 현실과 갈등에 대중의 관심을 집중시킴으로써 나이듦에 대한 부정적인 견해를 더욱 확장시키는 결과를 가져오게 되었다.

경제적 독립의 증가

시간이 흘러가면서 노년층의 미국인들은 점차 경제적인 능력을 많이 갖추기 시작하였다. 1800년대는 일할 수 없는 노인들은 자식들에게 의존할 수밖에 없었다. 이는 가정에서의 지위나 파워에 즉각적인 변화로 나타났다. 즉, 가정의 중심에서 어른이 대체되어 버린 것이었다. 1880년대의 경우 은퇴자의 절반가량은 자식들이나 다른 친지들과 함께 살았다. 그러나 오늘날에는 약 5%만 그렇게 살고 있다. 19세기 후반의 산업화는 나이든 사람들로 하여금 더 이상 젊은이들처럼 빨리 일하거나 그들과 보조를 맞추기도 어렵게 만드는 등의 부정적인 영향을 주긴 하였지만, 유익함도 가져다 주었던 것이다. 당시 많은 사람들은 기술이나 농사 지을 땅이 없었는데 산업화를 통해 더 높은 수입과 경제적 이익을 얻을 수 있었던 것이다. 이전에는 농장을 소유하였던 상대적으로 소수의 사람들만 물질적인 부를 누릴 수 있었으나 산업화는 사람들로 하여금 개인연금 계획을 세울 수 있도록 하였다.

아메리칸 익스프레스(American Express)사는 1875년 최초로 개인 연금 제도를 도입하였다. 이처럼 직원들에게 개인연금을 제공하는 회사들은 1900년에는 12개로 늘어났다. 1890년 미국의 연금부는 65세 이상의 퇴역 군인들에게 연금을 주기 시작했다. 그리고 1900년대 초기에는 남북전쟁 연금을 받고 퇴직을 하는 사람들이 65세 이상 남성의 3분의 1에 이르게 되었다. 여러 개의 큰 회사들도 아메리칸 익스프레스처럼 자사의 직원들을 대상으로 은퇴연금 계획을 수립하기 시작하였다. 연금을 제공하는 것은 여러모로 타당하게 받아들여졌다. 첫째, 회사들은 직원 훈련에 상당한 투자를 하는데, 연금은 그렇게 투자하여 유능한 직원이 된 고급 인력들을 붙잡아 두는 데 도움이 되었다. 둘째, 회사들은 정년퇴직을 한 사람들에게 연금을 제공함으로써 직장에 남아 있는 노년층 직원들을 위한 비용을 절감할 수 있었다. 그래서 1930년에는 봉급을 받는 모든 직장인들의 10%가 이러한 연금 계획의 수혜자가 되기에 이르렀다. 그렇지만 당시에 현역에서 은퇴할 수 있었던 사람들은 재력이 있거나 장애가 있는 사람 혹은 일부 연금 혜택을 받는 소수에 불과하였다. 1917년 당시 노인부부의 평균 재산은 물가상승률을 고려했을 때 오늘날의 6분의 1 수준인 3천 달러에 불과하였다. 따라서 대부분의 나이든 사람들은 신체적으로 더 이상 일할 수 없을 상태가 될 때까지 일을 하였다.

이때 미국의 각 주와 연방정부에서 연금제도를 도입하기 시작하면서 노령층의 재정 상태가 개선되어 갔다. 애리조나와 알래스카

주는 1915년에 최초로 주 정부의 지원을 받는 양로 연금제도를 실시하였다. 이 연금을 받을 수 있는 사람은 70세 이상이고, 아주 가난하며, 재정적인 도움을 줄 수 있는 친척이 없어야 했다. 1935년에는 사회보장법에 따라 65세 이상의 사람들을 위한 최초의 전국적인 연방 양로 연금 프로그램이 수립되었다. 이때 연금 수혜 연령을 65세로 정한 것은 프러시아의 오토 폰 비스마르크(Otto von Bismarck) 수상이 자국의 군인들을 위한 연금 수령 연령 기준을 정한 것에 근거한 것이었다(당시 독일 사람들의 평균 사망 연령은 30대 중반이었다. 이것은 비스마르크가 많은 연금을 줄 필요가 없었다는 사실을 의미한다.).

미국의 사회보장제도는 대공황기에 직장이 줄어들고 젊은 사람들의 실업률이 높아짐에 따라, 정부가 노령층의 사람들을 일자리에

<표 1-1> 65세 이상 직장 종사자들의 비율

연 도	현역 비율
1880	78%
1900	65%
1920	60%
1930	58%
1940	42%
1960	31%
1980	25%
2000	16%

자료: The Evolution of Retirement and Prime Time.

서 빼내고 그 자리에 젊은 사람들을 들어가게 해서 경제를 활성화
하고자 했던 방침에서 나온 것이었다. 이 제도는 이처럼 은퇴법과
관련하여 구상되고 추진된 것이었다. 이 제도에 따르면, 당시 한 달
에 15달러 이상을 버는 사람들은 수혜 대상에서 제외되었다(이것은
65세 이상 된 사람들에게 일을 그만두게 하는 강력한 동기가 되었다.). 한
편 공황기가 지난 후 미국이 경제난을 타개하기 위해 내놓은 주요
방안은 소비를 촉진하는 것이었다. 이미 미국 업계의 생산능력은
당시 소비시장의 규모를 초과하고 있었기 때문이었다. 따라서 노령
층의 사람들이 생산을 중지하고 은퇴하여 소비하는 생활을 함으로
써 자본주의 경제를 활성화시킬 수 있을 것으로 기대한 것이다. 이
법안이 통과한 후 65세가 지나도록 계속 일하는 사람의 비율은 급
격하게 떨어졌다.

미국의 은퇴 추세에 영향을 준 요소들은 이외에도 여러 가지가 있
다. 제2차 세계대전 후에 도입된 직종별 연금 제도의 확장은 노령층
의 사회보장연금 수입에 추가적인 요소가 되었다. 1942년에 통과된
세법은 자체적으로 연금 계획을 확장하는 직장에 세금납부와 관련
된 인센티브를 제공할 수 있게 하였다. 그래서 1960년까지 봉급생활
을 하는 모든 노동자들의 41%가 이 제도에 가입하게 되었다. 1950
년대에는 천만 명 이상의 사람들이 사회보장 혜택을 받게 되었고,
수혜 범위에서도 77%의 증가율을 보였다. 사회보장 혜택은 1960년
대에 들어 50~64세의 장애자들에게까지 확대되었고, 62세가 되는
남성과 여성들은 조기 수혜를 받을 수도 있게 되었다. 1966년에는
병원의 의료보험제도가 도입되었고, 1968~1973년까지 매년 수혜

범위가 증가하였다. 1974년에 통과된 직장은퇴보장법은 산업체에
서 제공하는 연금 프로그램의 수혜를 연방정부에서 보호하고, 연령
차별을 금지하도록 규정하였다.

미국의 노령층에게 사회보장연금은 가장 대표적인 수입원이다.
1986년을 기준으로 미국의 전체 노령 인구의 81%는 그들 수입의 반
이상을 사회보장연금에 의존하고 있다. 40%는 그들의 자산을 통한
수입이 전혀 없는 상태다. 지금도 미국의 보통 노년층 가정의 주요
수입은 여전히 사회보장기금에서 주는 것이다. 정부와 산업체에서
노년층을 위해 지원하는 연금 프로그램들 때문에 은퇴자들이 대량
으로 늘어난 것은 그리 놀라울 것도 없는 사실이다.

상당수의 미국인들은 처음에 은퇴와 관련하여, 특히 강제적인 은
퇴에 대해 부정적으로 생각하였다. 연구에 따르면, 65세가 넘은 사
람들의 50~60%는 할 수만 있다면 은퇴를 연기하고 계속해서 일하
려고 하는 경향을 보였었다. 1950년대 초기만 해도 나이가 든 많은
직장인들은 사회보장제도나 개인연금의 혜택을 받을 수 있는데도
신청하지 않으려고 하였다. '활동 이론' 을 견지하는 사람들은 은퇴
가 사회와 직장을 필요로 하는 노년층의 필요를 저버리는 것이라고
주장하였다. 그러나 이러한 태도는 이내 '분리 이론' 으로 대체되었
고, 사람들은 은퇴를 통해 직장을 떠날 수 있는 기회를 갖게 되었다.
그리고 은퇴는 타인이 자신의 저하된 업무능력을 인식하거나 지적
하는 당혹스러운 상황을 피하게 해 줄 수 있다는 주장까지 나오게
되었다.

제2차 세계대전 이후 미국의 노년층은 사회로부터 그들의 가치와

기여를 인정받지 못하고 점점 더 멀어지고 고립되는 세대가 되었다. 과거에는 젊은 세대들이 주로 부모 집 근처에서 살면서 일하고 자녀를 양육했으나 지금은 점차 직장 상황에 따라 다른 주나 심지어 대륙을 가로질러 먼 지역으로까지 이동하는 경우가 늘어나게 되었다. 동시에 노년층은 각종 연금과 노후 준비 프로그램을 통해 재정적으로 더욱 안정되어 갔다. 의학의 발전과 보다 건강해진 생활방식으로 더 건강하게, 더 오래 살게 되었다. 이처럼 보다 안정된 재정 상태와 향상된 건강으로 자식들이나 다른 가족 구성원들에 대한 그들의 의존도가 더욱더 낮아지기 시작하였다. 프리드맨에 따르면, 바로 이러한 '문화적 공백'에 여가 산업가들이 들어서서 노인들에게 인생의 '황금기'에 대한 그들의 비전을 제시한 것이다.

이러한 첫 번째 징후가 나타난 것은 1951년에 코닝 기업(Corning Corporation)의 회의에서 50세 이상의 사람들에게 여가 즐기기에 대한 교육을 하는 전국 마케팅 캠페인 전략 방안이 등장하면서부터다. 그 전략은 여가를 매력적으로 부각시켜서 모든 노년층의 사람들이 그 여가를 누릴 수 있는 권리가 있는 것처럼 느끼도록 만드는 것이었다. 아울러 펜션 사업에 깊숙이 관여하고 있었던 보험 회사들은 은퇴준비 클래스들을 대대적으로 홍보하면서 사회를 떠나 자기자신을 위해 소비하고 누리며 살 것을 권면하였다. 이러한 움직임들은 이내 은퇴에 대해 휴식과 여유, 즐거움을 위한 시간이라는 개념으로 바꾸어 인식하도록 만들었다. 그래서 모든 미국인들은 열심히 일한 평생에 대한 보상으로 그러한 시간을 가질 수 있기를 바라게 된 것이다. 그리고 일의 가치에 대한 관점에서도 일을 통해 언을 수 있는 심리적 · 사회적 필요는 일이 아닌 다른 것을 통해서도 충족시킬 수 있다는 대응 논리가 등장하기도 하였다.

한편 에델 펄시 앤드러스(Ethel Percy Andrus)는 1955년 미국 은퇴자 협회(American Association of Retired Persons; AARP)를 세워 은퇴한 노년층의 입지와 기능을 새로운 관점에서 보게 하려고 노력하였다. 여가를 즐기려는 노년층의 대량 은퇴는 자녀 세대와 사회와 경제에 부담이 될 것이라는 우려에 맞서, 그러한 노후를 즐기기 위해서 노년층은 생산적이고 유용한 사람이 되어야 한다는 개인적인 책임이 있음을 강조하였던 것이다. 그렇지만 궁극적으로 일 중심의 사회는 여가 중심의 사회로 바뀌어야 하며, 역사가이자 사회학자인 윌리암 그래브너가 '신화'라고 명명한 개인적인 책임이라는 것은 실제로는 보다 상징적인 것에 불과하다는 사실을 인정하였다. 어쨌거나 여가 즐기기와 사회적인 책임에서의 분리라는 개념은 훨씬 더 빠르게 확산되어 갔다.

1962년 8월 3일 타임지는 표지 기사로 미국인들의 급속한 노령화에 대해 다루면서 노년층을 시간과 돈은 많지만 사회에서는 아무런 자리를 차지하고 있지 않는 사람들로 묘사하였다. 그들이 갖고 있는 기술의 가치나 유용성, 시간, 돈은 주변 세계를 개선시킬 수 있다는 것, 그들 자신의 삶에 참된 의미와 가치를 제공해 주는 중요한 역할을 할 수 있다는 것 등에 대해서는 아무런 언급도 없었다. 그보다는 애리조나를 비롯한 일부 지역에 여가에 초점을 두고 개발된 델 웹의 선 시티와 그와 유사한 연령 제한 개발 프로그램들이 은퇴에 대한 미국인들의 인식을 어떻게 자신을 위한 시간으로 바꾸고 있는

지에 기사의 초점을 두었다. 이러한 현상은 한 세기 이상 사회에서 평가절하된 노년기에 대한 이해와 정부의 관련 정책과 맞물려 미국이 은퇴에 대해 새롭게 이해하도록 했다. 그래서 오늘날 미국 사람들은 은퇴하여 선 시티 같은 곳에서 사는 것이야말로 가장 이상적인 노후의 삶이라고 생각하게 되었던 것이다. 이러한 생각이 더욱 굳어진 데는 타임지에 나온 표지 기사들 외에 뉴스위크나 라이프, 리더스 다이제스트와 같은 언론의 역할도 컸다. 그리고 그 결과는 놀라웠다. 1951년에는 사회보장기금을 받고 은퇴하는 사람의 3%가 여가생활을 즐기기 위해 은퇴한다고 한 반면, 1963년에는 여가를 주 목적으로 은퇴하는 사람들이 17%에 이르렀고, 1982년에는 여가를 위해 은퇴한다고 한 사람들이 50%까지 육박하였던 것이다.

이러한 추세를 따른 사람들의 삶에 긍정적인 결과가 없었던 것은 아니지만, 결국 이러한 삶은 많은 은퇴자들로 하여금 자기 중심의 소모적이고 치우친 삶을 살게 하거나 젊은 세대와 갈등을 겪게 하였다. 자신이 사회나 다른 사람의 삶에 어떤 도움이 되거나 의미 있는 기여를 한다는 생각을 갖지 못하고 그냥 무료하게 살아가는 사람이 많았다. 하지만 오늘날 점점 은퇴기에 접어들고 있는 많은 베이비 부머 세대들은 이전 세대처럼 자신들의 재능과 시간을 낭비하거나 그냥 묻어 두는 것을 원치 않는다. 그들은 지속적으로 사회에 의미 있는 기여를 하고 다음 세대를 위해 자신을 투자하기를 원하고 있다.

여기에서 은퇴와 관련하여 알아야 할 한 가지 중요한 현실은 이전처럼 여가 중심의 삶을 살 수 있도록 미국 정부가 복지 프로그램들을 통해 지원하는 자원은 곧 한계에 도달할 것이라는 사실이다. 1940년 사회보장연금이 처음 지불되었을 때는 그 혜택을 받은 사람들이 노동자들의 43%에 불과하였다. 당시 미국의 루스벨트 대통령은 1938년의 대국민 연설에서 "사회보장연금제도는 어떤 개인이나 집단에게 놀고먹는 삶을 보장하기 위한 것이 아니고 결코 그런 의도로 만들어진 것도 아니다."라고 하였다. 사회보장연금은 노인들에게 풍요로운 은퇴를 주기 위한 것이 아니라 사실은 최소한도의 필요를 충족시킬 수 있는 수입을 제공하려는 의도에서 만든 것이었다. 현재 생산활동의 절정기에 있는 8천만 명의 베이비 부머들이 낸 세금으로 조성된 미국의 사회보장기금은 2001~2016년에 일시적으로 1조 달러를 상회하는 잉여기금이 될 것이다. 이러한 사실은 미래에 대한 잘못된 안정감을 주고 있다. 그래서 이 잉여기금의 일부를 자금이 부족한 메디케어 제도나 휘청대는 미국 경제, 운영 예산의 위기를 겪고 있는 국가들의 채무 변제, 국내외에서 벌어지는 테러와의 싸움, 세계의 일부 핵심지역 국가들을 지원하는 데 쓰이게 규정하는 방안들이 입안되거나 이미 추진되고 있다.

　그렇다면 15~64세의 연령대에 속한 사람들을 65세 이상의 사람수로 나누었을 때 그 비율이 5 대 1에서 3 대 1로 줄어드는 2011~2040년에, 그리고 이때 은퇴하는 베이비 부머들이 필요로 하게 될 기금은 누가 제공할 것인가? 현재의 사회보장기금 및 장애지원 프로그램의 자원은 2015~2030년에 고갈될 것이다. 그러면 이 프로그램은 수입세의 지원에 의존할 것이다. 전문가들은 미국민들의 세율이 각종 연금에 대한 수입세를 포함하여 2001년 13%에서 2029년

17%로 완만하게 상승하다가 그 이후에는 훨씬 더 높아질 것으로 추정하고 있다. 그리고 각종 의료 기술의 발달로 과거 30년에 비해 앞으로 30년 동안 평균수명은 크게 증가될 것인 만큼 사회보장 은퇴제도에 대한 우려 섞인 예측은 실제보다도 훨씬 낮은 것이라고 할 수 있다. 1998년 『은퇴의 진화(*The Evolution of Retirement*)』에서 평생에 걸쳐 재정적 안정에 관해 탁월한 의견을 펼쳐 폴 새뮤얼슨 상(TIAA-CREF Paul A. Samuelson Award)을 받은 도라 코스타(Dora Costa)에 따르면, 최근의 조사 결과 미국인들은 사회보장제도와 메디케어 의료보조기금 유지를 위한 세금 증가에 동의할 것으로 나타났다. 그러나 사회적 지원이 필요한 노년층의 수가 증가할수록 그들의 여가와 유희를 중점으로 은퇴를 지원하는 현재의 사회제도에 대해서는 젊은 납세자들이 점점 더 재정 지원을 하지 않으려 할 것이다.

맺음말

건국 초기, 미국의 노년층은 청교도적 신앙의 전통에 따라 사회에서 높은 존경을 받았다. 그리고 그들은 가정과 지역단체, 사회에서 중요한 역할을 하였다. 그러나 약 150여 년 전부터 부분적으로 젊음에 초점을 둔 종교적 리더들과 노화에 대한 부정적 시각을 가진 의사들, 노인들의 어려운 현실을 개선하려고 했던 정치 개혁가들이 노인에 대한 사회적 관점에 변화를 유도하기 시작하였다. 일부 산업 단체를 통한 연금계획과 정부의 지원을 받는 사회보장제도 및 메디케어 의료지원 제도와 같은 프로그램들이 시작되므로 말미암아 노년층의 재정적 안정은 한층 개선되기 시작하였다. 수명연장과 건강증진을 통해 노인들은 은퇴 후에 보다 많은 자유시간과 여유를 경험하기 시작하였다. 그리고 보험회사들과 부동산 개발업자들은 노년층을 대상으로 선 시티와 같은 지역을 개발함으로써 미국인들에게 은퇴란 사회의 일은 잊고 레크리에이션과 여가에 초점을 맞추고 살아가는 것이라는 확신을 심어 주게 되었다.

은퇴에 대한 이러한 새로운 이미지는 새롭게 등장한 여유자금에 주목한 여가산업 업자들이 펼친 마케팅 전략으로 나타난 결과였던 것이다. 그리고 대중매체에서도 선 시티처럼 노년층의 사람들을 위한 지역 환경에서 은퇴 후의 삶을 살아가는 것을 보기 좋게 포장하여 보도함으로써 그것이 성공적인 노후의 새로운 상징처럼 인식하도록 은퇴의 이미지를 바꾸어 놓았다. 그러나 다가오는 베이비 부머 세대들은 은퇴의 개념에 대해 이전처럼 그렇게 쉽게 인식을 바꾸지는 않을 것이다. 그리고 이들의 은퇴를 지원하게 될 후속 세대의 젊은 납세자들 또한 그리 쉽게 설득되지 않을 것이다.

은퇴의 신화

"경험이란 어려운 선생님과 같은 것이다. 먼저 테스트가 오고, 교훈은 그 뒤에 따라온다."
–버논 샌더스(Vernon Sanders)

우리는 앞 장에서 미국의 건국 초기 이후 은퇴가 어떻게 진행되어 왔는지 그 역사를 살펴보았다. 오늘날 많은 사람들은 은퇴에 대해 부분적으로는 신화와 같은 허구적 사실에 근거하여 생각하고 있는 것으로 보인다. 즉, 우리 사회에는 노년기와 은퇴에 대한 다양한 신화들이 있다. 신화란 많은 사람들이 사실로 받아들이고는 있지만 실제로 그것을 증명하기 위한 마땅한 증거를 찾기가 어려운 보편적인 확신이다. 어떤 특정한 확신이 사실이 아니라고 동의하면서도 실제 삶에서는 사실인 것처럼 믿고 살아가는 사람들이 많다. 이에 이 장에서는 사람들이 은퇴에 대해 갖고 있는 20가지 보편적인 신화들을 살펴보고, 그것들이 사실에 근거한 것인지 아니면 허구적인 것인지에 대해 알아보고자 한다.

신화 1 은퇴하면 평생을 일한 대가로 아무 염려나 근심 없이 편히 쉬고 즐길 수 있게 될 것이다.

[사실] 최근의 연구 결과, 은퇴한 사람들은 풀타임으로 일하는 다른 노년층 사람들보다 다양하고 자율적인 활동을 하면서 시간을 보다 잘 조절하며 살아가고 있음이 확인되었다. 그렇지만 그들은 삶에 대해 예전보다 덜 만족스러워하는 것으로 밝혀졌다. 다른 조사에 따르면, 은퇴는 사람들로 하여금 자신에 대한 통제감을 저하시키고, 삶의 웰빙적 수준을 떨어뜨리는 것과 관련이 있음이 드러났다. 그리고 직업 현장을 떠난 직후 찾아오는 잠깐의 '허니문' 기간 외에는 일반적으로 보다 깊은 우울증에 시달리는 것으로 보고되었다. 연구자들은 이러한 상황을 종합하면서, 은퇴는 삶의 웰빙 수준을 저하시키는 반면 일은 삶에 활력을 주고 강화시킨다고 결론지었다.

[해설] 직장에서의 어려움이나 사람들과의 문제에서 벗어나면 대개는 다른 종류의 문제들이 나타나게 된다. 부부나 가족 혹은 친구들과의 관계에서 문제가 생길 수 있다. 또 신체적 기능이나 건강과 관련된 문제가 드러나기도 한다. 때로는 무언가를 할 수 있을 만큼 충분히 가진 것이 없어서 문제가 발생하기도 한다. 그러면서 과거의 어떤 때보다도 인생의 의미에 대한 의문이 강하게 제기되기 시작한다. 그래서 은퇴는 자기 정체감의 위기에 빠지게 되는 시기가 될 수도 있는 것이다.

신화 2 은퇴 후 그동안 일 때문에 보지 못했던 텔레비전을 느긋하게 보고, 먹고 마시고, 일찍 잠자리에 들고, 늦게 일어나는 등 여유 있고 즐거운 삶을 살면 모든 것이 나아질 것이다.

사실 노년기의 생활방식과 건강에 대한 관심 부족은 결국 신체적 건강은 물론 정신적 건강의 악화를 가져올 수 있고, 궁극적으로는 은퇴 후의 삶을 단축시키는 결과를 낳을 수 있다.

해설 은퇴 후 자신이 하고 싶은 대로 살아가면서 비활동적으로 생활하여 체중 증가와 과도한 알코올 섭취, 만성적 피로와 신체기능 저하와 같은 결과를 가져오는 경우가 많다. 이러한 현상은 거의 예외 없이 인생에 대한 불만족과 우울감, 삶의 의미 상실과 자신에 대한 무용감(無用感) 등으로 이어진다. 사람은 나이가 들면 몸의 신진대사가 느려지고 체중이 쉽게 증가하며 에너지가 감소한다. 따라서 은퇴 이후에도 이전의 건강을 유지하려면 그 어느 때보다도 건강관리에 관심을 기울이고 규칙적이고 절제된 생활방식을 지키는 것이 중요하다.

신화 3 은퇴하면, 부부는 마침내 그들이 원했던 행복한 생활을 함께 즐기게 될 것이다.

사실 남편의 은퇴에 대한 부부의 적응 문제를 탐색한 연구 결과에 따르면, 조사 대상 여성의 과반수 이상이 집에서 더 많은 시간을 보내는 남편들 때문에 적응 '충격'을 경험하였다. 1,183명의 기혼자들로 구성된 전국 표본집단을 조사한 결과, 스트레스가 높은 직장을 떠나는 경우는 결혼생활의 질을 향상시키지만 건강의 악화로 은퇴하는 경우 부부 관계에서 역할이 뒤바뀌거나 상호작용이 줄어드는 경우가 생겨 결혼생활의 질이 더욱 악화될 수도 있음이 밝혀졌다. 은퇴한 후 6~18개월을 보낸 10쌍의 부부들에 대해 심층 연구한 결과에 따르면, 은퇴에 따른 역할과 자기 정체성에서의 변화가 상당한 수준의 스트레스 요인이 된다고 한다. 이 부부들의 경우, 은퇴 이후 서로에 대한 느낌보다는 생각에 대해 대화를 더 많이 하는 경향이 있었다. 그리고 그 생각은 자녀 문제에 집중되어 있었다. 또 함께 있는 시간이 많아지면서 상대방의 잘못이 더 눈에 잘 띄게 되었다. 남편들은 아내들에 비해 은퇴에 대해 보다 더 만족하는 추세였다. 흥미로운 점은 취미생활이나 부부가 함께하는 시간은 은퇴 후에도 별로 달라진 것이 없었다는 것이다. 아마도 대부분의 부부들이 은퇴한 후에도 은퇴 전의 생활방식을 그대로 유지하려고 했기 때문으로 보인다.

55세 이상의 기혼자 2,076명을 대상으로 은퇴가 결혼 만족도에 미친 영향을 조사한 자료에 따르면, 남편은 은퇴하였는데 아내가 계속 일을 한 경우, 특히 가사 노동의 분담에서 부부 갈등이 야기되는 부정적인 결과가 발생할 수 있음이 관찰되었다. 연구자들은 남편이나 아내의 은퇴가 결혼 만족도에 긍정적인 영향을 준다는 증거는 없다고 결론지었다.

해설 은퇴는 많은 경우 결혼생활의 질에 강력하고도 깊은 영향을 줄 수 있다. 이러한 영향은 좋은 것일 수도 있고 나쁜 것일 수도 있는데 이는 은퇴의 상황 및 부부 관계에 따라 좌우된다. 은퇴하기 전에 부부가 다 직장생활을 하고 서로 독립적으로 살았으며 부부 관계가 가깝지 않았다면, 은퇴는 부부로 하여금 보다 밀접한 관계 속에서 보다 많은 시간을 함께 보내도록 만들 것이다. 이러한 상황은 부부 각자에게 상당한 변화와 적응 과정을 요구하게 된다. 부부는 각자 은퇴 후의 삶에 대해 예상했던 것과는 상당히 다른 관심사와 기대들을 갖고 있을 것이기 때문이다.

신화 4 좋은 여건에서 은퇴하면 행복한 삶이 보장될 것이다.

[사실] 양호한 건강 상태와 충분한 수입 그리고 자신의 생활을 조절할 수 있는 능력은 은퇴 후의 웰빙 라이프를 위한 중요한 예상 지표들이라고 할 수 있다. 그러나 이러한 것들이 꼭 웰빙적인 삶을 살게 해 주는 직접적인 상관관계에 있는 것은 아니다.

[해설] 건강 문제와 낮은 수입 그리고 좋지 않은 생활 상황에서도 은퇴 후에 행복하고도 웰빙적인 삶을 살아가는 사람들이 많다. 이러한 사람들은 대개 긍정적인 생활 태도와 강한 종교적 확신을 지니고 있고, 자원봉사와 같은 활동적인 사회생활 및 관계를 유지하는 경우가 많다.

신화 5 행복한 은퇴생활을 하려면 많은 돈이 필요하다.

[사실] 경제적인 수입은 은퇴 후의 행복한 생활을 보장해 주는 예상 지표가 아니다.

[해설] 부유한 계층의 사람들이 가난한 사람들보다 더 행복해하는 경향이 있는 것은 사실이다. 그렇지만 경제적 수입이 행복에 영향을 미치는 것은 주로 수입이 적은 경우에 발생한다. 일단 기본적인 필요 조건이 충족되면, 수입이 증가한다고 해서 비례적으로 행복하게 느껴지지는 않는다. 부가 행복을 만들어 내는 것이 아니라

는 사실은 타협될 수 없는 부동의 법칙이다. 행복은 가치 있는 행동의 자연스러운 결과인 것이다.

예수님은 이렇게 말씀하셨다. "낙타가 바늘귀로 나가는 것이 부자가 하나님의 나라에 들어가는 것보다 쉬우니라" ─막 10:25

무하마드는 아래와 같이 언급하였다. "부와 자식이란 이 세상의 삶에서 오는 미혹에 불과하다. 그렇지만 영원히 지속될 좋은 행위들은 주님이 보시기에 가장 최고의 상이며 모든 소망의 근간이다." ─수라 18:46

붓다는 다음과 같이 말한다. "부란 대개의 사람에게 욕심을 낳고, 멸망의 길로 내려가게 한다. 이기심의 죄를 증가시키거나 자기가 가진 것을 부정하려는 생각을 저버리게 하는 소유는 그것이 무엇이든지 간에 위장된 허상에 불과하다." ─자타카말라 5:5, 15

이 모든 언급들은 다 사실이다.

신화 6 은퇴 계획을 미리 세울 필요는 없다. 은퇴하고 나면 사회보장연금으로 살 수 있기 때문이다.

사실 "모든 것을 우연에 맡기는 사람은 복권에 일생을 거는 것이다."라는 말이 있다. 나이가 들어 은퇴하게 되면 그 필요한 비용의 3분의 1을 사회보장기금을 통해 조달받게 된다. 자료에 따르면, 1999년 미국 가정의 평균 연간 수입은 4만 816달러였다. 반면 은퇴한 사람들에게 지급되는 2001년도 사회보장연금의 평균액은 매달 845달러로 한 해 동안 1만 140달러였고, 결혼한 부부에게는 월 1,410달러로 한 해 동안 1만 6,920달러가 지급되었다. 이것은 결혼한 부부가 은퇴하고 노후를 사회보장연금에만 의존하는 경우 은퇴 때문에 수입이 연평균 4만 1,000달러에서 1만 7,000달러로 약 60%까지 줄어든다는 것을 의미한다. 이 액수는 제1차 세계 대전 당시에 은퇴한 사람들이 받았던 수입에 비하면 6배에 가까운 것이기는 하지만, 은퇴 이전의 수입에 대비한 은퇴 후 수입 감소를 예상하지 않는다면 그 상황에 적응하는 데 큰 어려움을 만나게 될 것이다.

상황이 이러한데도, 미국 사람들은 은퇴를 위한 계획을 별로 세우지 않는 것으로 보인다. 2001년 12월 26일자 CNN 방송국의 경제 보도에 따르면, "미국의 소비자들은 자신들의 수입을 초과하는 과다지출을 해 왔고, 1990년대 이후로 기록적인 채무상태를 초래하였다.…… 이와 관련된 또 다른 요소는 소득에서 소비를 뺀 금액의 저축률에 관한 것이다. (스탠다드 & 푸어사의 경제 주간인) 데이비드 위스(David Wyss)에 따르면, 미국의 저축률은 지난 2년 동안 기록적으로 낮아졌다. 2000년에는 평균 1%로 내려갔고, 2001년 11월에는 0.9%까지 하락하였다. 1994년의 저축률은 9%였다."

해설 앞 장에서 언급하였듯이, 사회보장기금의 잉여자금은 현업에 종사하는 사람이 많고 2001년까지 이루어진 경제적 활성화로 당분간은 충분할 것으로 보인다. 정부에서는 현재 잉여자금을 활용하여 국가적 안전과 방어망을 강화하고 국내적으로 다양한 프로그램의 운용을 저울질하고 있다. 그렇다면 앞으로 수십 년에 걸쳐 은퇴자들이 편안한 삶의 기준을 유지할 수 있도록 매달 지속적으로 기금을 지불할 수 있을까? 지금부터라도 저축을 시작하는 것이 좋다. 다음의 옛 말을 기억하라. "세상에 있는 악의 절반은 돈을 사랑함에 그 뿌리가 있다. 그리고 다른 절반의 악은 돈이 없음에서 비롯된다."

신화 7 신체적 건강에 대해서는 어차피 달리 할 수 있는 것이 없으므로 염려할 필요가 없다.

[사실] 나이가 들어서도 꾸준히 운동하고, 음식과 체중 조절에 신경을 쓰며, 스트레스 수준을 낮추고, 정기적으로 건강검진을 받는 사람들은 그렇게 하지 않는 사람들보다 훨씬 더 건강하고 행복한 생활을 영위한다.

[해설] 나이가 든다는 것은 신체적 기능이 저하되는 것과 관련된다. 그럴 때 병이나 질환이 신체적 방어 기능을 뛰어넘어 발생할 가능성이 커진다. 신체적 건강을 유지시켜 주는 활동에 관심을 기울이는 것은 심장, 폐, 근육, 뼈, 내부 장기 등의 기능들을 보완하고 유지시키는 데 도움이 된다. 신체적 건강을 유지하는 사람이 정신적인 건강과 삶의 만족을 대부분 경험한다. 그러나 건강이 좋지 않은 사람은 일반적으로 우울증과 근심 걱정에 더 많이 시달리게 된다. 건강을 위한 적절한 신체적 활동과 긍정적인 자극을 주는 사회적 상호작용이 결합될 경우 사람들은 전체적으로 더 큰 웰빙을 경험하게 될 것이다.

신화 8 은퇴하면 결국은 건강이 악화되고 정신적 기능은 감소하며 행복하지 않은 삶을 맞게 될 것이다.

[사실] 은퇴가 항상 건강 악화와 웰빙적 삶의 상실로 이어지는 것은 아니다. 은퇴 후에 균형된 신체 상태를 유지하고, 활동적인 사

회생활을 하며, 의미 있는 활동을 하는 사람들은 많은 경우 오히려 웰빙 상태의 증가와 건강한 삶을 경험한다.

해설 은퇴하여 자기중심적인 삶과 소비에 근거한 비활동적인 생활방식으로 살아가는 사람들은 대개 궁극적으로는 건강 저하와 웰빙 라이프의 상실을 경험하게 된다. 앞에서 언급하였듯이, 은퇴 후 당장은 더 이상 일을 하지 않아도 되는 것이 아주 좋을 수 있지만 이러한 허니문 기간은 오래가지 않는다. 그리고 그러한 즐거움이 사라지는 것도 불가피한 현상이다.

신화 9 사람이 나이가 들면서 지역사회에 참여하는 것을 줄이고 사회와 분리되는 것은 자연스러운 현상이다.

사실 노년층의 사람들이 사회활동을 그만두거나 사회로부터 멀어지는 것은 우울증에 시달리거나 화난 것이 있을 때 혹은 감정적으로 실망되거나 기분 나쁜 것이 있을 때가 대부분이다. 또 자신의 인생에 대한 비전과 목적을 상실할 때도 마찬가지다. 사회적 단절은 정상적인 나이듦의 한 부분이 아니다.

해설 앞의 1장에서도 언급되었듯이, 1950년대와 1960년대에는 나이듦에 대해 '분리 이론'이라는 보편적인 개념이 존재했었다. 이 이론은 분리되기보다는 활동하고 참여하는 것이 더 낫다는 생각을 뒤집어 놓았고, 나중에는 '활동 이론'이 등장하여 그러한 활동이 정상적인 나이듦에 대한 더 나은 예표라고 하면서 다시 뒤집어졌다. 활동 이론은 사람들이 나이가 들면서 건강이나 재정 상태 혹은 사회적 상실로 더 이상 할 수 없게 된 활동들을 대체하는 방안을 찾는 것이 필요하다고 강조한다. 최근에는 노년기 삶에서의 웰빙은 어떤 활동의 숫자나 사회적 접촉의 빈도가 아니라 사회적 통합의 수준과 인간관계의 질을 어떻게 인식하느냐에 따라 결정 되는 것이라는 비판에 직면하기도 하였다. 헨리 데이비드 소로 (Henry David Thoreau)가 지적하였듯이, 사람은 활동적이 되는 것 만으로는 불충분하다. 그러한 측면에서는 개미들도 그렇기 때문 이다. 중요한 것은 사람이 무엇에 대해 열심인가 하는 것이다.

신화 10 행복해지기 위해 다른 사람들이 필요한 것은 아니다. 가장 만족스러운 삶은 독립적이고 자기충족적인 삶이다.

[사실] 자신의 행복과 웰빙을 유지하기 원하는 사람은 누구나 다 른 사람들을 필요로 한다. 특별히 몸이 아프거나 무엇인가를 상실 했을 때는 더욱 그러하다. 이러한 어려운 순간에서 웰빙과 관련된 가장 강력한 예표는 가족과 친지들로부터 얼마나 정서적 안부와 지지를 받느냐 하는 것이다. 다양한 연구들에 따르면, 은퇴 후 삶 의 만족도를 예측하는 데 아주 중요한 요소는 사회적 참여 여부 로, 이러한 사실은 일에 종사하면서 그러한 활동에서 삶의 즐거움 을 얻을 수 있는 사람들보다 더욱 그러하다. 다른 사람들의 친구 가 된다는 것은 노년기 삶에서의 행복도에 대한 아주 강력한 예측 요소 중 하나다. 어떤 사람의 사회적 활동과 지지 수준은 정신적 건강뿐만 아니라 신체적 건강과 유지에 대해서도 아주 강한 예측 지표가 된다.

[해설] 인간이란 다른 사람들과의 동반적 관계와 상호활동 그리고

친밀감을 많이 필요로 하는 사회적 동물이다. 적절한 사회화의 과정이 없을 경우 외로움이라는 감정이 발생한다. 외로움과 사회적 고립은 정신적, 신체적 건강 악화와 관련된다. 월트 디즈니(Walt Disney)는 다음과 같이 말하였다. "당신은 이 세상에서 가장 즐거운 곳을 꿈꾸고, 디자인하고, 만들어 낼 수 있다. 그러나 그러한 꿈을 현실로 만들려면 거기에 사람이 있어야 한다." 사람이 행복해지려면 사람이 필요하다. 내성적인 사람도 마찬가지다.

신화 14 먹고 마시고 즐기는 여가생활에 초점을 둔 은퇴는 삶의 만족과 행복을 가져다 줄 것이다.

[사실] 우리는 앞 장에서 1982년 사회보장연금을 받았던 남자들의 약 50%가 여가를 즐기기 위해 은퇴했다는 사실을 알았다. 이것은 1951년의 3%에 비해 17배나 증가한 수치다. 65세 이상의 사람들이 자고 나서 하는 보편적인 활동은 레크리에이션이다. 그들은 레크리에이션에 사용할 수 있는 시간의 35%를 소비하는데, 이는 65세이하의 사람들보다 50%나 많은 시간을 투자하는 셈이다. 은퇴한 노인들은 자유시간의 절반가량을 텔레비전을 보면서 보낸다. 이에 대해 한 여가 전문가 그룹은 "대부분 노인들의 삶은 텔레비전을 중심으로 돌아가는 것 같다." 자기자신에게만 집중하며 살아가는 삶은 결코 행복을 가져다 주지 않는다.

[해설] 사람들은 주어진 상황에 그냥 그대로 적응하며 살아가는 경향이 있다. 그것이 즐거운 경험이든, 고통스러운 경험이든 그 상황에 따라 맞추어 살아가는 것이다. 이는 마치 해변가에서 잠을

자는 것과 같은 이치다. 처음에는 모래사장에 부딪치는 파도 소리가 들려온다. 그러나 이내 더 이상 파도 소리가 들리지 않는다. 우리의 마음이 그 소리에 적응되었기 때문이다. 마찬가지로 사람에게 어떤 쾌락을 계속 주어 보라. 즐거움은 금방 사라지고 지겨워질 것이다. 짜증이 날 수도 있다. 인간은 이러한 방식으로 만들어졌다. 다양성과 변화를 추구하면서 동시에 그것에 저항하는 것이다. 다양성은 삶에서 양념과도 같은 것이다. 늘 똑같은 상황만 반복되거나 변화가 없을 때 사람들이 보이는 보편적인 반응은 알코올을 섭취하거나 지나치게 활동에 몰입하고 소유적인 관계에 집착하는 등의 형태로 나타난다. 알코올은 따분함에서 오는 실망과 환멸감을 몰아내 준다. 어떤 활동에 몰입하는 것은 의미 없는 삶에 대해 생각하지 않도록 도와준다. 자기중심적 삶에서 오는 고립감과 외로움이 클 때 사람들은 그것을 물리치기 위해 배타적이고 집착적인 관계를 추구하게 된다.

신화 12 주는 것보다 받는 것이 더 복되다. 즉, 여가의 소비자가 되는 것이 낫다.

사실 은퇴 후 다른 사람을 위한 활동에 종사하는 사람들이 그렇지 않은 사람들보다 더 풍성한 웰빙을 경험한다는 것이 지속적인 연구들을 통해 반복적으로 입증되고 있다. 미시간 대학의 사회연구소에서 노년층에 대해 전국적으로 실시한 연구에 따르면, 다른 사람들을 지원하며 사는 사람들은 그렇지 않은 사람들보다 훨씬 만족스러운 웰빙과 자기통제감을 경험하였다. 다른 연구에서는 은퇴한 사람들 158명을 주는 사람, 받는 사람, 주고받는 사람, 주지도 받지도 않는 사람 등 네 그룹으로 분류하였다. 그리고 연구자들이 이들을 조사하여 나중에 건강적인 측면에서 어떤 결과가 나오는지를 평가하였다. 그 결과 6개월 후에 주는 사람들의 건강 상태가 가장 좋은 것으로 판명되었다. 주고받는 사람들은 높은 자기존중감과 웰빙을 경험하였다. 다른 사람들을 돕지도 않고 도움을 받지도 않는 사람들은 시간이 지나면서 신체적, 정신적으로 건강상태가 가장 좋지 않은 것으로 드러났다.

해설 건강과 웰빙은 다른 사람들에게 무언가 주는 삶을 사는 것과 긴밀한 관계가 있다. 그리고 어느 정도는 다른 사람들의 호의를 받아들이려는 마음 자세와도 연관성이 있다. 다른 사람들에게 주지도 않고, 받으려고도 하지 않는 사람들은 많은 경우 건강하지도 않고 행복하지도 않은 결과를 맞이하게 된다. 이러한 원리는 세계의 주요 종교 전통들에서 발견되고 있으며, 오늘날 사회과학적 연구에서도 입증되고 있다. 다른 어떤 시기보다 노년기에는 받는 것보다 주는 것이 낫다. 그리고 이 두 가지가 다 필요한 경우가 많다.

신화 13 나이가 든 사람들은 젊은 사람들처럼 효과적으로 일할 수 없을뿐더러 그럴 필요도 없다.

사실 나이가 들어가면서 일의 속도와 생산성 수준은 감소될 수 있지만, 젊은 사람들 못지않게 효과적으로 일할 수 있다. 나아가 이들은 일반적으로 젊은 사람들에 비해 결석률이나 사고율이 낮고, 직업을 바꾸는 경우도 드물다.

해설 나이든 사람들은 젊은 일꾼들에 비해 작업 반응 시간이 느리고, 새로운 과제를 배우는 데 더 오래 걸리며, 신체적으로 작업 속도가 느린 측면이 있다. 그렇지만 직종에 따라서는 단순 반응 시간이나 새로운 것을 배우는 속도보다 다양한 경륜과 판단이 필요한 일들도 많다. 그런 경우는 경험이 많은 나이든 사람들이 훨씬 유리할 수 있다.

신화 14 오늘날 미국 사람들은 과거보다 훨씬 더 많이 자원봉사에 나서고 있다.

사실 자원봉사에 지원하는 성인들의 비율과 자원봉사에 사용하는 평균 시간은 모두 감소 추세에 있다(제5장을 참조하라.).

해설 미국 사람들은 다른 사람을 돕는 자원봉사에 점점 더 소홀해지고 있다. 원인이 정확히 무엇인지는 알려지지 않았지만, 오늘날 많은 사람들이 영성에 관심을 보이고 있다는 사실에 비추어 볼 때이는 흥미로운 현상이 아닐 수 없다. 아마도 현재 사람들이 관심을 보이는 영성의 형태는 타자중심적이라기보다는 자기중심적인 경향이 있기 때문인 것으로 보인다. 이러한 뉴 에이지 영성은 제도적인 종교나 사회적 필요보다는 개인적인 충만이나 강화(empowerment)를 강조한다. 현 시대의 변화는 사회적인 다른 추세와도 관련되는 것 같다. 오늘날 미국의 각 가정에 필요한 적당한 수준의 수입이 있으려면 부부가 다 일해야 한다. 그래서 조금이라도 남는 시간이 있으면 사람들은 쉬거나 가족과 함께 지내려고 하지 자원봉사를 하면서 보내려고 하지 않는다.

신화 15 대부분의 미국 노인들은 은퇴하고 나면 자원봉사를 한다.

[사실] 대부분의 노인들은 자원봉사를 전혀 하지 않는다. 건강과 사회경제적 여건이 된다 해도 나이가 들면서 자원봉사를 더 많이 하는 것은 아니다. 현재 자원봉사를 하지 않는 사람들이 언젠가는 자원봉사하기를 원하는 것도 아니다. 일을 하지 않는 노인 중 열 명에 한 명 정도만 자원봉사 요청을 받아들이고 있다.

[해설] 은퇴하기 전에 자원봉사를 하지 않았던 사람이 은퇴하고 나서 자원봉사를 하는 경우는 별로 없다. 사람들은 은퇴하기 전이나 후나 자신이 살아가는 방식을 그대로 유지하고 싶어 하는 경향이 있다. 자원봉사를 하지 않는 은퇴자 중 아주 극소수만이 그런 기회가 주어진다면 생각해 보겠다고 말한다.

신화 16 은퇴한 사람들이 할 수 있는 일은 별로 없다.

[사실] 의욕만 있다면 은퇴하고 나서도 자신의 시간과 재능을 활용하여 주변 세계를 개선하는 일에 참여할 수 있는 기회는 많다. 이러한 일 중에는 대가를 받으며 하는 곳도 있고 무보수로 하는 곳들도 있다. 시빅 벤처(Civic Ventures) 웹사이트에는 은퇴자들이 참여할 수 있는 18가지 종류의 자원봉사와 해당 기관과의 접촉 방법에 대한 정보가 실려 있다. (이들 단체들의 일부를 소개하면 다음과 같다: Experience Corps, Corporation for National Service, National Senior Service Corps, Volunteers in Medicine, Elderhostel, Habitat for Humanity, Environmental Alliance for Senior Involvement, Hope for Children, Foster Grandparents Program, Peace Corps, Troops to

Teachers, Service Corps of Retired Executives, National Retiree Volunteer Coalition, Points of Light Foundation, America's Promise, and American Association of Retired Persons). 이외에도 비공식적으로 자원봉사를 할 수 있는 기회는 얼마든지 있다. 지역사회에는 혼자 살면서 대화할 사람이 필요한 어려운 이들과 혹은 더 이상 집안일을 할 수 없어서 대신해 줄 사람이 필요한 이들도 많으므로 그들을 도울 방법을 생각해 보는 것이다.

[해설] 이 세상에는 신체적 필요, 정서적 필요, 영적 필요와 지혜와 기술, 경험 등 필요한 것이 많다. 그리고 은퇴한 사람들 중에는 이러한 필요를 충족시킬 수 있는 능력을 가진 사람들이 많이 있다. 사회로부터 자신을 분리시키는 것은 하나님께서 다른 사람들을 도우라고 주신 재능과 자원들을 낭비하는 것이다.

신화 12 나이가 들어 은퇴하는 사람들은 자원봉사를 하기에는 신체적으로 너무 힘이 없고 병약하다.

[사실] 1994년 미국에는 65세 이상이 된 사람들 중에 신체적으로 아무런 장애가 없는 사람들이 약 80%에 육박하였다. 그리고 이런 사람들의 비율은 해마다 상승하고 있다.

[해설] 의료기술의 진보와 건강한 생활방식에 대한 관심이 커지면서 건강한 노인 인구가 그 어느 때보다 늘어나고 있다. 이러한 현상은 점차 나이 들어 가는 베이비 부머 세대에게서 더욱 분명히 드러나고 있다. 따라서 은퇴한 사람들이 건강 때문에 자원봉사를 할 수 없다는 것은 말이 안 된다. 설령 만성 질환과 신체적 장애가

있다 할지라도 신체적으로 무리가 가지 않는 한도 내에서 자원봉사를 할 수 있다. 전화를 통해 비슷한 문제를 갖고 있는 다른 사람들을 격려하거나 지지하는 일 등은 충분히 할 수 있다.

신화 18 대부분의 노인들은 기억 장애나 치매기가 있어서 생산적인 활동을 할 수 없다.

사실 65세 이상의 사람들 중 치매가 있거나 심각한 정신 질환으로 생산적인 활동을 할 수 없는 경우는 약 10% 정도에 불과하다.

해설 심각한 정서적 장애, 집중력·기억력에 문제가 있어서 다른 사람들을 실질적으로 지원하는 일이나 자원봉사를 할 수 없는 은퇴자들은 거의 없다. 도리어 자원봉사가 노년기에 있을 수 있는 정서적 문제들을 예방하고 삶의 질을 향상시키는 데 도움이 된다는 사실이 입증되고 있다. 나아가 정신적, 신체적으로 사회에 의미 있는 방법으로 기여하는 활동을 하는 것이 나이 들어 가면서도 기억력과 인지능력을 유지하는 가장 좋은 한 가지 방법이 될 수 있다.

신화 19 노인들은 경제적인 자원이 별로 없다.

사실 우리는 앞 장에서 60~65세에 이르는 가장들의 평균적인 부의 수준이 인플레이션의 요소를 고려하더라도 1917년에 비해 6배나 상승했다는 사실을 살펴보았다. 1999년 정부의 혜택을 포함시켰을 때는 평균 수입이 빈곤 수준 이하에 해당되는 사람들은 전체 성인 인구의 9.9%였으나 65세 이상된 사람들은 8.4%에 불과하였다. 물론 베이비 부머 세대들은 그들의 낮은 저축률과 증가되는 채무 그리고 예상되는 사회보장기금의 고갈 등의 여건들을 고려할 때 은퇴 후에도 현재와 같은 경제적 여유를 즐길 수 있을지는 알 수 없다.

해설 오늘날 노년층의 사람들은 개인연금 저축 이자, 투자 소득, 파트타임 일, 정부의 사회보장연금 등을 통해 생활에 필요한 대부분의 수입을 얻고 있다. 그러나 여기에서 정부 혜택을 빼면, 현재 8%대의 빈곤 노년층의 비율은 48%까지 상승하게 될 것이다. 1999년에는 65세 이상 된 사람이 가장인 가정의 평균 연간 수입이 2만 2,812달러였다. 이는 55~64세의 가장 수입인 4만 4,597달러의 약 절반에 해당되는 수준이다. 45~54세의 가장이 있는 가정의 경우는 5만 6,917달러였다. 그러나 은퇴자들은 현재 일을 하고 있는 젊은 가정들의 경우보다 생활비가 덜 든다. 집이나 자동차는 다 갖추었고, 자녀를 기르거나 교육하기보다는 자녀들이 이미 집을 떠난 경우가 많기 때문에 실질적으로 들어가는 생활비가 젊은 세대보다 낮은 것이다. 그 결과, 오늘날 미국 노년층의 상당수는 자신들의 필요를 채우고도 남는 충분한 경제적 여유와 자원들을 갖고 있게 되었다.

신화 20 일단 은퇴할 만큼 충분한 여건이 조성되고 경제적으로 안정된 사람은 다른 사람들을 돕는 일에 돈을 기부하기 시작할 것이다.

사실 일반적으로 은퇴한다고 해서 사람들이 더 많은 돈을 기부하거나 그 비율이 올라가는 것은 아니다. 1998년 한 해 동안 자기 수입의 일부를 떼어 자선기관에 기부한 사람들을 전체 연령대로 따져 보았을 때 평균 2.1%에 해당하였다. 55~64세의 사람들은 수입의 1.9%를 기부하였다. 그리고 65~74세에 이르는 사람들의 기부율은 2%였다.

해설 자원봉사와 마찬가지로 돈을 기부하는 방식도 나이가 들어도 그대로 유지되는 경향이 있다. 청장년기나 장년기 때 다른 사람들에게 무언가를 주어 온 사람들은 은퇴 후에도 계속 다른 사람들에게 주게 된다. 젊어서 자선기관에 돈을 기부하지 않았던 사람은 은퇴 후에도 기부하지 않는다. 경제적 여유와 상관없이, 은퇴한다고 해서 남을 위해 더 많이 돈을 기부한다는 증거는 없다. 인간은 습관의 동물이다. 남에게 주는 습관은 일찍 발전시킬수록 좋다. 나이가 들어서 그런 일을 처음 시작하는 경우는 드물기 때문이다.

나이 듦과 은퇴에 관한 신화는 도처에 널려 있다. 이러한 신화들 중 사실이 아니거나 오해인 것들은 대부분 체계적인 연구를 통해 제거될 수 있다. 은퇴를 통해 해결되는 문제들이 있는가 하면 도리어 새롭게 생겨나는 것들도 있다. 나이가 들어 간다는 것은 어떤 부분에서는 감소하는 결과를 가져오지만, 전에 없던 새로운 기회와 가능성들을 제공해 주기도 한다. 이러한 기회와 잠재력은 더 많아진 시간과 나이 듦이라는 세월의 연륜을 통해 얻어진 지혜와 경험에서 나오는 것이다. 이제 은퇴라고 하는 이 중요한 시기에 인생의 목표를 갖는 것이 어떻게 삶의 의미와 깊은 뜻, 건강과 파워를 제공해 줄 수 있는지 깊이 다루고자 한다. 그리고 정확하게 어떤 목적이 이러한 일을 가능케 하는지를 구체적으로 탐색할 것이다. 그 전에 먼저 자신에게 주어진 시간과 재능들을 게을리 허비하고 낭비할 때 어떤 일이 발생하는지, 은퇴의 어두운 측면을 면밀히 살펴보도록 하겠다.

목적 없는 삶이 우리를 해친다

"민주사회에 속한 사람들의 가슴이 그들보다 더 큰 어떤 것을 향한 소명에 감동되지 않는다면 민주주의에 대한 희망은 별로 없다."
—마거릿 대처(Margaret Thatcher)

은퇴가 항상 건강문제나 수명단축으로 연결되는 것은 아니다. 그렇지만 실제로 그런 일이 일어날 수 있는가? 어떤 사람에게는 은퇴가 정신적 혹은 신체적으로 급격한 상태 악화를 가져오는 치명적인 사건이 될 수 있는가? 이 시기를 부주의하게 보내는 사람에게는 어떤 어두운 측면이 발생할 수 있는가? 이러한 어두운 측면의 정체는 무엇이며, 어떻게 이것을 피할 수 있는가? 이제 미국 사람들의 은퇴기간이 어느 정도인지 살펴보고, 은퇴가 정신건강과 웰빙에 어떤 부정적인 영향을 주는지 알아보도록 하자. 그리고 은퇴로 말미암은 정서적 경험이 신체에 어떻게 영향을 끼치는지 조사하고, 마지막으

로 건강을 증진시키고 만족스러운 충만한 삶을 살게 하는 은퇴의
특성들은 무엇인지를 찾아보고자 한다.

길어져 가는 은퇴 후 기간

사람들이 은퇴하고 나서 보내는 시간은 세대를 거듭할수록 계속
길어지고 있다. 현재의 노인세대는 역사 속의 어떤 세대보다도 더
오래 살 것이고, 다음 세대는 그보다 더 오래 살게 될 것이다. 오늘
날 사람들의 절반은 65세 이상을 산다. 지난 100년 사이에 인간의
수명은 지난 5,000년 동안에 늘어난 것보다 더 많이 연장되었다. 이
렇게 수명이 연장되고 건강상태가 개선되었음에도 불구하고 현대
인들은 더 일찍 젊은 시기에 은퇴한다. 미국에서 62세 때 풀타임으
로 일하는 사람들은 남성의 경우 44%, 여성의 경우는 24%에 불과하
다. 회사에 따라서는 50세의 젊은 나이부터 은퇴 연금을 받을 수 있
도록 자격을 주는 경우도 있지만 대부분의 경우 55세부터 받을 수
있는 자격이 생기고, 미국의 사회보장연금은 62세부터 받을 수 있
다. 이러한 사실은 미국 사람들이 오랫동안, 아주 오랫동안 은퇴 기
간을 보내게 될 것임을 의미한다.

하지만 오래 사는 것과 잘 사는 것과는 다른 이야기다. 건강하게,
혼자 힘으로, 아픈 데 없이 사는 것과는 다른 것이다. 대부분의 사람
들이 실질적으로 원하는 것은 단지 오래 사는 것이 아니라 활기차
고 건강하게 살아가는 것이다. 미국의 보건복지부에서 출판한 『건
강한 사람 2010』에서는 '건강한 삶의 기간'을 기대수명과 만성적

혹은 아픈 건강 문제를 가지고 살아가는 시간과의 차이라고 규정하고 있다. 정부의 연구 자료에 따르면, 1996년에는 미국에서 건강하게 살아가는 사람들의 평균 연수가 64.2년이었다. 건강한 삶에는 신체적 차원뿐만 아니라 정서적, 사회적, 영적인 측면까지 모두 포함된다. 모든 사람들이 궁극적으로 원하는 것은 바로 이러한 건강한 삶을 오랫동안 유지하는 것이다.

그렇다면 건강한 삶의 기간을 확장시키는 비결은 무엇인가? 1장에서 보았듯이, 여가 관련 사업자이 제시하는 인생의 '황금기'에 대한 개념에 따라 은퇴한 사람들끼리 모여서 느긋하게 자신을 즐기며 여가 중심의 생활을 보내는 것인가? 이러한 질문에 대해 과학적인 연구들은 몇 가지 주목할 만한 사실들을 발견하였다. 또 많은 연구들에서 비활동적이고 사회로부터 분리되어 자기중심적으로 보내는 은퇴생활은 결국 건강상의 문제를 더 많이 야기한다는 사실이 확인되었다. 반면 분명한 삶의 목적을 갖고 다른 사람들을 위해 자원봉사하며 넉넉한 인심을 갖고 살아갈 때 이러한 문제를 예방하는 데 도움이 된다는 것이다.

은퇴와 정신건강

이미 수많은 사람들이 읽은 『생존의 이유(*Why Survive?*)』에서, 저명한 노인의학 전문가인 로버트 버틀러(Robert Butler)는 '은퇴 신드롬'이라는 개념을 제시하고 있다. 그는 이 개념을 통해 은퇴가 사람들의 정신과 심리에 어떤 영향을 미칠 수 있는지에 대해 간략하게 설명하고 있다.

사람들이 은퇴한다고 해서 저절로 정신적, 신체적 건강의 쇠퇴가 발생하는 것은 아니다. 사회과학적 연구에 따르면 이런 일반화는 사실이 아닐 때가 많다. 그렇지만 어떤 사람들에게는 은퇴가 아주 부정적인 영향을 준다는 임상적 지표들이 있다(소수 사람들의 임상적 경험과 더 많은 사람들을 대상으로 하는 사회과학적 자료는 소수의 사람들이 일반화된 사회과학적 자료에 파묻힐 수 있기 때문에 조화를 이루기가 쉽지 않다.). 평상시에 건강했지만 은퇴와 관련하여 두통과 위궤양, 과다수면, 신경과민, 무기력증 등에 걸리는 남성 및 여성들이 종종 있는 것이다. 이러한 상태들은 은퇴 이전부터 어느 정도 나타났을 수도 있다. 그러다가 은퇴와 더불어 생활구조에 변화가 생기고 활동이나 역할이 혼동되면서 더 강화된 것일 수 있다. 그리고 은퇴 후에 만족할 만한 생활방식이나 대체할 만한 일을 발견하지 못한 경우는 더 악화될 수 있다. 예전에는 일로 가려졌던 오랜 정서적 갈등이 다시 고개를 들 수도 있다. 이러한 현상은 일에 중독된 사람들에게 더욱 그러하다. 이럴 때 **목적이 없는 사람들**에게는 자신에 대한 부적절감, 무감각, 무력증 등이 발생할 수 있다.

사회노인학 분야의 밀러(S. J. Miller)에 따르면, 어떤 사람들에게는 은퇴가 '정체성의 위기'가 오는 시기라고 한다. 은퇴하게 되면 이전에 직장에서의 역할을 더 이상 유지할 수 없다는 사실 때문에 여러 면에서 침체를 경험할 수 있다는 것이다. 직장생활에서 수용된 자기정체감은 생활 전반에 스며들기 마련이다. 아버지로서, 한 가정의 가장으로서, 친구로서, 심지어는 사회적 자아로서의 위상 등에 영향을 준다. 직업에 근거한 자기정체감은 사회적으로 인정되는 가치와 긴밀히 관련되어 있기 때문이다.

어떤 일을 통해 개인적인 자존감을 얻었던 사람이 그 일을 여가로 대체한다는 것은 쉬운 일이 아니다. 여가 산업가들은 지난 50여 년 동안 이와 관련된 마케팅 전략을 세우고 줄기차게 노력해 왔지만 여가와 관련된 형태는 사회적으로 지지받지 못했다. 나아가 앞으로 도 여가가 자기존중감을 줄 수 있는 가능성은 점점 줄어들고 있다고 본다. 이는 우리 사회가 노령 인구를 지원하고 돌보는 데 경제적인 어려움을 느끼기 시작했기 때문이다. 결론적으로, 긍정적인 정체감을 제공해 줄 수 있는 유일한 여가는 은퇴 이전의 일을 대체하여 어떤 가치 있는 결과를 생산해 내는 것이 될 것이다.

일에서 예전과 같은 기능을 수행할 수 없다는 사실이 인생의 다른 역할에까지 영향을 미치기 시작하면 긍정적인 자기 개념은 더 이상 버티지 못하고 정체감이 파괴될 수 있다. 이처럼 자기 개념이 무너지기 시작하면 은퇴자는 자괴감을 느끼고, 사람들로부터 떨어지기를 바라며, 내적으로 움츠러들게 된다. 그래서 자기정체감과 존중감의 원천이 되었던 일을 대체할 수 있는 적절한 대책이 마련되지 않는 한, 자신은 이제 쓸모없는 사람이 되었다는 좌절감과 상실감을 계속 느끼게 될 것이다. 그렇게 되면, 버틀러가 묘사한 결과의 상황과 비슷하게 된다.

밀러는 이러한 문제를 해결할 수 있는 한 가지 방법은 여가를 즐기는 것은 가치 있고 마땅한 것이라고 수용하고 인정하는 사회적 분위기를 만드는 것이라고 생각하였다. 35년 전 그가 이러한 입장을 제기한 이래 이러한 분위기가 어느 정도는 형성되었다고 본다. 오늘날 점점 더 많은 사람들이 여가를 즐기기 위해 은퇴하고 있고, 사회는 인정할 뿐만 아니라 사람들은 자신도 그런 삶을 살 자격이 있다고까지 느끼기 시작했기 때문이다. 하지만 그런 사고방식은 이제 바뀔 것이다.

닉슨 대통령 시절 때 통상 장관을 지낸 피터 피터슨(Peter Peterson)은 최근 자신이 쓴 책에 세계적으로 노령화가 가져올 영향에 대해 기록하였다. 그중에는 '권리 윤리'로 무장하고 여가 중심의 자기 탐닉적인 삶을 살아가는 노년층이 확대되면 파산하는 사회가 생길 수 있는 가능성에 관한 내용도 있다. 피터슨은 건강하지만 비활동적이고, 정부나 사회가 제공하는 비용으로 여가생활을 즐기면서 비싼 사회 서비스를 받으려는 은퇴자들이 늘어나고 있고, 이러한 상황은 앞으로 더 많은 비용을 내야 할 젊은 세대와 나이든 세대 사이에 사회적 분규를 촉발시킬 수 있다는 사실을 염려하고 있다. 이러한 모든 현상들은 은퇴한 후 쉼과 여가의 삶을 즐기려고 하는 노년층의 자기 이미지와 자기가치감을 어둡게 만드는 요소들이다. 아울러 건강문제로 일하지 못하고 쉴 수밖에 없는 사람들은 더욱 그러할 것이다.

연구에 따르면, 은퇴는 사람들의 정신건강에 부정적인 영향을 줄 수 있다. 이러한 현상은 은퇴하기 이전에 어떤 종류의 직업에 종사했는지와 관련이 있다. 은퇴로 갖게 된 정서적 문제나 정체감의 위기는 일에서 만족스럽고 자부심을 느꼈던 사람에게 더 많이 발생할 수 있다. 특히, 자기 일에 많은 시간과 정신을 쏟아 붓는 회사 경영자나 고위 간부들, 사업가들, 이외의 각종 전문가들이 여기에 해당된다. 물론 사회적 관점에서 볼 때, 낮은 계층의 직업을 통해서도 여러 가지로 만족감을 얻는 경우가 있다.

영국의 정신의학자인 모리스 실버맨(Maurice Silverman)은 네 그룹의 연구 대상들, 즉 집에서 사는 사람들, 정신병원 환자들, 노인병원 환자들, 노인 요양원에 거주하는 사람들을 비교 조사하는 연구를 진행하였다. 그는 이 연구를 통해 은퇴 후 오랫동안 비활동적이고 긍정적인 관심사를 갖지 않은 사람은 정신적, 신체적인 건강에 문제가 발생하기 쉽다는 결론을 내렸다. 이러한 현상은 특히 남성에게 두드러졌다. 여성은 훨씬 더 나이가 들어서야 정신적인 건강에서 증상이 나타나는 경향이 있었다. 그는 이러한 이유로 여성은 남성에 비해 자신의 일에서 강제적으로 은퇴하는 경우가 적기 때문인 것으로 설명하고 있다.

1949년 50~80세에 이르는 75명을 대상으로 한 연구에서, 일의 단축과 조정, 은퇴에 대한 태도 변화를 조사하기 위해 면접을 실시하였다. 그들의 약 3분의 2는 정규적인 활동에 계속 종사하였다. 사람들은 자기존중감을 위해서 그리고 자기 집착이나 우울증, 불안정한 상태에서 벗어나기 위해 계속 일하고 싶어 했다. 이러한 현상은 특히 아무런 경고 없이 직장에서 해임된 사람들의 경우에 더 그러하였다. 다른 연구들에 따르면, 직업적으로 낮은 위치에서 일하는 여성들이 은퇴 후 정서적인 문제에 더욱 취약한 것으로 나타났다고 하였다.

한편 사람들이 은퇴하고 나면 특히 첫 번째 달에 자살을 기도할 위험성이 큰 것으로 확인되었다. 그래서 건강 관련 부분에 종사하는 전문가들은 최근에 은퇴한 사람들 중에 이러한 가능성을 보이는 사람들은 없는지 주의를 기울이는 것이 필요하다고 하였다.

은퇴와 사회적 관계

은퇴 후 사회적으로 자신의 상황에 적응해 가는 것 또한 쉬운 일이 아니다. 이러한 적응상의 어려움 때문에 다시 일로 복귀하는 사람들도 있다. 이와 관련된 연구들은 이처럼 다시 일을 하는 사람들이 은퇴 후 일을 하지 않는 사람들보다 사회적 적응력이 더 높다는 사실을 보여 주고 있다. 다른 연구 자료들에 따르면, 은퇴기에 일을 하는 사람들은 더 넓은 사회적 관계망을 갖고 있으며, 간접적으로 이러한 관계를 통해 더 나은 신체적 건강상태를 유지한다.

은퇴 후에도 직장 동료들과 관계를 유지한다는 것은 참 어려운 일이다. 은퇴한 사람들과 현업에 종사하는 사람들 사이의 동료 관계에 대한 인식을 조사한 연구에 따르면, 은퇴자들은 이전의 동료들을 친구로 계속해서 만나는 것이 훨씬 덜하였고, 자신의 개인적인 문제들을 그들과 상의하는 경우도 거의 없었다. 다른 조사에서도 일찍 은퇴를 하는 남성들은 사회적인 관계를 유지하는 데 어려움을 겪는 것으로 나타났다. 이러한 사실들은 은퇴 이전과 이후에 친구 관계가 단절된다는 것을 증명한다고 볼 수 있다.

한편 은퇴자들끼리 모여 사는 지역에서 맺어지는 친구 관계는 밖에서 형성된 친구 관계만큼 만족스럽지 못하다는 것을 보여 주는 연구 결과도 있다. 우울증과 관련하여 어떤 친구들에게서 사회적 지지를 받는가를 조사한 결과, 은퇴자 공동체 안의 친구들은 우울증의 진전을 막아 줄 만큼의 효과적인 사회적 지지를 주지 못한 것으로 나타났다. 반면 다른 데 떨어져 사는 친구들의 사회적 지지는 우울증의 수준을 낮추어 주는 지속적인 예측지표가 된다는 것을 발견하였다. 아울러 관계의 질에 대한 인식에서도 같은 지역에 있는 친구들보다 다른 데 사는 친구들과의 관계가 더 높은 것으로 관측되었다.

직장을 떠나는 일로 찾아올 수 있는 부정적인 정신적, 사회적 문제를 예방하거나 대처하기 위해서는 은퇴 후 의미 있는 활동을 하는 것이 도움이 된다. 은퇴한 정부기관 종사자들을 연구한 결과에 따르면, 직업, 취미, 친구, 자원봉사기관과 관련된 활동을 통해 사람들은 더 큰 삶의 만족을 얻는다. 로버트 버틀러와 밀러가 언급한 대로, 은퇴는 사람들의 자기유용감에 대한 부정적인 영향을 줄 수 있다. 이러한 사실은 전국을 상대로 한 조사에서도, 미국 성인들의 대부분은 은퇴하면서 자신이 이제는 쓸모없는 존재라는 느낌을 받는 것으로 밝혀졌다. 사람들은 저마다 자신이 필요한 존재가 되기를 바라는 심리를 갖고 있다. 이러한 필요를 충족하는 것이야말로 성공적으로 나이 드는 것과 은퇴에 따른 심리적인 문제에 적응하기 위한 핵심 열쇠라고 할 수 있을 것이다.

마음과 몸의 상관 관계

과학자들은 심리적 요소, 감정, 사회적 관계가 사람의 신체와 건강에 직접적인 영향을 준다는 사실을 밝혀 왔다. 심리적인 스트레스와 염려, 우울증은 사람의 면역 반응을 손상시키고, 상처 회복을 지연시키며, 전염성 질병 감염률을 높이는가 하면, 심장 계통의 문

제를 유발시켜 심장마비, 고혈압, 뇌졸중 등을 야기한다고 알려져
있다(제8장을 참고하라.). 반면 사회적 지지와 든든한 친구 관계를 유
지하는 것은 인생에 대한 분명한 목적과 의미를 갖는 것과 마찬가
지로, 몸에 미치는 각종 부정적인 영향들을 중화시키는 효과가 있
는 것으로 보고되고 있다.

은퇴가 정신적인 스트레스나 사회적 고립감이나 무용감을 증가
시킨다면, 이는 신체적인 건강에 부정적인 영향을 주는 것으로 연
결될 수 있다. 노화나 질병 때문에 면역체계와 심장혈관이 손상된
노인들의 경우는 더욱 그러하다. 나아가 신체적인 건강 문제로 은
퇴하는 경우, 그 과정에서 스트레스가 야기된다면 질병과 싸울 수
있는 몸의 기능은 약화되고, 이는 다시 정신적, 신체적 기능을 계속
악화시킨다. 릴랜드 브래드포드(Leland Bradford)는 하버드 비즈니
스 리뷰(Harvard Business Review)에 기고한 탁월한 글에서 "당신은
은퇴를 넘어 생존할 수 있겠습니까?"라고 질문한다. 그는 적절한
준비를 하지 않는다면 은퇴에 따른 공허감과 정서적인 긴장이 은퇴
자들을 압도할 것이고 이는 정서적, 관계적, 신체적 영역에서 문제
들을 야기하게 될 것이라고 말한다.

은퇴와 신체적 건강

임상적 관찰과 과학적인 연구에 따르면, 어떤 사람들에게는 은퇴
가 신체적으로 건강을 악화시킬 수 있다는 것이 밝혀졌다. 1980년
영국의 저명한 의학 잡지인 『랜세트(*The Lancet*)』에는 「은퇴와 심혈

관계 사망」이라는 제목으로 소논문이 기고되었다. 이 기사는 미국 건강협회(American Health Association)의 연례 모임에서도 발표되었던 하버드 의과 대학의 채닝 실험실(Channing Laboratory)의 연구를 다루고 있다. 연구자들은 이 연구에서 은퇴가 치명적인 심혈관계 질환을 야기할 수 있다는 사실을 확인하였다. 그들은 1973년과 1974년에 심장마비로 사망한 568명의 남성과 연령과 주거지의 이웃 상황이 유사한 568명의 생존해 있는 남성을 비교하였다. 이 조사에 필요한 정보들은 연구 대상자들의 아내들과 체계적인 가족을 조사하여 얻었다.

연구 결과, 은퇴한 남성들의 경우 그렇지 않은 남성들보다 관상동맥질환으로 사망할 위험성이 2.9배나 높은 것으로 나타났다(1.9배에서 4.9배의 분포에 신뢰범위 95%). 연령과 이전의 심근경색증 병력을 조정하였을 때는 상대적인 사망 위험이 1.8배로 줄어들었지만, 이 수치 역시 여전히 의미 있는 수치임에 분명하다. 심장병으로 사망할 위험의 경우, 현업에 종사하고 있는 남성들에 비해 은퇴한 사람들은 80% 이상이나 높았다. 이러한 발견은 듀크 대학교에서 관상동맥조영 시술을 받은 1,500명의 환자들을 대상으로 실시한 연구의 예비 보고서에도 확인되었다. 일을 하지 않는 사람은 심장질환으로 사망할 가능성이 훨씬 높다는 것이다. 연구자들은 이러한 결과가 나타난 원인이 은퇴의 부작용으로 관상동맥질환이 초래되었을 수도 있고, 관상동맥질환이 생겨 은퇴하게 되었을 수도 있다고 설명하였다. 원인 소재가 어디에 있는지는 연구의 성격상 확인되지 않았다.

스웨덴의 말모 종합병원(Malmo General Hospital) 정형외과에서 발표한 자료에 따르면, 50~64세의 남성들 중 엉치뼈 골절상을 당하는 경우가 1950~1980년대에 이르기까지 상당히 증가한 것으로 나타났다. 이러한 골절상을 야기하는 중요한 요소들은 알코올 남용, 독신, 조기 은퇴 등이었다. 연구자들은 이들의 지나친 알코올 섭취와 신체적인 비활동이 골다공증과 엉치뼈 골절상의 위험을 증가시킨 것으로 결론지었다.

이러한 유사한 결과는 스페인에서도 보고되었다. 투르바(TURVA) 은퇴 프로젝트의 일환으로, 연구자들은 도시와 지방에 사는 60세 이상 339명을 선정하여 4년 동안 그들의 뒤를 추적하였다. 연구 기간 동안 24명이 사망하였는데, 사망 원인으로는 정신건강의 문제, 재정 문제, 삶에 대한 불만족, 결혼 생활의 문제 그리고 지나친 여가 시간 등이 꼽혔다. 이 연구는, 은퇴에서 발생한 심리적이고 사회적인 문제들, 특히 지나친 여가시간을 갖는 것 등이 조기 사망의 위험성을 증가시킨다는 것을 시사하고 있다.

짐 하우스(Jim House)와 그의 동료들은 미시간 주 터쿰세(Tecumseh)에 거주하는 남녀 2,750명을 대상으로 12년 동안 사회적 관계와 활동이 수명과 건강에 미치는 영향을 조사한 연구 결과를 발표하였다. 이 조사가 은퇴에 초점을 맞추어 진행된 것은 아니지만, 흥미 있는 발견 중의 하나는 여가활동으로 텔레비전을 시청하는 것과 사망과의 관련성에 관한 것이다. 연구가 진행되는 기간 동안 텔레비전을 많이 본 여성들의 경우 사망 위험성이 크게 증가된 것으로 밝혀졌다. 우리는 이미 앞 장에서 노년층의 절반가량이 다른 어떤 연령대의 사람들보다 텔레비전을 시청하는 데 상당히 많은 시간을 보내고 있다는 사실을 확인하였다.

물론 모든 연구들이 은퇴 이후에 건강이 악화되거나 사망률이 증가된다고 보고하는 것은 아니다. 에커트(D. J. Ekerdt)와 그의 동료들은 보스턴 재향군인회의 노년 프로젝트에 참여하고 있는 55~73세의 은퇴자 229명과 근로자 409명을 대상으로, 은퇴 이전과 이후에 신체적인 건강에 어떤 변화가 있는지 조사하였다. 그들은 이 연구에서 의학적 진단을 통해 신체적 건강을 4가지 척도로 분류하였다. 그 결과, 질병이나 장애로 은퇴한 사람들을 제외하고 연령대를 조정하였을 때, 은퇴자들과 일을 계속한 사람들은 건강상 중요한 차이가 없다는 것을 발견하였다. 그들은 은퇴가 건강 악화의 위험성을 증가시킨다는 근거는 없다고 결론지었다.

티모 니에미(Timo Niemi)는 노인 연금을 받고 은퇴한 1,176명의 남성들을 대상으로 은퇴가 사망에 미치는 영향을 조사하였다. 이들의 은퇴는 건강 악화 등의 문제와는 상관없이 오로지 나이만 고려된 것이었다. 이 연구는 은퇴가 단기적이든 장기적이든 사망과 관련하여 어떤 영향도 주지 않는 것으로 보고하였다. 그러나 이들 중 배우자가 사망한 경우는(939명 중 174명), 사망률에서 상당히 단기적인 증가가 있었다. 배우자가 살아 있는 은퇴자들과 비교할 때, 배우자를 잃은 사람들은 배우자 사망 후 첫 6개월 동안 심장계통의 질환과 암으로 사망하는 경우가 증가하였다. 보다 최근에 실시된 애리조나 주립대학교의 노화 연구 또한 이러한 사실을 지지해 준다. 일에 종사하는 것이 배우자를 상실하여 받는 스트레스가 건강에 끼치는 부정적인 영향을 막아 주는 것으로 나타난 것이다. 511명의 연구 대상자들의 경우, 일에 종사하는 것이 사별 후 신체적인 건강 악화를 예방시켜 주는 효과가 있음이 12개월 동안의 추적 조사를 통해 밝혀진 것이다. 이런 현상은 24~36개월 동안의 추적 조사에서도 동일하게 나타난 것으로 보고되었다.

매사추세츠 대학교 노인 연구소에서는 건강과 은퇴의 관련성을 규명하기 위해 55~69세 남성들의 건강 상태와 직장활동의 연관성을 조사하였다. 이를 통해 어떤 상황에서 건강과 은퇴가 가장 긴밀하게 연결되어 있는가를 알아보려는 것이었다. 이 연구는 일하는 아내를 둔 남성들, 더 젊은 남성들, 제한된 재정 상태의 남성들의 경우 좋지 않은 건강이 은퇴를 고려하게 만드는 강한 지표가 된다는 사실을 발견하였다.

많은 연구들이 은퇴가 신체적인 건강 악화를 초래한다는 사실을 밝히거나 지지하는 것은 아니지만, 은퇴와 건강에 대한 관련성은 엄정한 조사에서 부정된 적이 없다. 이 점은 엄격한 임상적 실험을 통해 밝혀져야 할 것이다. 이를 위해서는 50대 중반에서 후반에 이른 많은 직업 종사자들을 선별하여 무작위로 은퇴 그룹과 직장 생활 그룹으로 나누고, 10년에서 20년에 걸쳐 그들의 건강 상태를 주의 깊게 지켜보는 실험이 필요할 것이다. 이러한 실험을 실시하려면 많은 자원이 필요하겠지만, 앞으로 은퇴를 결정하게 될 수많은 예비 은퇴자들에게 유익한 정보와 지침을 제공해 줄 수 있을 것이다.

이러한 상황에서도 한 가지 분명하게 말할 수 있는 것은, 은퇴 후 비활동적으로 생활한다면 결국은 건강 문제가 발생하고 사망할 위험성은 더욱 커질 것이라는 점이다. 수많은 연구에서 신체적인 비활동성은 은퇴자를 사망의 위험에 노출시키는 강력한 예표임이 드러났다. 예를 들면, 텍사스 주 달라스에 있는 쿠퍼 연구소에서 사망을 예측케 하는 요소들을 찾기 위해 2만 5,000여 명에 이르는 사람들을 10년 이상 조사한 결과를 들 수 있다. 이 연구가 시작될 당시 조사 대상자들의 평균 연령은 45세였다. 활동을 많이 하지 않아 신체적으로 불균형 상태에 있는 남성은 그렇지 않은 사람들에 비해 사망률이 훨씬 높았다. 더 나이 든 사람들을 대상으로 한 조사에서도 결과는 똑같았다. 핀란드 중부 지역에서 독립적으로 살고 있는 65~84세의 노인 1,109명을 대상으로 8년간 실시한 연구에서도 신체적인 활동이 부족하면 결국 추가적인 장애와 죽음에 이르게 된다는 사실이 확인되었다.

은퇴와 건강의 관련성

1930년대의 프랑스 성직자 어니스트 딤네트(Ernest Dimnet)는 다음과 같은 말을 하였다. "아주 바쁜 사람들은 항상 모든 것을 위한 시간을 찾아낸다. 아주 많은 여가시간을 가진 사람들은 어떤 것을 위해서도 시간을 내지 못한다." 은퇴한 후 지나치게 자기자신을 위해 즐기고 소비하는 여가에 초점을 두면서 활동하지 않거나 사회활동을 줄이는 것은 신체적, 심리적인 문제들을 불러일으킬 수 있다. 반면 정신적 · 신체적으로 활동적인 삶을 유지하고, 지나친 알코올 섭취와 흡연과 과식을 삼가며, 다른 사람들과 함께 사회적인 활동을 한다면 건강을 계속 유지할 수 있을 것이다. 연구들은 자원봉사와 같이 남을 위한 활동에 참여할 때 건강과 웰빙의 삶이 증진되고 장수의 복을 누리게 되는 것을 보여 준다. 이러한 사실은 한 생명보험 회사에서 평균 나이가 100세가 넘는 보험 계약자들을 대상으로 실시한 연구에서도 잘 드러나 있다. 이들에게 장수와 관련하여 배운 가장 중요한 요소가 무엇인지를 물었을 때 가장 보편적인 대답은 "네 이웃을 네 몸처럼 사랑하라."는 것이었다.

이러한 태도는 장수자들이 죄책감, 분노, 미움, 의심, 염려, 적의 등 각종 부정적인 감정에서 자유로울 수 있도록 도움이 되었을 것이다. 이러한 감정들은 사람들의 면역체계를 방해하고 심혈관체계에 부작용을 일으킬 수 있는 것들이다. 다른 사람들에게 필요한 것을 돌보고 지원하는 것은 실제로 건강에 좋은 영향을 줄 수 있는 것이다. 심리학자 데이비드 맥클렌드(David McClelland)는 연구를 통하여, 사람들에게 마더 테레사가 인도의 가난한 사람들을 돌보는 장면을 보여 주는 것만으로도 사람들의 면역기능에 상당히 긍정적인 변화를 유발시킬 수 있다는 것을 발견하였다. 그렇다면 다른 사람들의 필요는 무시한 채 자기자신의 쾌락과 만족만을 위해 살아간다면 건강에 좋지 않은 반대 결과를 가져올 수도 있을 것이다.

맺음말

은퇴 후에 보내는 시간은 앞으로 계속 길어질 것이다. 그리고 사람들은 은퇴와 더불어 더욱더 많은 자유시간을 갖게 될 것이다. 은퇴에서 정체성의 위기를 경험하는가 하면, 정서적인 문제들로 인하여 힘들어하고, 사회적인 활동도 만족스럽지 못한 방향으로 축소하는 사람들도 있다. 이와 같은 정신적, 사회적 변화는 신체적 건강에도 직접적인 영향을 미친다. 인간은 정신적 요소와 생물학적 과정들이 밀접하게 연결되어 신체적인 몸을 유지하고 기능하기 때문이다. 은퇴가 모든 사람에게 심각한 건강 악화를 초래하는 것은 아니겠지만 사람들에 따라서는 건강에 부정적인 영향을 줄 수 있다는 사실이 연구들을 통해 입증되고 있다.

이러한 현상은 특별히 일을 통해 자신의 정체성을 확인해 왔거나, 일이 시간 사용과 사회적 관계에 큰 의미를 차지했던 사람들에게 나타난다. 그리고 직장생활을 하는 동안 은퇴 후에도 계속 할 수 있는 활동을 준비하지 않거나, 은퇴하고 여가와 자기자신에 집중하고 비활동적인 생활을 하는 사람들에게 이러한 건강 문제가 발생할 수 있다. 은퇴 후 자신에게만 집중하여 살아가게 되면 영적인 건강 면에도 부정적인 결과를 맞이할 수 있다. 구세군의 설립에 영향을 미쳤던 사무엘 로건 브렝글(Samuel Logan Brengle)은 이러한 사실에 대해 다음과 같이 명료하게 말하였다: "사랑이 새어 나가면 믿음은 실종된다. 그리고 삶은 이기적이 된다." 은퇴는 건강에 부정적인 영향을 줄 수도 있다. 그러나 인생에 목적과 의미를 주는 가치 있는 활동에 참여함으로써 이러한 부정적인 영향은 상쇄될 수 있다. 다음 장에서 이러한 내용을 살펴보기로 한다.

가치 있는 은퇴 후의 삶은 어떻게 준비하는가

"장수와 보람된 인생을 원하면서 고통을 피하려고 하는 것은 헛된 것이다."

—토머스 켐피스(Thomas à Kempis)

은퇴 후 사회와 분리되어 자기중심의 소비적인 여가를 보내고 비활동적으로 생활하면 지루함과 동시에 정신적이고 신체적인 건강 악화 등의 부정적 결과를 낳게 된다. 그렇다면 과연 이 결과를 예방하는 은퇴기 삶의 대안은 있는가? 물론 있다. 그 대안은 바로 은퇴 후의 생활에 대한 가치 있는 목적과 방향 감각을 찾는 것이다. 이 책은 이 문제에 집중하고 있다.

사람들은 대개 은퇴 후에 여러 위기 상황과 어려움들을 경험한다. 은퇴와 더불어 사회적 역할과 위치가 변화되는 것을 맛보고, 생활 근거지를 이동하거나 사랑하는 사람들을 죽음으로 잃는 아픔을 경

험하기도 한다. 신체적 질병이나 장애도 찾아온다. 이처럼 은퇴 후
에는 다양한 스트레스적 상황에 맞닥뜨리게 된다. 이에 효과적으로
대처하고 적응할 수 있는 핵심 열쇠는 은퇴의 목적과 의미를 분명
히 확인하고 유지하는 것이다. 우리는 이제 비활동적인 은퇴에 대
한 대안을 탐색하고 노년기 삶에 새로운 목적을 제공하는 요소들에
대해 토론하고자 한다. 그리고 은퇴 후의 생활에서 '비전'을 갖는
것의 중요성과 생산적이고 보람 있는 활동적인 은퇴를 위한 계획을
세울 필요성에 대해 살펴본다. 아울러 뚜렷한 은퇴의 '목적'을 갖
는 것이 정신적, 신체적 건강에 어떠한 영향을 미치는가에 대해 의
학적으로 연구한 내용들도 조사해 보도록 하겠다.

중대한 결정 내리기

미국의 헤리티지 재단(National Heritage Foundation) 설립자 겸 회
장인 윌 로즈(Wil Rose)는 "하루하루를 당신의 마지막인 것처럼 살
라. 언젠가는 그날이 올 것이다."라는 말을 한 적이 있다. 그렇다면
자기 인생의 남은 날들을 위해 목적과 방향을 갖고 하루하루를 마
지막 날인 것처럼 살아가는 사람이 과연 얼마나 될까? 은퇴한 사람
들은 무엇을 목표로 자신들의 시간과 재능 그리고 자원을 투자하고
있는가? 사람들은 저마다 인생의 마지막 삶에 의미를 주고 세상에
흔적을 남기기 위해 무엇인가를 하고 싶어 한다. 은퇴는 다른 사람
들의 삶을 변화시킬 수 있는 절호의 기회를 가져다 준다. 그러한 기
회는 예전과 비교할 수 없는 것이며, 그러한 변화는 미래에도 오랫

동안 지속될 변화다. 은퇴는 자기중심적인 즐거움과 여가를 추구하면서 시간을 보내는 것보다 훨씬 나은 어떤 것을 위해 투자될 수 있다. 자신을 위한 행복은 추구하면 할수록 빨리 사라져 버리고 만다. 나다니엘 호손(Nathaniel Hawthorne)은 "이 세상에서 행복이 올 때, 그것은 우연히 찾아온다. 그것을 추구하면 결코 얻어지지 않는다." 라고 말했다. 은퇴와 관련한 행복은 어떻게 찾아올까? 이에 대한 부분적인 해답은 목적, 특히 제대로 된 은퇴의 목적을 갖는 데 있다.

그렇다고 해서 은퇴 후에 인생의 즐거움이나 기쁨이 전혀 없는 금욕적인 삶을 살아야 한다는 의미는 아니다. 사실은 그와 정반대다. 어느 정도는 즐기면서 유쾌한 삶을 살아가는 것도 필요하다. 다만 그러한 삶이 은퇴기의 중심에 있지 않다는 것이다. 은퇴생활의 궁극적 관심은 거기에 있는 것이 아니라는 것이다. 그러한 삶은 음식의 주요 부분이라기보다는 디저트와 같은 것이다. 은퇴의 즐거움은 우리의 관심과 초점 혹은 은퇴의 목적이 자기 밖을 향해 있을 때 온전히 맛볼 수 있게 된다. 이러한 즐거움은 그것을 잡으려고 온 힘을 다해 마침내 잡으면 순식간에 사라져 버리는 자기중심적인 즐거움과는 다르다. 또한 아주 오랫동안 지속되는 그러한 즐거움이다.

목적 있는 삶의 중요성

19세기 미국의 위대한 설교자 중 한 사람인 필립스 브룩스(Phillips Brooks)는 "사람이 자신의 삶에서 어떤 더 큰 것을 향해 염원하지도 않고 현재의 삶 그대로에 만족하며 살아간다면 참으로 슬픈 일이다."라고 말했다. 우리는 은퇴 후 의미 있는 목표를 달성하기 위해 시간을 어떻게 짜고 자원은 어떻게 사용할지를 생각해야 한다. 목적이란 이러한 과정을 도와주는 위대한 염원이다. 목적은 사람에게 동기를 부여하고 에너지를 심어 준다. 삶의 가치를 부여하고 새로워지려는 행동의 우선순위를 설정하는 데 도움을 준다. 목적은 나이가 들어 감에 따라 발생하는 각종 스트레스 상황이나 도전들 그리고 장애물들을 극복할 수 있는 탄력성을 제공한다. 나아가 지난날의 삶의 여정을 돌아볼 때 가치 있는 목표를 향해 만족스러운 성장과 성취들을 이룩해 왔는지를 볼 수 있게 한다. 사람은 뚜렷한 목표나 방향 감각이 없으면 혼란 속에 방황하거나 자신의 잠재력을 다 발휘하지 못하고 실패하기 쉽다. 그리고는 지난날을 돌아보며 낭비한 시간과 기회들에 대해 탄식하며 좌절할 것이다.

끔찍한 나치 수용소에서 생존한 유대인 정신의학자 빅토르 프랭클(Victor Frankl)은 누구보다도 인생의 의미와 목적의 중요성을 알고 강조한 사람이었다. 그는 자신이 선택할 수 있는 것이 별로 없었고 미래가 암담해 보이는 상황 속에서 생존할 수 있었던 비결이 여기에 있었다고 고백하였다. 그를 비롯한 일부 난민들이 처절한 수용소 생활을 견디지 못하고 죽어 나간 대부분의 사람들과 달리 생존할 수 있었던 이유는 그들이 살아야겠다는 목표와 그 의미를 분명하게 유지하였기 때문이었다. 프랭클에 따르면, 자신과 다른 사람들을 살아남게 만든 것은 바로 눈앞에 있는 의미 있는 목표에 시선을 집중하게 한 목적의식의 파워였다. 목적은 은퇴의 경우에서도 마찬가지로 우리로 하여금 살아남게 하고, 나아가 가치 있는 목표들을 성취하며 세상에 변화를 가져오는 승리의 삶을 살 수 있도록 도와준다.

인생에서 청장년기나 중년기의 목적과 은퇴생활을 할 때의 목적은 같을 수 없으며 충분하지도 않다. 나이가 들고 지혜와 인생의 경륜이 더해 가면서 사람들은 이전에 자신이 중요하게 생각했던 것들이나 그것들의 가치 혹은 목표들이 그리 중요하지 않거나 피상적인 것에 불과하다고 종종 느끼게 된다. 그리고 인생의 마지막 단계에서 또 충족되어야 할 필요들이 있는 것이다. 그래서 사람들은 인생의 '통합과 좌절' 사이에서 갈등하기도 한다. 다시 말하면, 이전의 목표들은 이제 접어놓거나 재조정하고, 인생의 마지막 단계를 위한 보다 실질적이고 의미 있는 새로운 목표들을 확립하고 추구할 필요가 있는 것이다. 그렇지만 이 일이 결코 쉬운 것은 아니다.

이전의 삶에게 안녕이라고 말하기

은퇴기를 위한 새로운 목적을 갖는 것은 변화를 수용하는 것을 의미한다. 나이가 들어 간다는 것에는 우리가 원하든 원하지 않든 변화가 따르게 마련이다. 우리는 변화에 저항하거나 싸울 수 있고, 아니면 수용하거나 그것을 통해 무엇인가 새로운 것을 시작하는 기회로 삼을 수도 있다. 레오 톨스토이(Leo Tolstoy)는 "사람들은 저마다 인간을 변화시킬 생각을 하지만, 정작 자신을 변화시키는 것은 생각하지 않는다."고 말한 바 있다. 사람들은 변화에 저항한다. 똑같이 유지하거나 그동안 지속되어 왔던 대로 계속하려는 열망을 갖는

다. 그러나 다른 한편으로는 똑같이 반복하는 것이나 변화가 없는 것을 참지 못한다. 단조로운 반복은 따분함과 불안정한 상태를 야기하고, 무언가 다른 새로운 것을 원하게 만든다.

인생이란 결국 변화다. 계절은 봄에서 겨울로 이어지고, 날씨와 온도도 수시로 변하며, 태양의 위치는 하루에도 계속하여 변하고 있다. 변화는 우리의 가족이나 친구와의 상호작용에서도 늘 일어난다. 사람들은 매번 다른 음식을 먹고 싶어 하고, 텔레비전의 프로그램이나 뉴스도 무언가 색다른 것을 보고 싶어 한다. 신문에도 매일 다른 기사들이 실리기를 기대한다. 이처럼 인간은 변화나 무언가 달라지는 것을 필요로 한다. 그렇지 않으면 감각 박탈 실험이 보여 주듯이 인간은 소리치며 미쳐 버리고 말 것이다. 만일 어떤 사람이 물에 잠긴 상태에서 신체의 기온과 빛과 소리 등이 차단된다면 외부에서 아무 것도 주입되지 않아도 이내 두뇌 안에 무언가 변화가 일어나 환각을 경험하기 시작할 것이다.

은퇴는 이전에 목적의식과 의미를 주었던 것들에 이별을 고하는 시간이다. 그렇다면 어떤 것을 보내고, 어떤 것을 계속 붙잡아야 할지 어떻게 알 수 있을까? 이제 과거로 흘려 보내야 할 것들은 무엇인가? 어떤 것은 원하든 원하지 않든 이제는 내보내야 한다. 예를 들면, 지금까지 일해 온 직업에서의 일상적인 것들, 근로자나 사장이나 슈퍼바이저로서의 자기정체성 등을 이제는 내려놓아야 한다. 자녀가 가정을 꾸밀 경우 부모는 자신이 양육자였든, 보호자였든, 어떤 안내자였든 이제는 그 역할에서 떠나야 하는 것이다. 나이가 점점 더 들어 가면 정말 하기 힘든 이별을 해야 할 때도 있다. 사랑하는 사람이 병으로 죽어 갈 때, 친구나 이웃들이 다른 지역으로 옮겨 갈 때, 질병이나 장애로 건강하고도 독립적인 생활을 할 수 없을 때 등이다. 그러한 상황에서는 안녕이라고 말하는 것이 참으로 힘들다. 그러나 봄이 오려면 그 전에 가을과 겨울이 와야 하듯이 새로운 것을 시작하기 위해서는 옛 것에 대해 안녕이라고 말해야 한다.

그러므로 당신이 이별해야 할 것들을 정리하는 것은 중요하다. 당신의 은퇴 목적을 세우는 것은 어떤 것을 붙잡고, 어떤 것을 내보낼지 결정하는 데 도움이 될 것이다. 인생의 시간과 자원은 한정되어 있기 때문에 이러한 선택들은 당신의 목적과 관련하여 의식적으로, 전략적으로 이루어져야 한다. 그러나 이러한 선택은 대개 무의식적으로 이루어진다. 사람들은 나름대로 의식적으로든 무의식적으로든 자신만의 우선순위를 갖고 있기 때문이다. 그러므로 은퇴기를 위한 가치 있는 목적을 시간을 내서 의식적으로 선택하는 것이 중요하다. 이것이 당신 미래의 우선순위를 설정하는 데 매우 중요한 역할을 한다는 점에서 그 중요성은 더하다고 볼 수 있다.

새로운 목적 수립하기

은퇴는 새로운 목적을 선택해야 할 시기다. 그러한 선택은 실제로 은퇴하기 훨씬 이전에 할수록 좋다. 그러면 당신 인생의 나머지 3분의 1 기간, 40년 혹은 그 이상이 될 수도 있을 이 기간 동안 선택해 놓은 목적이 당신의 활동 방향을 설정하고 어떻게 시간을 보내야 할지 이끌어 줄 것이다. 은퇴 후의 기간을 생각해 보면 두 번째 인생을 시작하는 것이라고 생각할 수 있다. 새로운 인생을 시작하되 그동안 축적한 모든 인생의 지혜와 경험을 갖고 출발하는 이 생활이야말로 얼마나 흥분되는 기회인가?

그렇다면 당신은 어떠한 선택을 할 수 있겠는가? 새로운 목적이 될 수 있는 요소들은 어떤 특성이 있는가? 은퇴와 관련하여 어떤 목표들을 세워야 성취하기 위해 기꺼이 달려갈 수 있는 에너지와 동기를 부여하겠는가? 이것은 어떤 도착의 문제가 아니라 그 여정에 관한 것임을 기억하라. 여기에 몇 가지 제안 사항이 있다.

당신의 강점과 능력을 활용하는 목적을 선택하라.

은퇴기를 위한 목적을 세울 때는 당신이 현재 갖고 있는 강점, 재능, 자원들을 고려하여 선택하라. 예를 들면, 시력도 좋지 않고 비행 경험도 없으며 자본도 별로 없는 사람은 아프가니스탄의 굶주린 사람들에게 음식을 낙하시켜 줄 비행기를 사기 위해 돈을 빌리는 어리석은 행동은 하지 않을 것이다.

어떤 목표를 세우기 전에 다음의 다섯 가지를 고려하라. 첫째, 당신에게 어떤 재능이 있는지 철저하게 조사하라. 즉, 당신이 어떠한 능력을 타고났으며, 어떤 훈련과 경험들을 갖고 있는지 알아보는 것이다.

둘째, 당신이 직장생활을 하면서 어떤 종류의 일을 했는지, 특별히 무엇을 잘했는지 살펴보라. 당신이 특별히 잘 아는 분야가 있는가? 그 분야가 의학, 법률, 사업, 정원 가꾸기, 음식인가? 당신이 특별히 갖고 있는 기술이 있는가? 악기를 잘 다루는가? 아니면 공예

기술이나 배관 관련 일, 전기 작업 혹은 목공 기술이 있는가?

셋째, 당신이 어떠한 성격인지를 따져 보라. 외향적인 사람은 다른 사람들과 대화를 나누고 함께 활동하는 것을 즐거워한다. 내향적인 사람은 어떤 일을 할 때 많은 사람들과 함께 하기보다는 혼자 하거나 몇 명의 가까운 친구와 하는 것을 좋아한다. 당신은 리더나 조직가 혹은 관리자나 책임자의 위치에 있는 것을 선호하는 사람인가? 아니면 누군가가 세부적인 작업을 지시하면 그 지시를 따르는 것이 편한 사람인가? 스스로 논리적이고 합리적이며 문제에 대한 해결책을 발견할 수 있다고 자부하는 사람인가? 아니면 다른 사람을 돌보고 긍휼히 여기며, 경청하고 격려하는 것을 잘하는 사람인가? 당신은 오래 견디며 참아내는 사람인가? 아니면 참지 못하고 쉽게 짜증을 내며 결과를 빨리 보기를 원하는 경향의 사람인가?

넷째, 당신은 어떤 일을 할 때 즐거운가? 과거에 당신이 즐겁게 했던 활동들은 무엇인가? 어떤 활동을 할 때 기쁨을 얻고 또 하고 싶어 했는가? 그 일을 오래 해도 마치 시간이 한순간에 지나가 버린 것 같은 느낌이 든 일은 무엇이었는가? 아무리 해도 당신으로 하여금 지루하거나 지치게 하기보다는 당신을 흥분시키고 도리어 힘이 나게 하는 활동들은 무엇이었는가?

다섯째, 당신의 한계는 무엇인가? 당신의 신체적 건강상태는 어떠한가? 당신에게 혹시 어떤 장애가 있는가? 걷거나 움직이는 데 어려움이 있는가? 청력이나 시력 혹은 그와 관련된 어떤 문제가 있는가? 신체활동을 제한하는 어떤 만성적인 폐질환이나 출혈성 심장마비 증상이 있는가? 재정 상태는 어떠한가? 현재의 수입과 자산으로도 생활 걱정 없이 살 수 있는가 아니면 하루하루 살아가기 위해 일을 해야 할 상황인가? 은퇴 후 생활을 하면서 쓸 수 있는 돈이 충분히 있는가? 당신의 수입 중에서 매달 쓸 수 있는 금액은 어느 정도인가? 시간 면에서는 어떠한가? 당신은 어느 정도의 시간을 자유롭게 사용할 수 있는가? 가족을 위해 해야 할 어떤 책임이 있는가? 지역사회의 기관이나 교회 혹은 자원봉사기관에서 해야 할 일들이 있는가?

융통성이 있는 목적을 선택하라.

목표를 세우되 융통성이 있는 목표이어야 한다. 앞으로 당신이 할 수 있는 능력을 고려해서 가능한 것을 해야 한다. 앞으로 당신에게 일어날 수 있는 다양한 변화들과 상관없이 성취할 수 있는 것이어야 한다. 현실적으로 나이가 들수록 여러 가지 신체적인 문제들에 직면할 수 있고 그로 말미암아 활동이 제한될 수 있다. 실제로 언제 어떤 문제가 발생할지는 예측하기 어렵다. 재정적인 면에서도 예기치 않은 병원비나 기타 비용으로 문제가 생길 수 있다. 이러한 문제들에 부딪치면 목표를 수정하거나 목표를 추구하는 과정에 최소한의 변화라도 주어야 한다. 하지만 이러한 상황이 발생한다고 해서 당신이 세운 궁극적인 목적 자체가 반드시 영향을 받아야 하는 것은 아니다. 목적이란 목표를 향해 우리로 하여금 달려가게 하는 엔진이요 동력이라는 사실을 기억하라. 어떤 사람이 운전을 하고 가는데 나무가 길을 막고 있다고 해서 가던 길을 되돌아 집으로 가야 하는 것은 아니다. 대신 지도를 꺼내 목적지로 가는 다른 길을 찾으려 할 것이다. 이때 차의 엔진은 멈추지 않고 가려는 장소로 갈 수 있도록 해 준다. 목적도 마찬가지다. 목적은 사람을 움직여 선택한 목표를 향해 나아가게 한다. 그렇다면 목적에 이런 파워를 불어넣는 것은 무엇인가? 그것은 목표에 내재되어 있는 가치의 문제다.

큰 의미가 있는 영향을 줄 수 있는 목적을 선택하라.

당신은 세상에 영향을 줄 수 있는 목적을 선택해야 한다. 최소한 한 사람이라도 의미 있게 변화할 수 있는 것이어야 한다. 다른 사람들에게 별 영향을 못 주거나 그 결과가 자기지향적인 것이라면 그러한 목표의 가치성은 재고되어야 한다. 예를 들어, 어떤 사람이 뉴욕에서 로스앤젤레스까지 운전하고 갔다가 다시 뉴욕으로 돌아간다고 하자. 그 사람은 여행하면서 흥미로운 다양한 모습들을 보고 그 과정에서 새로운 것들을 발견할 수도 있을 것이다. 그런데 이 여행의 결과가 전적으로 그 자신에게만 한정된다면, 이 여행이 세상에 영향을 끼칠 수 있는 잠재적인 가능성은 별로 없을 것이다. 세상은 이 여행과 아무 상관없이 별로 달라질 것이 없는 것이다. 그렇지만 이 사람이 여행을 통해 다만 한 사람에게라도 긍정적인 영향을 주려고 했다면 (혹은 여행의 결과로 자기자신을 새롭게 하여 어떤 영향을 다른 사람에게 줄 수 있도록 했다면) 이 여행이 영향을 미칠 수 있는 실질적인 가능성은 높아질 것이다.

영향은 꼭 큰 규모로 나타나거나 사람의 수로 계산될 필요는 없다. 어떤 사람은 보상에 대한 기대 없이 다른 사람의 상황을 개선하기 위해 상당한 노력과 자원을 들일 수 있다. 그런데 그러한 노력이 예측할 수 없는 엄청난 결과와 영향력으로 나타날 수 있다. 예를 들면, 도움을 받은 사람이 다른 사람을 돕고, 그 사람은 또 다른 사람을 도와서 이러한 방식으로 다른 사람을 지원하고 돕는 물결이 널리 확장될 수 있는 것이다. 한 사람이 처음 시작한 행동이 그러한 결과를 가져오게 되는 것이다. 세상은 종종 이러한 작은 친절들이 축적되는 과정을 통해 변화되곤 한다. 실제로 일어났었던 다음의 이야기는 이러한 사실을 잘 보여 주고 있다.

1890년대 시카고에 휘트콤 저드슨(Whitcomb L. Judson)이라는 아주 탁월한 발명가가 있었다. 저드슨은 획기적인 운송 시스템을 구축하려고 노력하였는데, 이 작업을 통해 역사책에 이름을 올려놓는 훌륭한 업적을 이루었다. 어느 날 저드슨은 친구의 아버지가 손가락 관절염에 걸려 옷을 입거나 구두를 신을 때 여러 개의 작은 고리들을 제대로 다룰 수 없어 고생하고 있다는 것을 알게 되었다. 그 친구는 저드슨에게 아버지가 신발을 신을 때 그 작은 고리들보다 좀 더 쉽게 조일 수 있는 어떤 것을 만들어 줄 수 있겠냐며 부탁하였다. 저드슨은 그때 대규모의 운송 프로젝트 때문에 매우 바쁜 상황이었지만 시간을 내어 친구를 돕기로 하였다. 휘트콤은 신발을 쉽게 신을 수 있도록 작은 도구를 발명하였는데, 이것이 바로 지퍼였다. 저드슨은 이후 이 지퍼에 관심을 기울이지 않았고 별로 팔지도 않았다. 그러나 그가 사망한 이후 이 지퍼는 엄청나게 유명해졌고, 오늘날에도 여전히 사용되고 있다.

저드슨이 친구의 아버지를 위해 지퍼를 고안했을 때 그는 자신을 유명하고 부자로 만들어 줄 발명품을 개발하려는 의도가 없었다.

그저 신발을 신을 때 손가락이 아파서 고생하는 한 사람을 도우려고 했을 뿐이었다. 그러나 그 한 가지 친절한 행동으로 세상은 한결 살기 편하게 되었다. 저드슨의 발명품 중에 이것보다 더 큰 영향력을 끼친 것이 무엇이겠는가?

앨버트 아인슈타인(Albert Einstein)은 "다른 사람들을 위한 삶만이 가치 있는 인생이다."라고 말했다. 다른 사람에게 아무런 영향력도 미치지 못하는 것 중에는 진정한 의미와 가치가 있는 것이 거의 없다. 우리의 행동이 다른 사람들에게 선한 영향을 줄 때 그 행동에 가치가 있는 것이다. 예를 들어, 어떤 사람이 엄청난 시간과 재원을 들여 산을 등반한다고 하자. 그리고 성공적으로 등반했다고 하자. 그런데 그 자신은 이를 통해 큰 만족과 성취감을 얻었을지는 몰라도, 다른 사람에게는 아무런 의미가 없을 수 있다. 그렇다면 이 행동은 전적으로 자기자신을 위한 것이다. 나는 산을 등반하고 자신에게 유익을 줄 수 있는 활동을 하는 것이 잘못된 것이라고 말하려는 게 아니다. 나도 젊었을 때에는 산을 등반하고 홀로 여행을 떠나는 것을 좋아하였다. 그러나 그러한 행동이 직접적으로든 간접적으로든 다른 사람들에게 아무런 유익을 주지 않는다면, 그러한 행동의 초점은 전적으로 자기자신에게 있는 것이다. 때로는 자기자신에게 관심을 기울이는 것도 중요하다. 하지만 당신 인생의 목표와 동기가 자신을 충족하는 것뿐이라면 거기에서 궁극적인 목적과 의미를 찾기란 어렵다.

어떤 행동을 할 때 거기에 이타적인 의도가 들어 있는가 하는 것은 중요한 요소다. 다시 말하면, 이타적인 행동은 어떤 보상을 받거나 자신의 개인적인 필요를 충족시키려는 어떠한 의도도 없이 하는 행동이다. 어떤 사람이 장애 때문에 돌아다니지 못하고 집에 갇혀 사는 이웃의 한 과부를 방문하기로 결심했다고 치자. 그의 의도는 과부의 외로움을 덜어 주고, 그녀로 하여금 자신이 누군가의 관심과 사랑을 받고 있다고 느끼도록 하려는 데 있을 수 있다. 그러나 그 과부가 큰 부자여서 자신이 관심을 보여서 어떤 상당한 보상을 받을 수 있을 것이라고 기대하고 찾아간다면, 그의 행동은 전적으로 자기중심적인 것이다. 이것은 아주 극단적인 사례이긴 하지만, 가치 있는 목적을 위한 행동은 전적으로 타자지향적이어야지 자기지향적이어서는 안 된다는 것을 잘 보여 주고 있다. 진정한 파워가 있는 목적은 다른 사람에게 초점을 두고 실행하는 것이다. 랠프 왈도 에머슨이 언급했듯이, "인생의 목적은 행복해지는 것이 아니다. 행복은 삶을 통해 유용한 사람이 되고, 존중할 만하며, 긍휼한 사람이 되고, 삶의 보람을 주는 어떤 변화를 만들어 내는 것이다."

영적인 차원의 목적을 선택하라.

당신의 목적에 영적인 차원이 개입되어 있다면 관련된 목표들을 달성할 수 있는 파워는 크게 증가될 것이다. 아울러 영적인 차원은 은퇴의 목적에 따르는 궁극적인 상급을 강화해 준다. 내가 영적이라고 말하는 것은 은퇴의 목적이 하나님과 그분의 뜻과 연결되는 것을 의미한다. 은퇴의 목적에 영적인 차원이 게재된다는 것은 어떤 활동을 하든지 하나님의 목적을 확장하고 이루는 것과 관련하여 실행하는 것이다. 때로는 하나님의 목적이 정확히 무엇인지 결정하기가 쉽지 않고, 하나님에 대해서도 서로 상이한 견해들이 많아서 결정을 내리는 데 어려움이 있을 수 있지만 원리들은 기본적이고 보편적이다. 이런 원리들 중 중심이 되는 것은 이웃을 사랑하고 돌보며, 자신의 안위와 즐거움에 집중하기보다는 다른 사람들의 필요에 관심을 기울이는 것이다. 서양에서는 무엇보다도 행동을 강조해 왔다. 우주는 계속 움직이고 변화한다. 따라서 우리도 이러한 변화의 흐름에 맞추어 행동지향적으로 되어야 한다. 하나님은 사람들에게 자신의 운명을 결정할 수 있는 자유 의지를 주셨다. 그리고 인간 창조의 일환으로 우리에게 권세와 능력을 주셨다. 그렇지만 그러한 능력을 행동으로 옮기도록 선택하는 것은 바로 우리의 몫이다.

목적을 성취하는 활동들

어떤 목표를 설정하고 활동한다고 해서 모든 활동이 다 가치 있는 목적을 성취하도록 인도해 주는 것은 아니다. 어떤 사람이 은퇴의 목표를 가능한 한 돈을 많이 벌어서 다른 사람들을 좌지우지하며 사는 것으로 정했다고 하자. 이것이 당사자에게 목표 달성을 위해 열심히 노력하게 만드는 큰 목적의식을 제공할 수도 있을 것이다. 그러나 사람은 나이가 들어 감에 따라 돈을 버는 능력에 점점 제한을 받기 마련이다. 큰 부를 축적할 수 있는 기회도 줄어들게 된다. 그렇다면 많은 돈을 벌겠다는 목표는 이런저런 상황에 따라 좌절될 것이고, 결국에는 실망과 좌절의 순간이 찾아올 것이다. 설사 이런 목표가 달성되었다고 해도 자기중심적인 목표를 통해 얼마나 성취감을 얻을 수 있을지는 의문이다. 반대로 이 사람이 보상을 기대하지 않고 다른 사람들의 신체적, 심리적, 사회적, 영적인 필요들을 돌봄으로써 그들의 삶이 개선되기를 원한다고 하자. 그러면 그는 이 목표를 달성하기 위해 다양한 활동을 전개할 수 있을 것이고, 그는 자신의 선한 의도를 어떤 모양으로든 성취할 가능성이 크다. 특별히 그 동기가 '적절' 하다면 말이다.

그렇다면 은퇴한 사람이 어떤 종류의 목적지향적인 활동에 참여할 수 있을 것인가? 예를 들어, 다른 사람의 삶에 의미 있는 방식으로 기여하면서 생활을 위해 적은 액수라도 어느 정도 벌어야 하는 사람들은 그러한 여건을 충족시켜 주는 활동에 종사할 수 있다. 정부에서는 노령층의 사람들이 약간의 경비를 받으며 다른 사람들을 도울 수 있는 프로그램들을 운영하고 있다. 이러한 프로그램으로는 노인을 돌보거나(Foster Grandparent Program), 노인을 위한 서비스 기회를 제공하는 등(Senior Opportunities for Services Programs, Operation Mainstream)의 프로그램들이 있다. 재정적인 도움이 필요 없는 사람들도 정부에서 지원하는 다양한 자원봉사활동에 종사할 수 있다. 그러한 기관들로는 은퇴노인봉사회(Retired Senior Volunteer Program), 평화봉사단(Peace Corps), 은퇴간부 봉사회(Service Corps of Retired Executives), 미국을 위한 자원봉사회(Volunteers and Service to America), 국제봉사회(International Executive Service Corps) 등이 있다. 이외에도 공식적, 비공식적인 자원봉사활동들이 많이 있는데, 이에 대해서는 5장에서 좀 더 다루게 될 것이다.

신체적 장애와 은퇴 후의 삶의 목적

신체적 질병이나 장애는 여러 가지 면에서 은퇴기의 삶에 도전이 된다. 젊었을 때 삶의 의미와 목적을 제공해 주었던 것들이 이제는 가능하지 않게 되거나 그러한 삶을 위한 독립적인 활동을 할 수 없게 되기도 한다. 나는 지난 20여 년 동안 관절염의 고통과 장애와 싸워 왔기에 이러한 사실을 잘 알고 있다. 하지만 질병 때문에 생활 방식이 크게 바뀐다고 해도 우리는 새로운 의미와 삶의 목적을 제공해 줄 수 있는 요소들을 얼마든지 찾을 수 있다. 만성적인 질병으로 고생하는 사람이라고 해서 의미 있는 삶의 목적과 능력을 경험하는 데서 배제되는 것은 아니다. 삶의 목적을 찾는 것은 어떤 상황에 따라 제한되지 않는다. 도리어 어려운 상황은 이전보다 더 큰 영향력을 가진 새로운 삶의 방향과 목적을 찾을 수 있는 좋은 기회를 제공하기도 한다. 모든 것이 좋고 건강할 때 사람들은 궁극적인 가치나 의미와 별로 관계가 없는 목표를 갖고 살아갈 때가 많다. 그러나 건강에 이상이 생기고 질병이 찾아오면 자신이 지금까지 갖고 살아온 꿈이나 목표들을 짚어 보고 헛된 것들을 버리기도 한다. 이러한 상황에서 인생의 목적과 방향을 재조정하고 새롭게 세우지 못하면 우울증, 좌절, 무용감 등에 빠지는 결과를 초래하기도 한다.

사람들은 더 많이 소유하고 더 많은 사람들 위에 군림하는 것 혹은 더 많이 자기중심적으로 즐거워하는 것을 추구하다가도 질병으로 더 이상 추구하지 못하게 되면 이전에는 생각하지 않았던 고상하고 중요한 인생의 목표에 관심을 돌리는 경우가 있다. 이때 어떤 질병에 노출되느냐에 따라 어떤 새로운 목적을 추구하게 될지 알 수 있다. 즉, 질병으로 발생한 제한이나 장애가 어떤 방향으로 목적을 추구할지 어느 정도 길 안내를 하는 것이다.

예를 들면, 관절염이나 만성적인 통증으로 고생하는 사람은 자신의 고통을 통해 인생의 지혜나 교훈을 깨닫고 유사한 고통을 경험하며 살아가는 사람들을 긍휼히 여기는 마음이 생기거나 돕고 싶은 동기를 제공할 수 있다. 마찬가지로 유방암 진단을 받은 여성은 같은 유방암으로 고생하는 다른 여성들을 격려하고 지원하는 지지 그룹에 가입한다. 움직이지 못해서 집에 갇혀 사는 노인들은 유사한 상황에 처한 다른 사람들에게 전화를 걸어 그들을 격려하고 지원하며 우정을 나눠 외로움을 덜어 주는 활동에 참여할 수 있다. 만성적인 우울증에 시달리는 사람은 마음에 상처를 받고 소망 없이 살아가는 사람들에게 친구가 되어 줌으로써 그들의 고통의 짐을 덜어주는 활동에 종사할 수 있다.

또한 신체적인 질병에 시달리는 사람은 간절한 심정으로 영적인 위안을 추구할 수 있다. 이를 위해 하나님과의 관계를 새롭게 하거나 영적인 사람들의 모임에 참여할 수 있다. 그리고 이러한 과정을 통해 어떤 모양으로든 자신의 능력 범위에서 다른 사람을 섬기는 삶에 대한 새로운 소명을 경험할 수도 있다. 영적인 사람은 어디에 있건 하나님의 뜻을 이루는 기회들을 찾아낸다. 아주 절망적으로 보이는 상황에서도 그렇다. 장애가 있어서 다른 사람에게 의존하여 살아가는 사람은 자신을 돌보는 이들에게 감사하고 수용하는 태도를 가짐으로써 다른 사람들을 섬길 수 있다. 영적인 사람은 어떤 상황을 만나든지 모든 사람들에게 하나님의 사랑과 자비를 나누고, 신체적 활동이 불가능하다면 최소한 다른 사람들을 위해 기도하는 선교사가 될 수도 있다. 노인 요양원이나 다른 관련 기관에 있는 사람들도 예외는 없다. 요양원에서도 영적인 사람은 함께 거주하는 다른 이웃들과 대화를 나누고, 그들의 이야기를 들어주며, 필요하다면 격려와 소망을 주는 우애를 나눌 수 있다. 이러한 섬김의 삶은 병든 자들에게 힘과 능력, 삶을 향한 비전과 목적을 주며, 어떤 사람들에게는 신체적 건강이 좋아지는 결과를 가져다줄 수도 있다. 이처럼 삶에 새로운 의미와 목적이 충만하게 될 때, 우리 몸의 면역 기능이 강화되기도 한다. 즉, 자연치유력이 활성화될 수 있는 것이다.

삶의 목적이 건강에 미치는 영향

오늘날 수많은 과학적 연구는 삶의 목적을 갖는 것이 사람들의 웰빙과 건강 수준에 변화를 가져온다는 사실을 입증한다. 특히, 목적의식과 노년기 정신건강의 관련성에 대한 연구에서는 그 결과가 뚜렷하게 나타나고 있다.

목적은 알코올중독과 같은 장애에서 회복 중인 사람들에게 특히 중요할 수 있다. 만성적인 알코올중독 문제가 있는 경우 분명한 목적의식과 영적인 활동은 단주기간을 증가시키는 데 관계가 있는 것으로 나타나고 있다. 한 예로, 스테파니 캐롤(Stephanie Carroll)은 익명의 알코올중독 방지회(Alcoholics Anonymous)에 참여하고 있는

100명의 알코올중독자들을 대상으로 영성과 알코올중독 회복의 관계를 조사하였다. 이 연구에서 영성이 익명의 알코올중독 방지회에서 실시하는 12단계 프로그램 중 11번째 단계인 기도와 묵상을 실시하는 것으로 보았다. 그 결과 영성은 11번째 단계의 '인생의 목적' 부분과 금주기간 사이에는 유의미한 긍정적인 상관관계가 있는 것으로 밝혀졌다. 삶에 대한 큰 목적이 있을 때 사람들은 익명의 알코올중독 방지회 모임에 더 잘 참석하고, 이는 다시 금주기간을 늘리는 것으로 나타났다. 연구자는 이를 통해 삶에 대한 목적의식이 기도와 묵상과 같은 영적 활동 지수가 높은 것과 관련이 있고, 이러한 요소들이 함께 장기적인 금주를 유지하도록 돕는 것으로 결론지었다.

삶의 목적은 우울증의 문제와 관련하여 연령과 상관없이 영향을 줄 수 있다. 리사 할로우(Lisa Harlow)와 동료들은 722명의 청소년들을 상대로 인생의 목적이 부정적인 정서 상태와 약물남용에 미치는 관계성을 조사하였다. 그리고 연구를 통하여 인생의 목적과 의미가 조사 대상자들에게 자기비하감, 우울증, 약물남용, 자살충동을 일으키는 악순환을 차단하는 효과가 있음을 발견하였다.

영국에는 인생의 목적과 심리적인 웰빙의 관계성을 조사한 연구가 있다. 이 연구에 따르면, 인생의 목적과 의미를 찾는 것은 사람들이 웰빙을 경험하는 것과 아주 강한 연관성을 가진 것으로 나타났는데, 연구자들은 이러한 경향을 서로 다른 두 종류의 조사 대상자들에게서 동일하게 발견하였다. 인생의 목적은 부정적인 정신건강의 지표들보다 긍정적인 웰빙 지표와 더 강하게 관련된 것으로 나타났다. 이러한 발견은 인생의 목적을 갖는 것이 우울증이나 불안

같은 부정적인 정서로부터 단순히 보호해 주는 차원을 넘어 즐거움과 행복감 같은 긍정적인 정서 상태를 경험하게 하는 아주 중요한 요소가 된다는 것을 의미한다.

자원봉사 같은 활동 역시 은퇴 후에 보다 의미 있는 목적의식을 가진 사람이 실시하며 웰빙을 경험하게 하는 데 밀접한 관련이 있다. 40명의 은퇴자들을 조사한 연구에 따르면, 일주일에 10시간 이상 자원봉사활동에 종사한 사람들은 '인생의 목적' 항목 테스트에서 10시간 이하로 봉사한 사람들보다 훨씬 높은 점수를 보였다. 이 조사에서 나타난 유의미한 사실은 인생의 목적 수준과 지루함을 경험할 가능성 사이에 부정적인 상관관계가 있다는 것이다. 또한 목적의식은 노령층의 사람들로 하여금 죽음에 대해 덜 염려하도록 만드는 효과도 있다. 이는 삶의 목적을 갖다 보면 자신이 인생을 원하는 대로 살고 있다는 통제감을 느끼게 하는 것과 관련이 있는 것으로 보인다.

앞에서도 언급하였듯이, 삶의 의미와 목적의식을 갖는 것은 정신 건강과 관련하여 특별히 중요한 역할을 한다. 캐롤 맥윌리엄(Carol McWilliam)과 동료들은 21명의 환자들의 퇴원과 관련하여 의학적인 요소 외에 어떤 요소들이 그들에게 영향을 주었는지 탐색하였다. 이 조사에는 그들을 돌봐 준 사람들 중 22명의 비공식적인 돌봄자들과 117명의 전문가들이 포함되었다. 그 결과, 인생에 대한 목적의식의 결여되는 것은 사람들로 하여금 기력을 잃게 만드는 과정에 일조한다는 점이 발견되었다. 힘든 치료 환경에서도 삶의 목적과 방향의식이 분명한 환자들은 자신의 의지대로 활동하지 못하고 구속되는 듯한 느낌을 덜 받는 것으로 나타났다. 연구자들은 질병과 치료 과정에서 느낄 수 있는 이러한 위협적인 요소들과 관련하여 환자들이 삶의 의미와 목적의식을 통해 자율적인 정신 상태를 유지하도록 강화시키는 데 관심을 둘 필요가 있다고 본다.

테일러(E. J. Taylor)는 암어 재발되어 치료를 받은 74명의 환자들을 대상으로 인생의 의미와 질병의 과정과 관련된 요소들에 대해 조사하였다. 그 결과, 삶의 목적의식과 각종 증상으로 인한 고통, 사회적 의존성, 암 재발의 기간 사이에 유의미한 부정적 상관관계가 있음이 밝혀졌다. 질병에 대한 적용에서도 인생의 목적과 의미 사이에 분명한 관계가 있었다. 연구자는 이를 통해 목적의식은 전이성 암과 관련된 신체적·심리사회적 결과와 관련성이 있으며, 건강 전문가들은 환자의 목적의식과 삶의 의미를 증가시키는 데 관심을 가져야 한다고 결론을 내렸다.

위의 연구에서 시사하듯이, 삶의 목적은 정신건강의 향상에만 관련된 것이 아니다. 즉, 신체적 건강의 증진과도 밀접한 관계가 있다. 강한 목적의식을 갖는 것이 암이 재발하지 않은 것과 더 오랜 시간 동안 연관성이 있었다는 사실에 주목하라. 이것은 목적의식이 암의 재발을 연기시켰을 수도 있음을 시사하는 것이다. 이와 관련하여, 삶의 목표를 갖는 것과 신체적 건강 및 활력에 대한 인식의 관련성을 조사한 카렌 후커(Karen Hooker)와 아일린 시글러(Ilene Siegler)의 연구를 살펴보라. 그들은 인생의 목표를 크게 달성하였다고 보고한 사람들의 경우 그렇지 못한 사람들보다 자신들의 건강에 대해 훨씬 더 긍정적으로 인식하고 있음을 발견하였다. 그렌드(A.

Grand)와 동료들의 연구에서도 다양한 과제를 성취하기 위해 노력하고 자신의 유용성을 믿는 사람들의 목적의식이 연령과 상관없이 더 좋은 신체적 건강과 활력을 가져다 줄 수 있다는 것이 드러났다. 조지 레커(George Reker)와 동료들은 300명을 대상으로 청년 초기에서 노년 후기까지 인생 발달의 5단계를 조사를 하였는데, 인생의 목적이 더 큰 심리적, 신체적 웰빙을 가능케 하고, 나이가 들어 가면서 목적의식도 증가했다는 사실을 발견하였다.

또한 목적의식은 장수와도 관련이 있다는 증거가 있다. 한 연구조사에 따르면, 6,274명의 대상자들을 3년간 추적하는 과정에서 449명이 세상을 떠났다. 특별히 이 조사에 포함된 3,891명의 여성들 중 생존 가능의 예측 요소들은 상대적으로 낮은 연령과 기억장애, 정기적인 건강검진, 인생의 목적 등이었다. 연구자들은 인생의 목적을 갖는 것이 연령이나 신체적 장애 정도와 관계없이 장수를 예측하는 독립변수가 된다는 것을 발견하였다.

삶의 목적과 의미를 갖는 것은 아픈 사람을 돌보는 가족 구성원들의 건강과 웰빙에도 영향을 미칠 수 있다. 말기 암 환자를 돌보는 65명의 배우자를 대상으로 목적의식이 환자를 돕는 배우자의 건강에 주는 영향을 조사한 연구가 있다. 연구자들은 이를 통해 목적의식이 환자를 돌보는 사람의 건강 상태를 돕는 유의미한 예측 지표가 된다는 것을 발견하였다. 이러한 것으로 볼 때, 삶에 대해 강한 목적의식을 갖는 사람은 자신은 물론 가족들도 아주 어려운 상황에서 견뎌내게 하고, 정신적으로뿐만 아니라 신체적으로도 생존할 수 있도록 영향을 주는 것으로 보인다.

맺음말

많은 사람들은 은퇴한 뒤 자기중심의 비활동적인 여가 생활을 하는 경향이 있다. 그러나 이와 달리 은퇴와 노화에 따르는 변화들을 수용하면서, 동시에 새롭고 더 높은 삶의 목적을 찾아 인생의 깊은 의미와 만족을 경험하면서 살아가는 대안적인 삶의 방식도 있다. 모든 인생의 목적이 은퇴자와 그 삶을 강화시켜 줄 수 있는 것은 아니다. 그러므로 은퇴자는 이러한 것을 가능케 하는 적절한 삶의 목표들을 잘 고려하여 선택하는 것이 중요하다. 만성적인 질병이나 힘든 장애를 가진 사람과 그들을 돌보는 가족들은 인생의 분명한 목적을 통해 힘을 얻어야 한다. 삶의 목적과 의미는 사람들이 보다 나은 정신건강과 신체적 건강을 누리게 하고, 수명을 연장하는 효과가 있다. 그러므로 목적은 단순히 인생에 숫자를 더하는 것만이 아니다. 그 숫자에 생명을 더해 주는 것이다.

⑤ 자원봉사는 건강한 사람들만 하는 것인가

"자원봉사 정신이야말로 세상을 돌아가게 만드는 원천이다."

-제임스 트러멜(James Trammell III)

앞 장에서 제시하였듯이, 자원봉사를 하는 것은 은퇴에 따르는 삶의 목적과 파워를 새롭게 하는 한 가지 방법이다. 또한 지역사회와 국가에 유익을 주는 길이기도 하다. 로버트 퍼트남(Robert Putnam)은 『혼자 볼링하기』라는 책에서 사회에 속한 사람들이 얼마나 많이 자원봉사기관과 같은 단체들에서 활동하느냐에 따라 그 사회의 건강도가 평가된다고 언급하였다. 그는 이것을 한 사회가 소유하고 있는 '사회자본' 의 총량과 연결한다. 퍼트남에 따르면, 사회 자본이란 사회 구성원이 서로의 유익을 위해 조화를 유지하고 협동하도록 만드는 사회적 네트워크, 관계의 규준, 신용 등의 요소들이라고 할 수 있다.

이러한 사회 자본은 구성원들이 개인주의적이 되고 자신의 필요에만 집착할수록 점점 줄어들게 된다. 사회 자본이 축소되면 사람들은 자신의 관심사를 먼저 살피고 다른 구성원들과 단절된 느낌을 받는다. 그러면서 일반적인 사회 참여, 특히 자원봉사와 같은 활동을 줄이는 경향을 보인다. 이렇게 되면 자원봉사의 정도가 그 사회의 건강도를 나타내는 핵심 지표가 된다. 이때 은퇴자들이 사회의 건강을 유지시키는 핵심적인 역할을 할 수 있다. 허버트 후버(Herbert Hoover)는 "책임감과 형제애로 뭉친 자원봉사야말로 우리나라의 이상과 정신에서 무한한 가치가 있는 소중한 행위다."라고 지적하였다.

소중한 자연 자원들은 감소하고 있다. 기름을 비롯한 땅속의 광물자원은 점점 고갈되고 있고, 원시림 지역도 줄어들고 있다. 태고적 호수와 오염되지 않은 개울과 신선한 공기, 야생의 생태계도 더 이상 예전처럼 풍요하지 않다. 미국에서 증가하고 있는 유일한 자연 자원은 아직 개발되지 않은 노년 계층의 인간자원뿐이다. 점점 더 젊을 때 은퇴하는 경향에 따라 미국 내 은퇴자의 수는 폭발적으로 증가하고 있다. 미국에서는 2030년까지 현재 18세 이상의 성인 인구 중 40%에 해당되는 사람들이 55세 이상이 될 것이다. 은퇴한 사람들은 사회가 필요로 하는 핵심 자원들을 최소한 다섯 개씩은 갖고 있다. 바로 시간, 경험, 시민의식, 사회자본, 사회적 기여에 대한 필요 인식이 그것이다.

시간　은퇴자에게는 다른 사람을 돌볼 수 있는 시간이 있다. 메릴랜드 대학에서 실시된 연구에 따르면, 은퇴하면 한 주에 18시간에서 많게는 25시간까지 시간적인 여유가 생긴다고 한다.

경험　은퇴자의 대부분은 세상에서 반세기 이상을 살아오면서 가정과 직업 현장에서 수많은 어려움과 갈등을 경험했기 때문에 어려운 상황에 대처하는 실제적인 지식과 풍성한 지혜를 습득하고 있다.

시민의식　노령층의 사람들은 대개 지역사회와 나라에서 발생하는 일에 대해 관심이 많다. 이것은 65세 이상의 성인들이 다른 어떤 연령대보다 높은 투표율을 보인다는 사실에서도 잘 나타나고 있다. 지난 1986년, 1990년, 1994년 1998년에 실시된 국회의원 선거에서 65세 이상 사람들의 선거율은 60%를 넘었다. 이에 비해, 45~64세의 사람들은 54~59%, 25~44세의 경우는 35~41% 그리고 18~24세의 경우는 17~22%에 불과하였다.

사회자본　은퇴한 사람들은 사회자본에서 핵심 자원이 된다. 그들은 젊은 세대에서는 찾아볼 수 없는 사회와 국가의 역사에 대한 생생한 지식을 갖고 있다. 이는 오랜 기간 사회적 갈등이나 문제를 겪어 오면서 형성된 사회적 규준이나 관계를 유지하는 데 중요한 역할을 한다.

사회적 기여에 대한 필요 인식　노년기 성인들은 대개 사회에 의미 있는 기여를 하고 싶어 하는 자신들의 필요를 잘 인식하고 있다. 심리학자 에릭 에릭슨은 그 이유를 이 단계의 사람들은 인생의 좌절보다는 통합을 이루고자 하는 심리적 필요를 우선적으로 갖고 있기 때문이라고 하였다. 이러한 인식은 그들이 다른 사람들을 도우려 하는 동기와 에너지원이 된다.

이러한 자원은 은퇴자들이야말로 탁월한 자원봉사자가 되도록 이끄는 완벽한 조건이다. 앞 장에서 이미 언급하였듯이, 은퇴 후의 인생에서 의미 있는 목적을 성취하는 가장 효과적인 방법의 하나는 의식적으로 시간을 내어 다른 사람의 삶을 개선하는 일에 자신이 가진 자원들을 활용하는 것이다. 진리는 언제나 변함이 없는 것이다. 타인을 돕는 것에 대한 다음의 언급들을 참고하라.

"사랑하는 여러분, 서로 사랑합시다. 사랑은 하나님에게서 난 것입니다" -요한1서 4:7

"무엇보다도 먼저 서로 뜨겁게 사랑하십시오. 사랑은 허다한 죄를 덮어 줍니다" -베드로전서 4:8

"내가 생각할 때, 행복을 주는 것이 그것을 얻으려고 하는 것보다 훨씬 고상한 목표입니다. 그리고 우리가 존재하는 이유는 우리 개인의 성장보다는 다른 사람과의 관계와 더 큰 관련이 있다고 봅니다. 우리 자신이 천국에 가는 것보다 다른 사람들이 그곳에 가도록 돕는 것과 더 많은 관련이 있다고 봅니다." -루이스 캐롤(Lewis Carroll, 영국의 저술가이자 수학가)

"강한 사람과 마찬가지로 강한 나라는 신사적이고 확고하며, 사려 깊고, 자신을 제한할 수 있다. 그리고 다른 나라들에게 도움의 손길을 보낼 수 있다. 약한 사람과 마찬가지로 약한 나라는 호통 치고 허세 부리고 성급하며 자신의 불안을 드러내는 여러 다른 증상들을 보인다." -지미 카터(Jimmy Carter)

"세계 평화의 기본은 거의 대부분의 위대한 종교들에서 내세우는 '네 이웃을 네 몸처럼 사랑하라.' 는 가르침이다. 그리스도뿐만 아니라 유대교사들과 붓다도 이것을 설파하였다. 그러나 그들을 따르는 사람들은 이 가르침을 잊었다. 이 가르침이야말로 우리의 첫 번째 의무라는 사실을 온 세상 사람들이 잊어버리고 있다는 사실 외에 자본주의와 노동 사이에 무엇이 문제가 될 것이며, 우리 사회에 무엇이 문제될 것인가." -엘러너 루스벨트(Eleanor Roosevelt)

"가난한 사람들은 그들이 우리들로 하여금 관대함을 실천하는 데 기여하고 있다는 사실을 모른다." -장 폴 사르트르(Jean-Paul Sartre)

"이웃이 이웃을 돕는 행동이야말로 미국을 특징짓는 모습의 하나이며, 우리나라를 위대하게 만드는 가장 일차적인 요인의 하나다." -로널드 레이건(Ronald Reagan)

"이제부터 미국에서 참된 성공의 척도는 사회에 대한 헌신을 반영하는 것이어야 한다." -조지 부시(George W. Bush)

정 의

자원봉사란 금전적 대가나 강제적인 요소 없이 정기적으로 일정한 시간을 내어서 외로운 사람들과 함께 있는 것, 글을 모르는 사람들에게 글을 가르치는 것, 아픔이 있는 사람들을 상담하는 것, 아픈 사람의 건강을 돌보는 것 등을 포함하여 공식적으로나 비공식적으로 활동을 하는 것이다. 자원봉사를 한다는 것은 타인의 필요를 우선순위로 정하고 개인의 관심사와 능력을 연결하는 과정을 포괄하는 '계획된 도움' 을 제공하는 것이다. 자원봉사자들은 이러한 활동을 위해 어느 정도의 시간을 할애할 것인지, 얼마나 참여할 것인지,

그러한 활동이 자신의 필요에는 얼마나 부응할 것인지에 대해 결정해야 한다. 자원봉사에는 다른 사람들을 돕기 위한 기회를 찾는 측면도 있다. 여기에는 상당한 시간과 에너지, 개인적인 자원들을 통해 돕는 관계를 구축하고 유지하려는 헌신이 요구되기도 한다. 이것은 대개 한순간에 되는 것이 아니다. 그러므로 금방 반응을 보이고 끝내는 '선한 사마리아인의 행동'과 혼동해서는 안 된다. 물론 이렇게 하는 것도 중요하다. 벤자민 프랭클린(Benjamin Franklin)이 지적하였듯이, 우리는 도움이 필요할지 모르는 다른 사람들을 섬기기 위해 항상 준비되어 있어야 한다. 그러나 이렇게 하는 것과 자원봉사자가 되기로 결심하는 것과는 다르다.

자원봉사는 단순히 사회적인 활동에 참여하는 것과도 구분되어야 한다. 사회 참여는 스포츠 클럽에 가입하는 것처럼 취미생활로 하는 경우와 노동조합에 가입하는 것처럼 자신의 관심사와 관련된 경우가 많다. 물론 다른 사람이 필요로 하는 것을 제공하거나 지역사회의 문제를 예방하기 위해 시간을 투자하는 사회참여활동들도 있다. 이러한 종류의 자원봉사활동은 자원봉사기관에 단순히 참여하는 것보다 자기희생적인 요소가 훨씬 강하다. 그렇다면 자원봉사는 얼마나 보편적으로 이루어지고 있는가?

미국의 자원봉사

자원봉사활동은 전 세계 어느 곳에서나 볼 수 있다. 그중 미국에서는 얼마나 진행되고 있는가? 자료에 따르면, 1998년에는 미국 사람들의 56%가 자원하여(1억 9백만 명), 총 200억 시간을 봉사활동에 투자하였다. 이 시간의 가치는 비공식적인 자원봉사를 제외하더라도 약 2,260억 달러에 해당되는 것으로 평가되고 있다. 매주 종교활동에 참여하는 미국인들 중에서는 거의 4분의 3(72.6%)이 자원하였다. 사람들은 어떤 자원봉사활동을 하는가? 약 24%는 다른 사람들의 필요를 돕는 비공식적인 서비스를 제공하는 활동을 한다. 그런가 하면 22%는 종교기관에서, 18%는 청소년 발달을 위해, 17%는 학교에서의 교육적 활동에, 11%는 건강 분야에서, 10%는 직업과 관련된 기관에서, 9%는 환경 관련 기관이나 예술과 문화, 스포츠에 관련된 활동을 한다.

그런데 자원봉사에 참여하는 비율은 점차 줄어들고 있다. 1991년에서 1995년 사이에 미국인들은 자원봉사활동에 매주 평균 4.2시간을 썼다. 그러나 1998년에는 3.5시간으로 감소하였다. 물론 매주 교회에 출석하는 사람들의 자원봉사시간은 일반 미국인들의 평균보다 높지만(주당 4.0시간 대 3.5시간), 이 수치도 1989년의 주당 4.8시간에 비하면 줄어든 것이다. 매주 교회에 가지 않는 사람들의 경우 1998년의 주당 자원봉사 평균시간은 3.2시간이었다.

마크 프리드맨(Marc Freedman)은 『프라임 타임(*Prime Time*)』이라는 그의 책에서, 자원봉사가 감소하는 부분적인 이유로 학교 가기 이전의 어린이들을 키우고 있는 엄마들의 62%와 영아들을 키우는 엄마들의 50%가 현재 직장생활을 하고 있다는 점을 꼽았다. 1960년에는 학령기 전의 어린이들을 키우는 엄마들 중에서 직장생활을 하는 사람은 전체의 19%에 불과하였다. 점점 더 많은 여성들이 직장에 나가 일하는 상황에서 학교의 부모-교사 모임의 참여자가 심각하게 줄어들고 있다는 사실은 놀랄 일이 아니다. 1960년대 중반까지만 해도 전국에 1,200만 명의 회원들이 있었지만, 오늘날에는 그 당시보다 인구가 훨씬 증가했음에도 불구하고 회원은 700만 명에 그치고 있다.

또한 공공 정책도 사회 문제에 대한 책임에서 점점 정부로부터 비영리 단체들이나 종교기관들에게로 전이되고 있다. 이러한 기관들의 목표가 달성되는 여부는 대개의 경우 자원봉사자들이 얼마나 열심히 활동하였는가에 좌우되고 있다. 이처럼 미국에서는 일반적인 삶의 수준을 유지하기 위해 점점 더 많은 시간을 일해야 하며, 따라서 여가나 자원봉사를 위한 시간은 줄어들게 된다. 그러나 오늘날 자원봉사자를 필요로 하는 곳은 점점 더 증가하고 있는 실정이다.

은퇴 후의 자원봉사

은퇴와 더불어 자유시간이 늘어났다고 해서 자원봉사활동이 증가하는 것은 아니다. 노인학 전문가 존 로(John Rowe)와 로버트 칸(Robert Kahn)에 따르면, 노령층 사람들 중에서 자원봉사에 참여하는 비율은 3분의 1이 채 되지 않으며, 그나마 참여하는 사람들도 주당 평균 2시간을 넘지 않는다. 최근에는 좀 나아지는 것 같지만 근본적인 상황은 별로 달라지지 않았다. 최근 미국인들의 56%가 어느 정도 자원봉사를 하기는 했지만 55세 이상인 경우는 48%에 불과하였다. 나이 든 미국인들은 젊은 사람들보다 덜 봉사하는 것으로 나타난 것이다. 자원봉사를 한 전 연령대의 사람들은 주당 평균 3.5시간을 투자한 반면, 55세 이상의 사람들은 주당 평균 3.3시간을 투자한 것으로 알려졌다. 이는 그들의 여가시간의 10%도 안 되는 시간이다. 55~64세의 경우 50%의 사람들은 주당 평균 3.3시간을 투자하였고, 65~74세의 경우 47%의 사람들은 주당 평균 3.6시간을 투자하였다. 그리고 75세 이상 사람들의 약 43%가 주당 평균 3.1시간을 자원봉사에 투자하였다. 은퇴한 사람들은 청소년 프로그램(8%)이나 사람 서비스(8%), 교육(6%), 예술과 문화(6%), 공공복지(4%), 건강 분야(3%)보다는 주로 종교기관(26%)에 자원하여 비공식적인 도움(18%)을 제공하려는 경향을 보였다.

이러한 수치로 볼 때, 은퇴한 사람들은 자원하여 타인들을 도울 수 있는 시간이 더 많은데도 불구하고 점점 봉사하는 시간은 줄이는 것을 알 수 있다. 건강과 재정 자원의 문제를 고려하더라도, 은퇴한다고 해서 사람들이 더 자원봉사활동을 하게 될 것이라는 증거는 없다. 예를 들어, 55~64세 때 좋은 건강을 유지하고 있는 젊은 노인들은 가족을 부양하고 산업현장에서 절정기에 있는 중년기의 사람들보다도 자원봉사를 덜한다는 사실을 주목하라.

누가 자원봉사를 하는가

자원봉사활동을 하는 사람들의 특성들을 조사하였던 지금까지의 연구들에 따르면, 교육을 받은 사람들이 덜 받은 사람들보다 자원할 가능성이 훨씬 크다. 교육이 최소한 부분적으로 사회 문제에 대한 인식을 증가시키고 사회적 책임감을 강화시킴에 따라 자원봉사의 가능성이 커지는 것처럼 보인다. 일반적으로 남성보다는 여성이 자원봉사를 더 많이 한다는 인식을 갖고 있다. 그렇다면 실제로 성별에 따라 자원봉사를 하는 정도의 차이는 얼마나 될까? 결론을 말하자면 자원봉사에서 성별의 차이는 별로 없다. 남성들도 여성만큼 자원하여 활동한다.

자원봉사는 대개 중년기 때 절정에 이른다. 자원봉사자들은 대부분 결혼하였고 자녀들과 함께 살고 있는 경우가 많다. 사회적으로 지위가 높고 연결망을 많이 가진 사람들일수록 자원봉사에 참여하거나 그런 활동을 하도록 요청받는 경우가 많다. 자원봉사하는 사람들은 대체로 자신의 건강 상태가 좋다고 평가하고, 신체적 장애에 대한 불만도 덜 갖고 있는 것으로 드러났다.

자원봉사를 하는 데 중요한 요소 중 하나는 종교다. 자원봉사자들은 고통받고 있는 사람들을 돕는 것에 대해 강한 윤리적 가치를 부여하는 경향이 있다. 자원봉사를 하는 노년층 사람들 중 약 70%는 종교와 관련된 상황에서 활동한다. 종교활동에 참여하는 사람들일수록 자원봉사를 할 가능성이 가장 높은 것이다. 교인의 60% 이상이 자원봉사에 참여하는데 종교 단체에 소속되지 않은 사람들은 3분의 1만이 참여하고 있다. 1,700명이 넘는 기독교인들을 대상으로 한 연구에서, 자원봉사 참여와 관련된 가장 강력한 예측 지표는 종교성, 종교적 정체감, 종교적 사회화, 특히 교회활동의 참여 정도인 것으로 나타났다.

자원봉사 참여 가능성은 은퇴하기 전에 어떤 종류의 일을 했는가에 따라서도 어느 정도 예측할 수 있다. 존 윌슨(John Wilson)과 마크 뮤직(Marc Musick)은 미국인들의 생활 변화에 대한 조사의 일환으로 1986년과 1989년에 1,502명의 직장인들을 대상으로 인터뷰를 실시하였다. 조사 대상자들의 절반가량은 하나 이상의 단체에서 자원봉사를 하였는데, 종교적인 활동이 가장 보편적이었고(28%), 교육과 관련된 것이 그 뒤를 이었다(21%). 자원봉사를 하는 전문직 종사자 중 가장 많이 차지하는 분야가 비즈니스 계통에 종사하고 있는 사람들이었다. 자원봉사활동을 가장 많이 한 사람은 보험 대리인, 부동산 중개업자, 컴퓨터 프로그래머, 주식이나 채권 세일즈맨 등으로 자영 판매업과 사무직에 종사한 사람들이었다. 그 다음으로는 회사나 기관의 매니저로 일했던 사람들이었고, 민간 부문의 블루컬러 업종에 종사했던 사람들이 가장 적게 참여하는 것으로 드러났다.

연구자들은 이러한 유형의 원인을 분석하였는데, 민간 부문의 블루컬러 업종은 그 일에 종사했던 사람들이 자율성과 스스로 일을 추진하는 융통성을 별로 부여받지 않았기 때문인 것으로 추정하였다. 이러한 자기방향성과 자율성은 자원봉사를 할 가능성을 짐작하는 강력한 예측 지표가 되기 때문이다. 반면에 전문직 종사자나 매니저처럼 사회적 위치가 있는 사람들은 자기방향성과 자율성을 더 많이 갖고 있고, 개인적으로 자원봉사활동에 사용할 수 있는 자원도 많은 것으로 보인다. 또한 직업의 성격상 사회적으로 더 활동적일 가능성이 크다. 실제로 회사나 기관의 매니저들은 지역사회의 활동에 참여하는 경우가 많다.

공공 부문에서 일하는 사람들도 다른 영역의 사람들보다 자원하는 경향이 크다. 평균적으로 공공 부문의 직장인들은 주당 3.6시간을 사용하는 데 비해 자영업자들은 2.9시간, 민간 부문 종사자들은 1.9시간이었다. 무엇 때문에 이런 차이가 발생하는가? 전문가들에 따르면, 공공 부문에 종사한 사람들은 자신의 일을 '소명'으로 보는 경향이 강하다. 그리고 일과 사회생활을 보다 통합적으로 대처하는가 하면, 사회의 문제와 필요에 보다 많이 노출되기 때문인 것으로 알려졌다.

자원봉사활동의 차이는 인종 간에도 나타난다. 백인이 흑인보다 자원봉사활동을 더 많이 하는 경향이 있다. 여기에 흥미 있는 이유들이 있다. 뮤직(Musick)과 그의 동료들은 무작위로 추출한 2,867명을 대상으로 인종과 사회적 계층이 자원봉사에 미치는 영향을 조사하였다. 이에 따르면, 백인은 흑인보다 평균적으로 50% 이상의 시간을 자원봉사에 할애하였다. 연구자들은 백인은 교육과 재정적 자원과 기술 등이 여유로운 반면, 흑인은 사회 문화적 자원이 탁월하여 이것으로 다른 자원들의 부족을 채워넣는 것을 발견하였다. 또한 그들은 백인에 비해 자원봉사 참여 요청을 덜 받고, 그러한 요구가 있더라도 덜 받아들인다는 것을 확인하였다.

흑인의 자원봉사활동은 백인의 경우보다 종교에 의한 영향을 많이 받는 것으로 드러났다. 이것은 흑인사회에서 교회가 차지하는 비중과 역할이 크기 때문인 것으로 보인다. 1989년 독립 섹터(Independent Sector) 조사에 따르면, 흑인들은 백인들보다 교회와 관련된 활동에 많이 자원하는 것으로 나타났다. 이러한 경향은 지역

사회를 위한 단체와 직업 관련 기관, 정치 단체에도 동일하게 나타났다. 반면 백인들은 청소년, 교육, 환경, 예술 방면에 자원봉사를 많이 하는 경향이 있는 것으로 확인되었다. 교회에 참석하는 흑인들 중에도 종교성의 정도에 따라 자원봉사활동에 차이가 난다는 것을 예측할 수 있다. 일주일에 한 번 이상 교회에 출석하는 흑인 신자들 중에서 강한 믿음을 가진 사람들은 그렇지 않은 신자들에 비해 2배 이상 자원봉사에 참여하는 경향이 있다(47% 대 23%). 한 연구에 따르면, 흑인들은 자원봉사에서 백인들보다 이타적 동기에서 하는 경향이 크다. 백인들은 자신이 자원하는 동기에 대해 '새로운 것을 배울 수 있는 기회'라고 생각했다고 대답하는 경향이 있는가 하면, 흑인들은 '사회를 돕는 것이 나의 책임'이라고 믿었기 때문이었다고 말하는 경향이 있다.

자원봉사를 하는 이유는

그렇다면 사람들이 자원봉사를 하는 일반적인 이유는 무엇인가? 이러한 결정을 내리도록 영향을 주는 요인은 무엇인가? 흥미롭게도, 자원봉사를 하는 사람들 중에서 자기 스스로 그러한 활동을 '찾는' 사람들은 대략 다섯 명 중 한 명에 불과하다. 자원봉사 전문가 더그 로슨(Doug Lawson)에 따르면, 대부분의 사람들이 처음 자원봉사를 하게 된 것은 다른 사람들이 권유하였거나 어떤 과제를 주었기 때문이다. 다음은 자원봉사를 하는 보편적인 이유들을 나열한 것이다.

- 가족의 전통을 계승하기 위하여
- 친척이나 친구 혹은 지역 사람이 자원봉사를 요청하여서
- 자신의 노력이 다른 사람들에게 유익을 줄 것이라고 믿기 때문에
- 유용하고 의미 있는 어떤 것을 하고 싶어서(대답의 3분의 2에 해당)

사회심리학자 길 클래리(Gil Clary)와 그의 동료들은 자원봉사의 이유를 개인적 동기의 차원에서 이해하려고 시도하였다. 그들은 자원봉사가 다음과 같은 6가지 기능을 수행하는 것으로 보았다.

가치   사람들은 자원봉사를 통해 타인을 위한 인간적 관심과 이타적 가치를 표현하고자 한다. 즉, 자원봉사는 사람들이 깊이 내재된 자신의 확신과 신념, 기질을 표현하는 하나의 방법이 된다.

이해   자원봉사는 새로운 것을 배우는 경험을 제공하고 자신의 지식과 기술, 능력을 발휘할 기회를 준다.

사회   자원봉사는 친구들을 사귈 수 있는 기회를 많이 가질 수 있고 다른 사람들이 좋게 인식하는 활동에 참여한다는 점에서 사회적인 동기를 제공한다. 사람들은 자원봉사를 통해 보다 중요한 사람들과의 교류를 넓혀 가고 사회적 적응을 향상시킬 수 있다.

경력   자원봉사는 새로운 기술을 준비하거나, 비즈니스 혹은 건강과 관련된 면에서 자신이 갖고 있는 기술을 유지하게 한다는 차원에서 동기를 제공한다.

보호   자원봉사는 다른 사람들보다 더 행복하게 살아야 한다는 부담감을 덜어 주거나, 우울증이나 따분함 같은 부정적인 감정을

줄여 준다는 면에서 동기를 제공한다.

강화 자원봉사는 자원봉사자의 웰빙과 개인적 성장 그리고 자존감을 강화시켜 주는 기능을 제공한다.

클래리와 그의 동료들은 자원봉사의 6가지 기능을 평가하기 위해 자원봉사 기능 목록(Volunteer Functions Inventory; VFI)을 작성하였다. 그들은 6가지 차원의 목록에서 높은 점수를 받은 자원봉사자들이 자신의 활동에 더 크게 만족하고 있다는 사실을 발견하였다. 이러한 경향은 특히 가치와 강화의 항목에서 높은 점수를 기록한 사람들에게서 두드러지게 나타났다. 봉사를 통해 만족감을 얻으려는 동기를 가진 사람들은 머지 않아 자원봉사를 시도할 가능성이 많은 것으로 나타났다. 자원봉사의 동기가 높고 그것을 통해 적절한 혜택을 경험하는 사람들 또한 5년 후에도 계속 자원봉사를 하겠다는 의사를 밝혔다. 이를 통해 위의 기능 목록에서 높은 점수를 보인 자원봉사자들은 자신의 봉사활동에 대한 만족도가 클 뿐만 아니라 앞으로도 계속 자원봉사를 하려는 경향이 있음이 발견되었다. 물론 이들의 활동은 초기의 동기들과 맞아야 한다.

자원봉사의 이유들 중에 상대적으로 더 나은 것들이 있는가? 좋은 이유들에는 다음과 같은 것이 포함된다. 즉, 과거의 경험과 관련된 필요가 눈에 보일 때 그것은 좋은 이유라고 할 수 있다. 또 삶의 의미를 제공하는 어떤 중요한 일을 하고 싶을 때, 가족의 전통을 계승하고자 할 때, 종교적인 동기가 배어 있을 때, 옳은 일이기 때문에 자원할 때 등은 다 좋은 이유가 될 수 있다. 다른 사람들이 자원봉사

를 권유할 때, 시간적인 여유가 있을 때, 무료하지 않기 위해 무언가
를 할 필요가 있을 때, 새로운 것을 배우고 싶을 때도 비교적 좋은
이유들이라고 할 수 있다. 다른 사람들은 봉사활동을 하는데 자신
은 하지 않기 때문에 죄책감을 느끼거나, 다른 사람으로부터 보상
이나 존중을 받기 위해 자원봉사를 하려고 하는 것은 좋지 않은 이
유들이다. 다음의 중국 속담은 이러한 사실을 잘 말해 주고 있다.
"다른 사람을 도울 때 보상을 기대하지 말라. 보상을 기대한다면 돕
지 말라."

자원봉사의 단계

사람들은 자원봉사를 하면서 다양한 감정을 경험한다. 이러한 감
정을 이해하는 것은 자원봉사자에게 많은 도움이 된다. 더그 로슨
(Doug Lawson)은 그의 책 『더 많이 주는 삶 (More Give to Live)』에서
자원봉사자들의 정서적, 인지적 경험들에 초점을 둔 자원봉사 3단
계를 제시하였다. 그 첫 번째는 '강렬한 기분' (helper's high)의 단
계다.

제1단계   1987년 2월, 『더 좋은 집과 정원(Better Homes and
Gardens)』이라는 잡지에서 다른 사람을 돕는 것에 관해 기사를 실었
는데, 독자들이 다른 사람을 도왔던 경험과 그때의 느낌을 써서 보
내 달라는 내용이 있었다. 여기에 246명의 독자가 반응을 보내 왔
다. 그들 중 68%는 다른 사람을 돕기 시작하자마자 돕는 과정에서

뚜렷한 신체적 변화를 느꼈다고 고백하였다. 50%는 높이 고양된 느낌을 경험하였고, 43%는 강렬한 에너지가 충전되는 느낌을 받았다. 이외에도 28%는 따뜻해지는 느낌을, 22%는 차분해지고 우울감이 줄어드는 것을 경험하였다. 그리고 21%는 자기가치감이 더 커짐을 느꼈고, 13%는 쑤시고 아픈 것이 감소되는 것을 경험하기도 하였다. 규칙적으로 운동을 해 온 독자들은 이러한 느낌을 수영이나 달리기, 테니스 등을 한 후의 느낌과 비슷한 점이 있다고 보고하였다. 다른 사람들을 돕는 과정에서 생기는 신체적 변화를 과학적으로 측정한 일은 없었지만, 이 여성들이 느꼈던 고양된 경험은 뇌 속에 있는 인체의 자연 진정제 혹은 기분 강화제인 '엔도르핀'이라는 화학적 요소가 분비되어 느껴진 기분 상태와 유사하다고 볼 수 있다.

조지 스테파노(George Stefano)와 그의 동료들은 일산화질소라는 화학물질이 어떻게 따뜻함과 평화로움, 긴장이완의 감정을 야기할 수 있는지에 관한 새로운 연구를 소개하였다. 그들의 가설에 따르면, 사랑하는 사람과 특별한 시간을 보낼 때, 교회에서 예배를 드리거나 함께 찬양할 때, 기도나 다른 어떤 영적인 경험을 할 때 신체 내에 이러한 화학물질이 방출된다. 그렇다면 위의 잡지에서 다른 사람들을 도울 때 발생하였다고 보고된, 그러한 종류의 따스한 느낌은 일산화질소가 방출되어 느끼게 된 것이라고 할 수 있다. 오늘날 과학자들은 비로소 일산화질소의 방출이 가져오는 긍정적인 결과에 대해 밝혀내고 있다. 그리고 그 결과는 인체의 면역체계와 심장 및 혈압에 상당히 유의미한 영향을 미치는 것일 수 있다.

이처럼 다른 사람에게 선한 행동이나 관심과 친절을 베풀 때 엔도

르핀과 일산화질소는 증가되는 반면 자기중심적인 행동이나 이기적인 사고는 이러한 화학물질의 흐름을 차단하게 될 것이다. 그리고 건강에 부정적인 영향을 주는 아드레날린과 스테로이드 호르몬을 많이 배출하여 동시에 공격-도망의 자기방어적인 반응을 취하게 만들 것이다(이 부분에 대해서는 8장을 참고하라.).

제2단계 자원봉사의 두 번째 단계에 해당하는 정서적 경험은 다른 사람을 돕는 생활이 몸에 밸 정도로 지속적으로 이루어질 때 발생한다. 이 단계에 도달하면 깊은 만족감과 따뜻한 감동이 지속되고, 시간이 오래 지난 활동도 기억할 때마다 그러한 감동을 느끼게 된다. 앞에서 언급한 잡지사의 조사에서도 응답자의 80%는 지난날의 봉사활동을 기억하면, 비록 당시에 느꼈던 것 같은 생생한 감정은 아니라도 여전히 그때의 감동이 되살아나는 것을 느꼈다고 지적하였다.

제3단계 자원봉사의 세 번째 단계는 심리적으로 장기적인 변화를 가져오는 것이다. 즉, 개인적인 성향과 자신에 대한 감정에 지속적인 변화가 일어나는 것이다. 이 단계에 이르면 현재의 자신에 대해 좀 더 강하고 긍정적인 느낌을 갖게 된다. 이런 느낌은 자신을 더 있는 그대로 수용하게 되고, 깊은 내적인 행복감을 갖게 한다. 그리고 봉사활동이 지속적으로 전개되면 이러한 정서적 변화가 주변에 확장되면서 도움을 받는 사람들이나 도움을 주는 사람들과의 관계에서 그 영향이 나타나게 된다. 자원봉사와 관계된 정서적인 변화의 경험은 앞에서도 언급한 바와 같이, 당사자에게 생리학적인 변

화로 나타날 수 있다. 의학 연구자들은 오늘날에서야 비로소 이러
한 사실들을 이해하기 시작하였다.

성공적인 자원봉사

성공적인 자원봉사의 핵심 요소들은 무엇인가? 로슨(Lawson)에
따르면, 다음과 같은 것들을 생각해 볼 수 있다. 첫째, 한 번에 한 사
람씩 일대일 관계에서 도움을 제공하는 것이다. 봉사를 통해 충분
한 효과를 얻기 위해서는 이러한 인간적인 만남과 상호작용이 중요
하다. 마더 테레사는 이렇게 말하였다. "우리의 일은 사람들이 사랑
으로 하나 되게 하는 것이다. 우리에게 중요한 것은 사람이다. 사람
을 사랑하려면 그와 가까워져야 한다." 자원봉사자들을 모으는 비
결에 대해 질문하자 테레사 수녀는 이렇게 대답하였다. "나는 그저
와서 사랑하라고 말합니다. 손을 내밀어 사람들을 섬기고, 마음을
다해 그들을 사랑하라고 합니다."

둘째, 모르는 사람을 돕는 것이다. 물론 이것이 가족이나 친구의
필요를 무시해야 한다는 것은 아니다. 그러나 우리는 전혀 모르는
사람, 우리의 선한 행위에 대해 보상해 줄 수 없는 사람들을 도울 때
거기에서 참된 보상과 감동을 경험하게 되는 것이다.

셋째, 특정한 결과를 기대하지 않는 것이다. 사람들에게 무엇이
필요한지 알아보고 적절한 방식으로 그 필요들을 충족시켜 준다.
그리고 그 상황이 자연스럽게 전개되도록 하는 것이 좋다. 때로는
상황이 자신의 기대와 전혀 다른 방향으로 전개될 수도 있지만, 있

는 그대로 인정하고 좋은 결과가 발생할 것으로 전망하는 것이다. 자기희생적인 사랑과 친절의 결과는 창조주의 손에 맡기도록 한다. 그것을 통제하려고하면 실패할 가능성이 크다.

넷째, 때로는 긴급하게 예기치 않은 일을 할 수 있다는 것을 인식하는 것이다. 나와 동료들은 공휴일에 지역사회에 있는 어려운 사람들에게 음식을 배달하는 일을 한다. 내가 하는 일은 차로 음식을 배달하는 것이다. 이 일을 하다 보면 나 자신을 포함해서 함께 차를 타고 가는 동안 종종 혈압을 올리며 부딪치는 경우가 생기곤 한다. 그러나 이런 일은 봉사활동을 하다 보면 언제라도 생길 수 있다. 이러한 활동에 대한 보상은 즉각적으로 나타날 수도 있고, 오랜 시간이 지난 후에야 발견될 수도 있다. 어쩌면 이 세상을 떠날 때까지 영원히 나타나지 않을 수도 있다.

하지만 이러한 시간과 노력의 투자는 대개 측량할 수 없는 큰 결과로 돌아온다. 내 경우를 보더라도 이러한 노력의 결과가 내 자녀와 내 친구들 그리고 우리의 관계에 나타나고 있다. 나아가 인종 간의 관계처럼, 도움을 받는 사람들과 그들이 속한 지역사회의 구성원들 간의 관계에서도 긍정적인 결과로 나타날 때가 있다. 로슨은 우리에게 다음과 같은 사실을 상기시켜 주고 있다. 자원봉사가 잘못된 이유로 시작해서 잘못된 방식으로 행해진다면 이러한 긍정적인 결과는 발생하지 않을 것이다. 그 대신 어려운 상황이 발생하면 그것을 다루는 과정에서 도리어 낙심하고 탈진하고 말 것이다.

자원봉사가 정신건강에 미치는 영향

인생의 행복과 만족을 돈으로 살 수 있을까? 오늘날 대부분의 사람들이 이것을 돈으로 사려고 애써 보지만 그 결과는 그리 만족스럽지 않은 것 같다. 그러나 이보다 더 좋은 방법이 있다. 유대의 토라 율법에서 '미스바(mitzvah)'는 비이기적인 선한 행위를 의미하는데, 이는 여러 면에서 긍정적인 결과를 가져온다는 뜻이다. 비이기적인 선행은 사람을 하나님과 연결시켜 주고, 세상에 정의를 퍼뜨리며, 인간 소외와 악을 감소시킨다. 나아가 사람들에게 자존감을 강화시켜 주고, 더 풍요롭고 행복하게 해 준다. 익명의 알코올중독 방지회와 같은 자조그룹이 크게 성공할 수 있었던 한 가지 이유는 그들이 서로를 지원하고 서로에게 동반적 우애를 제공할 필요성을 강조하였기 때문이다. 이러한 종류의 지원은 중독으로 말미암아 삶이 황폐화된 사람들이나 타인들로부터 고립된 사람들이 회복하는 데 필수적인 요소다.

자원봉사는 다양한 연구 결과들이 입증하듯이 정신건강의 개선과 삶의 만족 및 자존감 고양, 폭넓은 사회적 네트워크 그리고 더 많은 이타적 행동을 가능하게 해 준다. 뿐만 아니라 봉사자들의 능력을 향상시키는 데도 기여하는 것으로 알려졌다. 아울러 직장생활을 하다가 은퇴생활로 접어드는 전환기에 개인적인 정체성을 새롭게 하고, 직장과 새로운 삶에서의 역할이 바뀌어 가는 과정에 영향을 주기도 한다.

간호학 분야의 전문가 와서바우어(L. I. Wasserbauer)와 동료들은 교육과 기술을 겸비한 젊은 은퇴자들이 점점 더 늘어나고 있는 상황을 지적하면서, 이들은 가정이나 병원, 기타 관련 기관의 노인 환자들에게 봉사할 수 있는 좋은 자원을 보유하고 있다고 강조하였다. 의료건강 분야의 경제적인 어려움이 증가하고 있는 상황에서 이들의 자원봉사는 더 많은 사람들이 의료 서비스를 받게 해 줄 수 있다. 그리고 이러한 활동은 이들 젊은 전문가들에게 은퇴 후 삶의 목적감을 강화시키고 웰빙을 증가시키는 효과를 가져다 줄 수 있다.

자원봉사는 생활에 필요한 기술을 발전시켜서 노년기 삶의 자율성을 높여 주는 것으로 알려지고 있다. 이탈리아와 영국에서는 노인들의 자율성을 유지시키는 요소들에 대해 연구하였는데, 여기에서 삶의 기술은 긍정적인 자기 이미지와 사회 상황에서 편안함을 느끼는 것과 소속감을 갖는 것 등으로 정의되었다. 조사에 참가한 대부분의 노인들은 자원봉사가 삶의 기술을 발전시키고, 독립적인 존재로서의 느낌을 갖게 하며, 삶과 운명을 스스로 통제하고 있다는 느낌을 제공해 주는 핵심적인 열쇠라는 것을 경험하였다.

다른 사람들을 돕는 것이 자신의 사기를 고양시키고, 자존감을 향상시키며, 긍정적인 영향과 웰빙을 경험하게 하는 것과 밀접한 관계가 있다는 사회과학적 조사는 이외에도 많이 있다. 정신의학자 조지 베일런트(George Vaillant)는 40세 이상의 하버드 대학 졸업생들의 생활을 조사한 연구에서, 삶에서 오는 스트레스를 극복하고 삶의 상황을 개선하는 데 도움이 된 것 중의 하나는 이타주의적인 활동이라는 것을 발견하였다. 많은 스트레스 상황에 잘 적응하지 못한 졸업생들을 도왔던 것은 별로 없었지만, 이타주의적 활동은 모두에게 똑같이 영향을 미친 것이다.

닐 크라우스(Neal Krause)와 동료들은 다른 사람들을 돕는 자원봉사, 그중에서도 특히 비공식적인 종류의 지원활동이 노인들에게 웰빙을 가져다 주는지 조사하였다. 비공식적인 지원이란 교통수단을 제공하거나, 쇼핑하는 것을 돕거나, 친구나 이웃을 위해 심부름을 해 주는 것들이었다. 이외에도 집안일 돕기, 집 혹은 차량 보수하기, 무보수로 아이들을 돌봐 주기, 친구나 이웃들을 위해 여러 일들 해 주기 등이 포함되었다. 전국에서 무작위로 추출한 1,551명의 조사 대상자들의 평균 나이는 70세였다. 크라우스와 동료들은 이들 중 47%가 다른 사람들에게 교통수단을 제공하고 쇼핑하는 것을 도와주었으며 친구나 이웃들을 위해 필요한 심부름을 해 주었다. 23%는 집안일을 해 주거나 집을 보수해 주었고, 25%는 친구나 이웃들을 위해 아이들을 돌보아 주었다. 그리고 44%는 그 외 다양한 도움을 다른 사람들에게 제공하였다. 연구자들은 이러한 비공식적인 지원활동을 한 노인들은 다른 사람들보다 더 큰 개인적 통제감을 느꼈고, 우울증은 덜 느꼈으며, 충만한 웰빙을 경험하였음을 발견하였다.

자원봉사가 신체적 건강에 미치는 영향

건강과 자원봉사는 밀접하고도 복잡한 관계에 있다. 자원봉사가 더 나은 신체적 건강과 웰빙에 영향을 주는가 하면, 건강상태가 좋거나 사회적 관계가 좋을 때 사람들은 더 많이 자원봉사를 하게 된다. 즉, 이러한 요소들은 상호작용을 하는 것이다. 건강이 좋은 사람은 자원봉사를 하고, 자원봉사는 건강한 상태를 유지시켜 주는 역할을 한다고 볼 수 있다.

술라 베네(Sula Benet)는 『아브카족: 코카서스의 장수족(*Abkhasians: The Long-Living People of the Caucasus*)』이라는 책에서 러시아의 코카서스 지역에서 생활하는 사람들에 관한 연구 결과를 보고하였다. 이 사람들의 평균 수명은 120~150세로, 그녀의 연구에 따르면 그들의 장수 비결은 깊은 종교적 확신과 생물학적 혈연관계가 없어도 지역사회의 사람들을 가족으로 수용하는 확대가족의 인식과 관련이 있었다. 그들은 가난하고 어려운 사람들을 돕는 것을 의무라고 생각하여 가족 구성원들을 가르치고 실천하여 전수하였다. 사회에서 노인들은 높은 존경을 받았고, 모든 사람들이 노인들의 안전과 평안을 위해 노력하였다. 그리고 그들은 물질적 소유나 타인과의 경쟁보다는 서로를 돕고 지원하는 데 관심을 갖는 것으로 나타났다. 이 주관적인 연구 보고와 자원봉사를 하는 사람들이 장수하는 데는 놀라운 유사점들이 있다.

버클리에 있는 캘리포니아 주립대학의 과학자 더그 오만(Doug Oman)과 동료들은 캘리포니아의 마린 카운티(Marin County)에 사는 55세 이상된 거주민 1,973명을 대상으로 1990~1995년 동안 그들의 삶과 죽음을 추적 조사하였다. 이들의 39%가 자원봉사활동에 참여하였고, 그중 절반가량은 한 기관 이상에서 자원봉사를 하였다. 조사 결과 두 개 기관 이상에서 봉사활동을 한 사람들은 자원봉사를 하지 않은 사람들보다 조사 기간 중 사망률이 63%나 낮게 나타났다. 조사 대상자들의 연령, 성별, 신체적 이동성, 운동, 자기 건강 인식도, 흡연과 같은 건강 관련 습관들, 결혼 여부, 종교 참여 등의 사회적 지지 요소와 우울증 같은 심리적 상태 등의 요소들을 고려했을 때도 44%로 여전히 높은 차이를 보였다. 연구자들은 어떤 수준의 자원봉사든지 봉사하면서 매주 예배에 참여하는 사람들의 경우는 사망률이 60%까지 감소된다는 것을 발견하였다. 이것은 다른 종교 관련 활동에 참여하는 경우도 동일하였으며, 사회적으로 연결된 느낌을 갖지만 사회활동이 조금 적은 사람들에게는 조금 낮은 수준으로 나타났다. 연구자들은 종교적으로 보다 활발하게 참여하는 사람들은 특히 사망률에서 자원봉사의 긍정적 효과를 가장 강력하게 느끼는 것으로 결론지었다.

자원봉사가 건강에 미치는 영향은 미국 외의 다른 문화권에서도 발견되고 있다. 미시간 대학의 닐 크라우스(Neal Krause)와 동료들은 일본에서 2,153명의 노인들을 대상으로 종교와 다른 사람을 돕는 것 그리고 건강과의 관련성을 조사한 바 있다. 조사 결과에 따르면, 종교활동에 열심일수록 다른 사람을 더 많이 도우며, 특히 남성들에게 이러한 경향이 있다는 것이었다. 그리고 다른 사람에게 많이 지원해 주는 사람일수록 자신의 건강상태가 좋다고 말하는 경향이 높았다는 것이다. 연구자들은 종교를 가진 사람들이 다른 사람들을 돕는 경향이 높다는 점으로 미루어 최소한 종교와 보다 나은 건강과의 관련성을 설명할 수 있다고 판단하였다.

결론적으로, 자원봉사와 보다 나은 정신적, 신체적 건강 사이에는 어떤 연결점이 있는 것으로 보인다. 하지만 자원봉사를 할 수 있는 능력은 봉사자의 건강상태에 따라 좌우될 수 있기 때문에 자원봉사 자체가 건강을 증진시킨다고 단언할 수는 없다. 그렇지만 여러 주변적인 증거들과 논리적인 판단에 근거할 때, 다른 사람들에게 도움을 제공하는 사람들은 여러 면에서 건강과 삶이 좋아지는 것을 경험할 가능성이 크다는 점은 분명하다고 볼 수 있다.

자원봉사는 어떻게 시작하는가

그렇다면 자원봉사를 어떻게 시작할 수 있는가? 월터 헤이스 (Walter L. Hays)는 "기회란 문 앞에 와서 두드리지 않는다. 당신이 두드릴 때 그가 응답한다."라고 말하였다. 먼저 주위를 살펴보아라. 당신이 사는 지역사회에 어떤 것이 필요한가? 모든 사람들이 충분히 먹을 수 있고, 안전하게 살고 있는가? 모든 사람들이 재정적으로 안정되어 있고 걱정 없이 살아가고 있는가? 모든 사람들이 스스로의 힘으로 건강하게 살고, 또 건강한 사람들과 함께 살고 있는가? 모든 사람들이 지지해 주고 위로해 주는 친구가 있어서 고립되거나 외로워하지 않으며 살고 있는가? 멘토가 필요한 어린이나 청소년은 없는가? 지역사회에 운영되지 않거나 찾아오는 사람이 없는 병원, 요양원, 고아원, 감옥, 정신치료기관이 있는가? 이러한 모든 질문들에 "그렇다."라고 대답할 수 있다면 당신이 봉사를 할 수 있는 기회는 없을 것이다. 그러나 그런 곳은 지구상에 존재하지 않을 것이다. 이 질문들 중 어느 하나라도 "아니요."라고 대답했다면, 당신의 자원으로 지역사회에 필요한 것들을 반드시 충족시켜 줄 수 있는 것이다. 그 기회의 문을 두드리기 시작하라.

이처럼 자기 주위를 둘러보고 필요를 발견하였다면, 이제 자신의 재능과 기술, 자원들을 점검하고 현재 주변 사회의 필요와 맞는 것이 있는지 살펴보는 것이다. 이러한 과정이 필요한 이유는 자원봉사가 한 번의 행사로 끝나는 것이 아니라 삶의 새로운 패턴이 되어야 하기 때문이다. 그리고 자원봉사에는 장기적인 시간과 에너지의 헌신이 필요한 경우가 많기 때문이다. 20세기 교육 분야에 가장 큰 영향을 미친 존 듀이(John Dewey)는 "어떤 사람이 어떤 일에 적합한지 알고 그 일을 할 기회를 붙잡는 것이야말로 행복에 이르는 첩경이다."라고 말하였다. 사람들은 자신의 재능과 기술을 사용할 때 언제나 보다 더 행복해지고 만족하게 된다. 그러한 재능을 가치 있는 일을 위해 사용하면 그 행복과 만족함은 크게 확대될 수 있는 것이다. 큰 회사의 재무 담당자는 노숙자들에게 음식을 나누어 주는 일이 무료하게 느껴질 수 있다. 그렇다면 그 사람에게 무료 급식을 운영하는 기관의 재정모금 업무를 맡겨 자신의 능력을 발휘하도록 해 보라. 모든 사람에게 유익을 가져다 줄 것이다.

마지막으로, 앞 장에서 가치 있는 목적을 선택하는 부분에서 언급한 것처럼, 과거에 자신이 어떤 활동을 즐겁게 했는지 살펴보아라. 지역사회에서 필요로 하는 일에 활용할 수 있는 취미생활이 있는가? 예를 들어, 어떤 사람이 목공예를 하는 취미를 갖고 있었다고 하자. 그렇다면 이 사람은 자신의 취미를 살려 크리스마스 때 가난한 아이들에게 나무 장난감을 만들어 주거나, 도움이 필요한 가정에 가구를 만들어 줄 수 있을 것이다. 뜨개질이나 수예를 좋아하는 여성은 자신의 작품을 병원이나 구호기관 등에 기증할 수 있을 것이다. 이러한 것들은 누구나 할 수 있는 비공식적인 자원봉사의 간단한 예들이다. 그렇지만 사람들은 이러한 것들을 통해서 궁극적으로는 자신의 노년기 삶에서 웰빙과 보람을 경험할 수 있게 된다.

로버트 버틀러(Robert Butler)는 『생존의 이유(*Why Survive?*)』라는 자신의 책에서 은퇴한 사람들이 공식적으로 할 수 있는 자원봉사 활동 리스트를 제시하고 있다. 그중의 하나는 교육 관련 활동에 종사하는 것이다. 즉, 교사들을 지원하거나 개인지도를 할 수 있고, 특정 영역에서 어린아이들을 돕거나 휴식시간을 지도할 수 있으며, 특별 과정을 운영할 수도 있다. 역사와 관련해서는 지역사회의 역사적 사건이나 장소를 보존하는 일을 지원하거나 관련 내용들을 기록하는 일에 참여할 수 있다. 또한 정서적 문제나 영적인 갈등으로 힘들어하는 사람들이나 청소년들을 상담하거나 멘토가 되어 줄 수 있고, 지역사회 내의 법이나 행정에 관련된 일에 봉사할 수도 있다.

교회나 관련 종교기관들에서는 종종 교회 신도들과 지역사회 주민들을 위해 봉사활동을 실시하곤 한다. 은퇴자가 교회와 관련된 활동에 참여할 수 있는 것으로는 다음과 같은 것들이 있다. ① 종교적 행사의 조직과 실행, 교육, 상담, 합창, 음악이나 연극 활동 등, ② 병원 방문, ③ 청소년 지도, 직업 상담, 결혼 상담, 집이나 법률 관련 지원, ④ 노인들이나 어려운 형편의 사람들에게 음식 나누어 주기, ⑤ 노인들이나 청년들과 레크리에이션 활동, 여름 캠프 운영, 어린이집 봉사 등, ⑥ 사역을 위한 자원봉사자 훈련, 자조 그룹이나 회복 그룹 인도 등, ⑦ 노숙자들을 위한 음식과 쉼터 제공, 기금 모금을 위한 바자회, 환자가 있는 가족 돕기 등, ⑧ 지역사회 안팎에서의 미션 활동 등이다. 이외에도 자원봉사를 할 수 있는 기회는 많다. 핵심 관건은 자원봉사자의 기술과 능력을 활용하여 다른 사람의 필요를 충족시켜 줄 수 있는 적합한 기회를 찾아내는 것이다.

자원봉사에 대한 제도적 장애

자원봉사와 관련하여 자원봉사를 하지 않으려는 개인적인 이유나 잘못된 동기에서 벗어나 자원봉사를 하려고 노력하는 것 외에도 생각해야 할 것이 있다. 바로 자원봉사에 대한 제도적 장애들을 극복하는 것이다. 예를 들면, 종교기관에서 자원봉사를 하려고 하는 사람들은 종종 뜻하지 않은 문제에 직면한다. 교회나 회당, 사원 등에서 행해지는 일들은 그 내용이나 범위가 분명하게 명시되지 않아 봉사자가 자신에게 부여된 임무가 무엇인지 혼돈스러워하는 경우가 많다. 무엇을 해야 하는지 분명하게 규정되지 않으면 일을 할 때 조직이나 구조도 불분명해진다. 필요한 봉사활동이 봉사자들의 재능이나 기술에 적합한지 점검하는 시간도 충분하지 않다. 그리고 당장 해야 할 일에만 관심이 쏠리다 보니 정작 일을 하는 사람들에 대해서는 관심이 별로 없다. 또한 기관에 속한 사람들에게 어떤 일을 잘하고 어떤 일을 힘들어하는지를 분명하게 밝히는 것이 그리 쉬운 일이 아니다. 동시에 자신이 무엇을 배우기를 원하고 어느 분야에서 성장하기를 원하는지, 언제 자원봉사활동에서 벗어나 휴식을 취할 필요가 있는지를 말하는 것도 어려운 것이다. 따라서 종교 기관들은 좀 더 많은 자원을 투자해서 자원봉사자들이 원하는 것이 무엇인지를 살피고 그들의 재능과 필요한 일을 잘 연결하는 노력을 기울여야 할 것이다.

자원봉사는 건강한 사람들만 하는 것인가

나이가 너무 많아 자원봉사를 할 수 없는 사람이 있는가? 몸이 아파서, 움직이기가 어려워서, 힘이 없어서 자원봉사를 할 수 없는 경우도 있을 것이다. 그렇다면 건강한 사람만 자원봉사를 할 수 있고 또 그것이 적합한가?

최근에 『관절염과 류머티즘(*Arthrities & Rheumatism*)』이라는 의학 잡지에 발표된 연구 결과를 살펴보아라. 관절염은 은퇴한 사람들에 게서 발견되는 주요 건강 문제 중 하나다. 사람들은 관절염으로 심한 통증과 더불어 신체적인 활동에 많은 제약을 받는다. 관절염을 앓는 사람들이 보다 독립적으로 당당하게 살아가도록 할 수 있다면 수많은 사람들의 삶의 질은 크게 향상 될 것이다. 이를 위한 한 가지 방안은 관절염을 앓고 있는 사람들이 같은 증상으로 고생하는 다른 사람들을 돕도록 하는 것이다. 이것은 익명의 알코올중독자 모임 (Alcoholic Anonymous)에서 과거에 알코올중독자였던 사람들이 현재 알코올중독에 빠진 사람들을 돕고 시원하는 방식과 유사한 것이다. 건강 심리학자인 제니 해인스워스(Jenny Hainsworth)와 줄리 발로 (Julie Barlow)는 이러한 생각을 기초로 연구를 계획하였고 그 결과를

"관절염 자기관리 봉사 경험: '그것은 마치 나이 드는 것을 멈추고 다시 젊어지기 시작한 것과 같았다.'"라는 제목으로 발표하였다.

연구자들은 이 조사를 통해 관절염 환자가 관절염 자기관리 코스의 리더가 되어 그러한 활동을 하도록 훈련시키는 것이 결국 자신의 심리적·신체적 건강도 증진시키는가, 자신이 삶을 책임지고 있다고 느끼는 자기 효능감을 강화하는가, 자기관리 테크닉을 사용하고 다른 사람을 방문하는 데 효과를 줄 것인가에 대해 알아보려고 하였다. 그들은 이 실험을 위해 골관절염이나 류머티즘성 관절염을 앓고 있는 사람 21명을 선택하였다. 이들의 평균 나이는 58세였고, 평균 병력은 10년이었다. 이들의 변화는 3단계에 걸쳐 평가되었다. 첫 번째는 관절염 자기관리 코스의 리더가 되는 훈련을 받기 전에, 두 번째는 그 훈련을 받고 난 후 6주째에 그리고 마지막 평가는 훈련 후 6개월이 되었을 때 평가한 것이다.

그 결과는 놀라웠다. 훈련을 받은 후 6개월이 되었을 때 참가자들은 관절염으로 인한 고통과 증상 관리 그리고 담당 의사들과의 의사소통이 크게 개선되었다고 보고하였다. 우울증도 놀라울 정도로 줄어들었다. 이보다 더 중요한 것은 참가자들이 자신감을 갖게 되었고, 더 행복감을 느꼈으며, 미래에 대한 전망도 긍정적으로 변화되었다는 것이다. 연구자들은 이러한 발견을 통해 관절염 자기관리 프로그램의 리더가 되는 훈련과 자원봉사의 효과에 대한 연관성이 확인되었다고 결론지었다. 이 실험에서 자원봉사자들은 자신들과 같은 문제로 고생하는 사람들을 돕는 것을 즐거워하였고, 자신들이 인생의 목적과 의미를 부여해 주는 가치 있는 일에 참여하고 있다고 믿었다. 그리고 다른 사람들을 돕는 리더로서의 새로운 위치에 자부심을 느꼈다. 이 일에 처음으로 참여하여 봉사한 사람들의 상당수는 참여하기로 한 과정에서 쉽지 않은 결정을 내린 사람들이었다. 그러나 이 일을 통해 고통을 덜 느끼고 삶에 보다 더 적극적으로 뛰어들려는 마음을 갖게 되었다. 이러한 연구 결과를 볼 때, 자원봉사를 하려면 반드시 건강상태가 좋아야 하는 것은 아님을 알 수 있다. 그것이 필요 조건은 아닌 것이다. 어쩌면 그 반대가 사실일지도 모른다.

맺음말

사람이 나이가 들고 일에서 은퇴하게 되면 모든 것은 변하기 마련이다. 가족이나 친구들은 죽음이나 병, 이사 등으로 주변에서 떠나간다. 다른 사람들에 대한 영향력도 줄어들기 시작한다. 때로는 자신의 삶에 대한 영향에서도 그러하다. 이러한 것들은 많은 경우가 사람이 어떻게 할 수 없는 불가피한 것들이다. 이것은 다른 사람들도 맘대로 할 수 없으며, 환경도 그러하다. 그러나 우리가 어떻게 할 수 있는 것들이 있다. 그것은 자신에게 주어진 시간에 무엇을 할 것인가를 선택하는 것이다. 즉, 어떤 활동에 참여할지를 선택하는 것이다. 자원봉사를 통해 다른 사람들에게 자신의 시간과 재능, 친절함을 줄지는 온전히 자신의 결정에 달린 문제다. 모든 사람들은 보다 나은 삶과 건강을 위해 지금 바로 자신뿐만 아니라 다른 사람의 삶을 변화시킬 수 있는 파워를 갖고 있다. 중요한 것은 당신이 얼마나 큰 능력과 재능을 갖고 있느냐가 아니라 다른 사람들을 위해 어떻게 그것들을 사용하며 보다 나은 삶을 만들어 가는가에 있다. 결국 관건은 당신이 가진 것이 크든 작든 간에 자신이 갖고 있는 자원들에 충실하는 것이다. 파워란 어떤 행동의 결과에서 얻어지는 것이 아니라 그 행동 이면에 있는 목적에서 나오는 것이기 때문이다. 어쩌면 당신의 자원봉사활동이 어떤 결과를 가져다 주는지 보지 못할 수도 있다. 그 대신 역사와 시간 속에서 그 반향은 끊임없이 울려 퍼질 것이다.

#
좀 더 관대해질 수는 없을까

"할 수 있는 한 많이 벌어라. 할 수 있는 한 모든 것을 저축해라. 그리고 할 수 있는 한 모든 것을 주어라."

—찰스 스퍼전(Charles H. Spurgeon)

1993년 미국 가정의 연간 평균 소득은 3만 6,746달러로 전 세계에서 가장 높은 수입을 올렸다. 2000년까지 미국인들의 평균 소득은 15%가 오른 4만 2,148달러를 기록하였다. 실제로 미국인들은 과거 어느 때보다도 많이 벌고 있다. 하지만 이런 풍요로움 속에서도 전보다 저축을 덜 하고 덜 나누어 주는 삶을 살고 있다. 2장에서 언급한 것처럼, 2001년 12월 CNN의 재정 관련 보도에 따르면, 미국인들은 1994년에 수입의 9%를 저금한 반면 현재는 1%도 안 되는 저축률을 보이고 있다. 그리고 신용카드 빚은 과거 어느 때보다 높은 수준에 이르고 있다. 어려움에 처한 사람들을 돕는 일에서도 시간과 재정 기부가 줄어들고 있다.

다른 사람을 돕기 위해 자원봉사할 시간을 내는 것과 관대한 태도를 계발하는 것은 서로 밀접하게 연결되어 있다. 다른 사람들의 관대한 태도를 존경하는 것은 쉽지만, 자신을 이러한 모습으로 발전시키는 것은 쉬운 것이 아니다. 이제 관대한 마음을 갖는 것이 충만한 삶을 살아가는 데 왜 그렇게 중요한지 알아보도록 하자.

힐튼 호텔을 설립한 콘라드 힐튼(Conrad N. Hilton)은 자신이 죽은 후 힐튼 재단을 세워 다른 사람을 돕겠다는 의지를 표명하였다. 이 재단은 현재 전 세계에 걸쳐 각종 자선 사업을 위해 3억 3천만 달러가 넘는 돈을 기부하였다. 다음의 글은 힐튼의 마지막 유언의 일부다.

> "하나님은 우리에게 가난하고 고통 가운데 있는 사람들을 자유케 하도록 요구하는 자연법을 주셨다. 자선을 통한 박애는 최고의 덕목이요, 하나님의 자비가 사람들에게 전해지는 위대한 통로다. 그리고 사람들을 연합하여 고귀한 노력을 기울이게 하는 덕목이다. '서로 사랑하라. 이것이 율법의 전부이니라.' 그러므로 우리 형제들은 누구나 사랑받고 위로받아 마땅하다. 결코 가난과 암흑 속에서 혼자 방황하도록 버림받아서는 안 된다. 자선활동은 우리 모두를 하나의 위대한 형제애로 묶어 놓을 것이다."

미국의 메이슨 쿨리(Mason Cooley)는 "관대함이란 계산할 때와 쓸 때를 아는 것이다."라고 말하였다. 영국의 생물학자이자 교육가인 토머스 헉슬리(Thomas Huxley)는 "다른 사람들을 위한 사려 깊음, 관대함, 겸손 그리고 자기 존중은 그렇지 못한 가식들에서 진정한 신사나 숙녀를 가려내는 자질들이다."라고 말하였다. 신약성경은

"너희가 모든 일에 넉넉하여 너그럽게 연보를 함은……" 이라고 말하고 있다(고후 9:11). 구약성경에서도 "구제를 좋아하는 자는 풍족해질 것이요, 남을 윤택하게 하는 자는 자기도 윤택하여지리라"고 증거하고 있다(잠 11:25).

불교는 고통의 근원이 이기적 욕망과 쾌락의 추구, 고통을 피하려고 하는 데 있다고 강조한다. 붓다의 가르침 중에서 가장 잘 알려진 것은 아무것도 소유하지 말고 기쁨을 먹으며 행복하게 살라는 것이다(다마파다 15:4). 탐욕스러운 사람은 극락에 가지 못하고, 어리석은 자는 선을 베푸는 것을 좋아하지 않으나, 지혜로운 사람은 그것을 즐거워하며 결국은 행복에 이르게 된다(다마파다 13:11)이다. 그의 가르침에 따르면, 강자의 자비는 다른 사람에게 나누어 주는 선한 행위로 표현된다. 순전한 마음으로 준다면 먼지조차 좋은 선물이 된다. 선한 의도로 가치 있는 사람에게 베푸는 선행은 그것이 무엇이든 작다고 볼 수 없다. 그 결과는 아주 큰 것이기 때문이다(자타카말라 3:23). 선한 사람은 정의를 실천한다. 이는 어떤 도둑도 훔칠 수 없고, 누구도 나눌 수 없는, 결코 사라지지 않을 보물이다(투다카파다 8:9).

미국인과 미국의 정치 제도에 관한 내용이 담긴 고전 『미국에서의 민주주의(Democracy in America)』를 쓴 프랑스의 정치가이자 작가인 알렉시스 토크빌(Alexis de Tocqueville)은 이렇게 말하였다. "나는 세상에서 찾을 수 있는 최고의 행복한 환경에서 가장 자유롭고 가장 교육을 잘 받은 사람들을 보았다. 그들의 표정에는 늘 무언가가 마음에 걸리는 듯하고, 쾌락에 대해 심각해하고 슬퍼하기까지 하는 것 같다. 또 자신들이 갖추지 못한 선한 것에 대해 늘 생각하고 있었다.

모든 것에 관여하고 있지만 어느 것도 움켜잡고 있지는 않는다."

오늘날 미국인들은 소유에 탐닉하고 더 많은 것들을 추구하지만 실상은 충분한 소유와 거리가 먼 삶을 살고 있는 것은 아닐가? 윈스턴 처칠(Winston Churchill)은 "우리는 풍요의 저주로 벌거벗고 말았다."고 말하였다. 다른 나라 사람들에 비해 엄청난 부를 갖고 있는 미국과 미국인들은 그들이 가진 것만큼 과연 관대한가? 한 나라에서 일 년에 생산하는 총생산량과 서비스의 가치 면에서, 인구가 2억 7,800만 명인 미국의 2000년 국내 총 생산량(GDP)은 1인당 3만 6,200달러로 총 10조 달러에 달한다. 이를 세계의 다른 나라들의 경우와 비교해 보라. 아프가니스탄과 같은 나라의 1인당 국내 총생산량은 겨우 800달러에 불과하다(〈표 6-1〉을 보라.).

〈표 6-1〉 **각국의 국내 총생산량과 경제 원조 비교**

국가	인구	국내 총생산량($)	1인당 총생산량($)	경제 원조
미국	278,000,000	10,000,000,000,000	36,200	6,900,000,000(.07%)
일본	127,000,000	3,150,000,000,000	24,900	9,100,000,000(.29%)
캐나다	32,000,000	775,000,000,000	24,800	1,300,000,000(.17%)
프랑스	60,000,000	1,448,000,000,000	24,400	6,300,000,000(.44%)
독일	83,000,000	1,936,000,000,000	23,400	5,600,000,000(.29%)
호주	19,000,000	446,000,000,000	23,200	472,000,000(.11%)
영국	60,000,000	1,360,000,000,000	22,800	3,400,000,000(.25%)
멕시코	102,000,000	915,000,000,000	9,100	원조 가능

〈계속〉

러시아	145,000,000	1,120,000,000,000	7,700	원조 가능
브라질	174,000,000	1,130,000,000,000	6,500	원조 불가능
이란	66,128,000	413,000,000,000	3,600	원조 가능
루마니아	22,000,000	133,000,000,000	5,900	원조 불가능
필리핀	83,000,000	310,000,000,000	3,800	원조 가능
중국	1,273,000,000	4,500,000,000,000	3,600	원조 불가능
이라크	23,000,000	57,000,000,000	2,500	원조 가능
인도	1,030,000,000	2,200,000,000,000	2,200	원조 가능
파키스탄	145,000,000	282,000,000,000	2,000	원조 가능
방글라데시	131,000,000	203,000,000,000	1,570	원조 가능
케냐	31,000,000	46,000,000,000	1,500	원조 가능
모잠비크	19,000,000	1/9,000,000,000	1,000	원조 가능
수단	36,000,000	36,000,000,000	1,000	원조 가능
북한	22,000,550	22,600,000,000	1,000	원조 가능
나이지리아	127,000,000	117,000,000,000	950	원조 가능
예멘	18,000,000	14,400,000,000	820	원조 가능
아프가니스탄	27,000,000	21,000,000,000	800	원조 가능

출처: World Factbook(2000).

어떤 사람에게 먹을 음식이 든 냉장고가 있고, 머리를 가릴 지붕이 있으며, 잠잘 장소가 있다면 그 사람은 세계 인구 75%보다 더 부자다. 그리고 은행과 지갑에 돈이 있는 사람은 부유한 사람으로 세계 인구의 8%에 해당된다. 대부분의 미국인들은 자신들이 실제로 갖고 있는 자원과 부를 과소평가한다. 엘리너 루스벨트는 "우리는 지구인의 3분의 2가 매일 밤 배고픈 상태에서 잠을 청하는 세상에 살면서 우리만 부유한 작은 섬처럼 존재할 수는 없다."고 말하였다. 그렇다. 우리는 그렇게 될 수 없다.

테러리즘이 유발되는 곳은 어디인가? 아주 가난하고 열악한 환경의 아프가니스탄, 예멘, 북한, 이라크와 같은 곳이다. 이곳 사람들이 그렇게 많이 가졌으면서도 가진 것에 비해 너무나 적게 내놓는 미국인들을 미워하는 것은 어쩌면 당연한 일일 것이다. 미국은 세상에서 가난을 극적으로 감소시키고 생활 환경을 개선시킬 수 있는 자원을 갖고 있다. 미국이 그렇게 하기를 거부하는 한 테러의 위협은 결코 사라지지 않을 것이다. 테러란 가난의 잿더미에서 끊임없이 되살아날 것이기 때문이다.

관대함의 정의

『로젯 용어사전(*Roget's Thesaurus*)』에 따르면, 관대함이란 "관대한 상태"를 의미한다. 관대함에는 마음이 넓은 것, 인정이 많은 것, 아낌이 없는 것, 너그러운 것, 큰 마음을 품는 것, 풍요로운 것, 자유로운 것, 배짱이 큰 것, 아낌없이 주는 것, 인색하지 않은 것, 이기적이지 않은 것, 후한 것 등의 의미가 담겨져 있다. 『아메리칸 헤리티지 사전(*American Heritage Dictionary*)』은 관대함을 "1. 후하게 기꺼이 주는 것: 관대한 익명의 기부자가 제공한 장학금. 2. 숭고한 생각이나 행동; 큰 아량. 3. 충분함; 풍부함. 4. 관대한 행동"으로 정의하고 있다. 이러한 정의들은 관대함과 관련하여 자유로운, 커다란, 비이기적인 관심 등의 의미를 담고 있다.

어떤 사람이 가장 관대한가

자선 기금과 관련하여 얼마나 많은 돈을 기부했는가, 자선활동에 얼마나 많은 시간을 자원하였는가 등의 제한된 기준으로 볼 때 미국에서 가장 관대한 모습을 보인 사람은 누구인가?

미국의 자선기부에 관한 업무를 다루는 독립 섹터(Independent Sector)의 1997~1998년 조사에 따르면, 개인적인 기부에서 비영리단체와 종교기관의 기부까지 총망라한 연간 기부 총액은 1,320억 달러였다. 기부금을 낸 가정은 미국 전체 가정의 70%였다. 그러나 전체 기부금의 70%는 미국 가정 20%에서 낸 것이었다. 기부금을 낸 한 가정의 연간 평균 기부액은 754달러로 연간 수입의 약 2.1%에 해당하는 금액이었고, 기부한 가정의 평균 기부금은 1,075달러였다. 기부금을 출연한 가정 중에서 한 사람이라도 자원봉사활동에 관여한 가정의 평균 기부금은 1,339달러로, 자원봉사자가 한 명도 없었던 가정의 524달러와 비교되는 금액이었다.

흥미로운 점은 비율로 따져볼 때 가난한 사람이 부자보다 더 많이 기부한다는 사실이다. 연봉 1만 달러 미만인 사람들은 그들 수입의 4.3%에 이르는 금액을 기부하여 전국 평균의 두 배가 되었다. 대학 졸업자들은 수입의 약 1.7%를 기부하는 것으로 나타났다. 55~74세의 노년층 사람들은 수입의 3.4%를 기부하여 25~34세의 청장년층이 내는 1.6%보다 상대적으로 더 많이 내는 것으로 나타났다.

종교와 관대함의 관계

성경은 사랑이 '율법의 완성'이라고 가르친다(롬 13:8-10). 사랑
은 모든 율법의 요구를 충족하는 것이며, 성경에서 제시하는 궁극
적인 명령이기도 하다. 관대함은 다른 사람들을 향해 표현하는 사
랑의 한 가지 형태다. 구약성경은 이렇게 말한다. "원수를 갚지 말
며 동포를 원망하지 말며 네 이웃 사랑하기를 네 자신과 같이 하라.
나는 여호와이니라"(레 19:18) 이 말씀은 다음과 같이 계속 이어진
다. "너희와 함께 있는 거류민을 너희 중에서 낳은 자같이 여기며
자기같이 사랑하라. 너희도 애굽 땅에서 거류민이 되었었느니라.
나는 너희의 하나님 여호와이니라"(레 19:34) 사랑의 중요성을 강조
하는 것은 기독교와 유대교만이 아니다. 사랑은 세상의 모든 주요
종교들이 주장하는 보편적이고도 핵심이 되는 가르침이다. 그런데
문제는 종교를 갖고 있는 사람들이 더 관대한가 하는 점이다. 이에
대한 대답은 그렇다는 것이다.

종교성이 강한 사람들은 일반적으로 재정 사용에 관대하다. 기부
에 대한 각종 예측 지표에서 가장 최고인 요소는 종교 집회에 참석
하는 것이다. 정기적으로 예배에 참석하는 사람들의 기부는 전체의
80%에 달한다. 매주 예배에 참석하는 사람들은 수입의 2.8%를 기
부한다. 이것은 매주 참석하지 않는 사람들의 1.6%와 전혀 참석하
지 않는 사람들의 1.1%와 비교되는 수치다. 1998년에는 미국인들
의 평균 연간 기부금이 754달러인 데 비해 매주 교회에 참석하는 사

람들의 기부금은 1,336달러에 이르렀다. 그렇지만 이 액수는 1989년의 1,386달러에 비하면 약간 감소한 것이다. 또한 1989년에는 매주 예배에 참석한 사람들이 수입의 3.8%를 기부한 것에서 1998년에는 2.8%로 떨어졌다. 1998년에 미국의 경제가 활성화되었던 점을 감안한다면 1998년의 이 수치는 기부금 면에서 상당히 하락했다는 것을 알 수 있다.

앞 장에서도 언급한 바와 같이, 종교인들은 시간 면에서도 훨씬 관대한 경향이 있다. 예배에 참석하는 사람들은 거의 절반이 자원봉사활동에 참여하는 데 반해, 그렇지 않은 사람들은 3분의 1에 불과하여 대조가 된다. 그렇지만 이러한 자원봉사의 대부분이 같은 종교에서 필요한 곳에만 국한되고 있다는 것은 유감스러운 일이라 할 수 있다. 외부 사람들의 필요 충족을 위한 봉사활동은 종교기관에서 행해지는 전체 활동의 7~15%에 불과한 실정이다.

관대함의 실천 방안

사람들은 주로 어떤 일에 기부금을 내는가? 1998년 미국인들은 전체 기부금의 60.1%에 해당하는 금액을 미국에 있는 35만 4,000개의 종교기관에 기부하였다. 그리고 9.0%는 사람들을 위한 서비스, 6.5%는 건강, 6.4%는 교육과 관련하여 기부금을 보냈다. 이외에 4.9%는 청년 발전을 위해, 3.3%는 예술 방면에, 3.2%는 환경문제, 6.4%는 이외 다른 요소들과 관련하여 기부하였다. 돈이나 물질을 기부하는 것도 중요하고 일반적이기는 하지만 다른 사람을 돕는 일에 자신의 관대함을 실천하는 방법은 이외에도 얼마든지 있다. 자원봉사에 시간, 재능, 아이디어를 제공하는 것도 자신의 관대함을 실천하는 중요한 방법이다. 이외에 또 어떤 것들이 있겠는가?

많은 돈이나 시간이 없다 할지라도 관대한 사람이 될 수 있다. 사람들에게 미소를 제공하고 따뜻하게 맞아 주는 친밀함으로도 관대함을 표현할 수 있다. 의료자선협회(Association for Healthcare Philanthropy)의 회장인 윌리엄 맥긴리(William C. McGinly)에 따르면, "미소 짓는 것은 큰 선물이다. 미소는 사람에게서 최고의 것을 이끌어 낸다. 미소는 사람들을 살아 있게 만들어 주는데, 그러기 위해서는 당신이 먼저 당신의 미소를 주어야 한다." 친구가 되고 싶어 하는 사람을 찾지 말라. 당신이 먼저 누군가의 친구가 되도록 찾아가라. 저술가인 앤 이튼(Anne S. Eaton)은, "우정을 위한 투자야말로 당신의 어떤 투자보다 가장 높은 배당금을 가져다 줄 것이다."라고 말했다.

다른 사람들에게 감사를 표현하고, 칭찬하고, 격려하는 것에 인색하지 말라. 그들이 그럴 만한 자격이 있어 보이든 그렇지 않든 그것은 중요하지 않다. 독일의 위대한 시인 괴테는 이렇게 말했다. "사람들을 있는 그대로 대하라. 그러면 그들 자신보다 조금 못한 사람이 될 것이다. 사람들을 그들의 가능성에 따라 대하라. 그러면 바로 그러한 사람이 될 것이다." 정말 순수하게 감사하는 것인지, 사람들을 너무 많이 칭찬하는 것은 아닌지 염려하지 말라. 그러한 것들 때문에 그들이 제멋대로인 사람이 되지는 않을 것이다. 에밀리 포스트(Emily Post)는 이렇게 말했었다. "칭찬은, 그것이 믿어지려면, 자

주 그리고 진지하게 되어야 한다." 모든 사람은 이러한 인정을 필요
로 하고 또 그것을 원한다.

　다른 사람에게 친절과 긍휼한 마음을 보이는 데 관대하라. 친절에
는 다른 사람을 향한 따뜻한 마음과 이해, 인내와 관용을 보이는 태
도가 내포되어 있다. 긍휼에는 타인의 고통을 깊이 이해하고 그 고
통을 완화시켜 주기 위해 행동하는 의미가 담겨져 있다. 옛 속담에
도 있듯이, "동정이 다른 사람의 고통을 보고 '안됐다.'고 말한다
면, 긍휼은 '내가 도와줄게.'라고 속삭인다." 긍휼에는 다른 사람의
고통을 함께 감수하거나 그의 짐을 나누어 지고 가려는 마음이 있
다. 그리고 그 과정에서 겪게 되는 불편함을 싫어하거나 자신이 낮
아졌다고 생각하지 않고 도리어 그것을 사랑으로 실천한다. 에머슨
(Emerson)은 이렇게 말하였다. "당신의 삶으로 말미암아 한 사람이
라도 더 나아졌다면, 그것이 바로 성공한 삶이다."

　다른 사람들의 말에 귀를 기울이는 행동으로도 보다 관대한 사람
이 될 수 있다. 아무런 조언이나 견해를 내세우지 말고 그저 다른 사
람이 괴로워하고 있는 문제를 자유롭게 말하도록 하라. 집중하여
경청하면서 상대가 말하는 것을 이해하도록 노력하라. 잠시 상대의
입장에서 상대가 경험하고 있는 것을 느껴라. 경청은 아주 강력한
것이다. 하지만 유감스럽게도 대부분의 사람들은 다른 사람의 말을
듣기보다는 말하기를 좋아한다. 다른 사람이 갖고 있는 문제에 대
해 자신의 견해를 말하고 싶어 하고, 조언을 하거나 문제를 해결해
주려고 한다. 이를 피하기 위해 사람들은 다른 사람에게 돈을 주고
자기 이야기를 듣게 한다. 모든 심리치료의 기본은 바로 경청하는

것이다. 정신 건강 전문가가 수세기 동안 심리 문제를 치료해 온 것은 바로 이 경청을 통해서다. 다른 사람의 말을 들어주고 이해하는 것은 관대함을 보여 주는 놀라운 행동이다. 저술가인 코린 웰스(Corine U. Wells)는 "물질적인 선물은 그 소중함에서 결코 생각의 선물을 따라올 수 없다."고 말하였다.

한편 다른 사람들에게 기본적인 예의를 지킴으로써 관대함을 제공할 수도 있다. 음식점이나 가게에서 다른 사람이 들어가거나 나오려고 할 때 문을 잡아 주거나, 고속도로에서 예의를 지키며 운전하고, 전화를 받을 때 예절을 지키는 등의 행동을 통해 우리는 관대함을 보일 수 있다. 이러한 행동들은 관대함과 친절 그리고 타인에 대한 존중을 표하는 방식이다. 이러한 방식의 관대함은 다른 사람들을 기분 좋게 만든다. 현대 사회에서는 이러한 행동이 매우 드물기 때문에 사람들은 누가 이러한 관대한 행동을 할 때 주목하고 그러한 사람에게 끌리게 된다.

관대함은 다른 사람들을 위해 기도하고, 또 그들을 위해 기도한다는 사실을 알게 하는 과정을 통해서도 실천할 수 있는 것이다. 즉, 다른 사람에게 영적인 지지를 제공하는 것을 통해서 표현될 수 있다는 것이다. 다른 사람들을 영적으로 돕는 것은 상대방뿐만 아니라 자신도 스트레스에 잘 대처하게 만들고, 우울감을 감소시키며, 더 만족스러운 삶의 질을 경험하게 한다는 것이 그동안 연구들을 통해 증명되어 왔다. 기도를 통한 관대함의 실천은 주는 자나 받는 자 모두에게 큰 유익이 있는 것이다.

다른 사람들을 관대하게 대하는 것으로도 참된 관대함을 실천할 수 있다. 다른 사람들에게 도움을 제공하는 관대함을 보일 때는 상대가 빚을 진다는 느낌이 들지 않도록 친밀하고도 긍정적인 자세로 베푸는 것이 좋다. 관대함은 언제나 사랑에 근거한 방식으로 표현되어야 한다. 어떤 불평이나 원망감을 갖고 실천한다면 베푸는 삶에서 오는 자연적인 보상은 사라질 것이다. 성경에서 말하는 다음의 메시지에 주목하라. "내가 사람의 방언과 천사의 말을 할지라도 사랑이 없으면 소리 나는 구리와 울리는 꽹과리가 되고, 내가 예언하는 능력이 있어 모든 비밀과 모든 지식을 알고 또 산을 옮길 만한 모든 믿음이 있을지라도 사랑이 없으면 내가 아무것도 아니요, 내가 내게 있는 모든 것으로 구제하고 또 내 몸을 불사르게 내줄지라도 사랑이 없으면 내게 아무 유익이 없느니라"(고전 13:1–3) 다른 사람을 위해 어떤 일을 하든지, 얼마나 많은 돈을 기부하든지, 얼마나 많은 시간을 자원하든지 그것은 문제가 아니다. 상대에 대한 사랑과 관심으로 행해지지 않는다면 거기에는 아무 유익이 없다.

누구에게 관대함을 베풀 것인가

영국의 저술가 토머스 브라운(Thomas Browne)은 "우리가 자신에 대해 선을 베풀지 않는다면 어떻게 다른 사람들에게 선을 베풀 것을 기대할 수 있겠는가? 선한 행위는 가정에서 시작되어야 한다."고 말하였다. 다른 사람들에게 관대할 수 있으려면 그 선행 조건으로 가족의 신체적, 물질적, 정서적, 사회적 필요 등을 먼저 돌보고 신경을 쓸 수 있어야 하는 것이다. 사랑과 관심이 필요한 가족들을 무시하면서 자선 기금을 기부하거나 자원봉사활동으로 다른 사람을 돕는다는 것은 순서가 뒤바뀐 것이다. 그렇다고 가족이나 친척들이 바라는 것을 다 충족시켜 주어야 한다는 의미는 아니다. 다만 그들에게 필요한 것이나 그 필요한 것이 제대로 갖추어져 있는지 등에 대해 관심을 갖고 살필 수 있어야 한다는 것이다. 먼저 이것이 이루어져야 관대함의 대상이 다음 단계인 친구와 지인들에게로 확장될 수 있는 것이다. 여기에는 지역사회의 이웃이나 교회 동료, 사업장이나 직장ㆍ취미 생활을 하면서 만나는 사람들이 포함될 수 있다. 이들에 대한 관대함은 재정적인 지원이나 시간의 자원을 넘어, 앞에서 이미 언급한 바 있는 우애, 친절, 긍휼, 경청, 예의, 기도와 같은 행동이나 태도를 통해서 실천될 수 있다.

관대함의 세 번째 대상은 전에 만나본 적이 전혀 없는 모르는 사람들이다. 지역사회 내의 쉼터나 급식소의 노숙자들, 사회의 가난한 사람들, 재난을 당한 지역의 사람들, 인도, 아프가니스탄, 아프리카와 같은 나라들의 빈곤층이 해당된다. 병원이나 요양원, 고아원 등에 가면 만성 질환이나 노환으로 밖에 나가지 못하고 갇혀 사는 사람들이나 불쌍한 어린아이들이 있다. 이러한 곳을 방문하여 그들에게 필요한 선한 활동을 제공할 수 있다.

관대함의 네 번째 대상은 원수에게까지 확장된다. 성경은 우리에게 원수를 사랑하고 자신을 핍박하는 자들에게 선을 베풀라고 권고한다. 당신의 원수들에게 필요한 것이 무엇인지 살피고 그들에게 나아가도록 하라. 어쩌면 그들은 당신이 도우려는 손길을 거부할지 모른다. 그러나 계속해서 친절하고 관대하게 다가간다면 그러한 제안에 대해서 감사할 것이다. 설사 감사함으로 수용하지 않더라도 당신은 여전히 옳은 일을 하고 있는 것이다. 당신의 원수가 도움을 받아들이지 않을 것이 분명하다면, 상대가 인식하지 못하도록 간접적인 방식으로 도움을 제공하는 방법이 좋을 수 있다. 이와 같은 사려 깊고 관대한 행위는 결국은 자기자신에게 돌아오게 된다.

관대함의 다섯 번째 대상은 하나님이다. 윌리엄 로메인(William Romain)은 "하나님께 감사하는 것은 일시적인 이생의 축복일지라도 그것을 영원한 천국의 경험으로 화하게 한다."고 말하였다. 우리는 하나님과의 관계에서도 관대함을 경험할 수 있다. 기도 가운데 하나님과 대화하는 시간을 갖고, 성경 묵상을 통해 하나님의 말씀을 들을 수 있다. 그리고 홀로 하나님을 경배하면서, 그리고 다른 사람들과 예배하는 과정을 통해 관대함의 태도를 실천할 수 있다. 하나님과의 이러한 관계는 나이가 들수록 더욱 중요해지며, 이생에서 다음 생으로 가는 과정이 원활하도록 해 준다.

언제 관대함을 실천할 것인가

다른 사람에게 관대함을 나타내는 데 특별히 더 좋은 때가 있는가? 그런 특별한 시간이나 장소와 경우가 따로 있는가? 여기에 몇 가지 아이디어들을 제시한다.

첫째, 다른 사람들이 관대할 때다. 이럴 때 당신도 자연스럽게 관대함을 베풀고 싶어진다. 이러한 경우 제한 없이 넘치도록 감사하며 관대하게 대하라.

둘째, 사람들에게 도움이 필요할 때다. 다른 사람들의 필요를 충족시켜 준다는 것은 언제나 손쉽게 되는 것이 아니다. 그러한 일은 전혀 기대하지 않았던 뜻밖의 시간과 장소에서 발생하기도 한다. 언제나 준비가 되어 있도록 노력하라. 다른 사람들을 도와주어야 할 일이 발생할 때 그들의 필요에 관심을 기울여라.

셋째, 사람들이 친절하지 않거나 상처를 줄 때다. 의사이자 저술가인 토머스 풀러(Thomas Fuller)는 "가장 고상한 복수는 용서하는 것"이라고 말하였다. 다른 사람을 용서하는 것으로 당신의 관대함을 실천하라. 다른 사람의 지적을 수용하거나 실수를 인정하는 것으로 당신의 관대함을 드러내라. 다른 사람에 대해 인내하고 그들을 이해하는 노력으로 상대를 관대하게 대하라. 하비(L. G. Harvey)는 "진정한 이해가 있을 때 용서는 불필요하게 된다."고 말하였다. 용서하지 못하는 것은 결국 실제 사실과 그 정황을 바로 이해하지 못했기 때문인 것이다. 전체적인 상황을 제대로 알고 나면 대개는 충분히 이해하게 되고, 용서하기가 훨씬 수월해진다. 그렇지만 다른 사람이 내게 상처가 될 때 관대함을 보인다는 것은 자연스럽게 되는 것이 아니다. 그것을 위한 의지로 노력해야 할 것이다. 빈스 롬바르디(Vince Lombardi)에 따르면, "성공적인 사람과 그렇지 못한 사람과의 차이는 능력이나 지식의 부족이 아니라 의지의 부족이다." 상처를 주는 사람에게 관대한 태도를 취하는 것은 이러한 의지를 연습하고 강화시키는 하나의 방법이다.

넷째, 신체적인 건강과 활력이 있을 때다. 건강과 힘이 있어야 다른 사람을 위해 많은 실제적인 활동을 할 수 있기 때문이다. 특히,

병들고 약한 사람들에게 선행을 베풀 수 있다. 당신에게 건강의 축복이 있을 때 다른 사람들을 섬기도록 하라.

다섯째, 당신이 아프거나 장애가 있을 때다. 건강 상태가 좋지 못할 때 다른 사람들을 관대하게 대한다는 것은 더욱 어려운 일일 것이다. 그럴 때 관대함을 실천할 수 있는 방법도 더욱 제한을 받는 것이 사실이다. 그러나 병들고 장애가 있는 사람도 자신이 가진 자원으로 다른 사람들을 도울 수 있다. 다른 어떤 때보다도 이러한 때 더욱 이렇게 해야 할 필요가 있다.

여섯째, 다른 사람들이 도움을 제공하려 할 때 그것을 수용하는 것으로 관대함을 나타내는 것이다. 오늘날 대부분의 미국인들은 자기 스스로 독립적으로 살아가는 것을 중요시하여 다른 사람에게 도움받는 것을 좋아하지 않는다. 자신이 의존적이고 빚진 자처럼 느껴지기 때문이다. 사람은 다른 사람을 돕고 나누어 줄 수 있어야 한다. 하지만 때로는 다른 사람이 나를 돕도록 허용하는 것이 실제적으로 큰 선물이 될 수 있다. "사랑이란 사랑으로 주는 것을 받는 것이다."라는 옛 속담이 있다. 또한 시인 레이 헌트(Leigh Hunt)는 "진심으로 선물을 받으면, 당신에게 그에 대한 보답으로 돌려줄 수 있는 것이 없을지라도, 그 자체로 이미 보답하는 것이다."라고 말하였다. 그러므로 때로는 당신에게 정말 도움이 필요하지 않더라도 상대의 도움을 받아들임으로써 당신의 관대함을 실천하도록 하라. 그리고 그 호의에 대해 보답할 수 있을 때 넉넉하고 관대하게 돌려주라. 만약 그렇게 갚을 수 없는 상황이라면, 하나님께 감사하고 당신을 도운 사람에게 특별한 축복을 주시도록 간구하라. 하나님께서 그러한 호의에 대해 그 능력 가운데 갚아 주실 것이다.

　일곱째, 어떤 일을 하든지 관대함의 자세를 갖도록 하라. 다른 사람에게 따뜻함, 친절, 사랑, 시간, 실제적인 도움을 베풀 때는 상대가 기대하는 것 이상으로 하도록 하라. 관대하게 대하는 점에서 특별히 적절한 시간이란 것은 따로 없다. 언제나 지금이 바로 그때인 것이다.

지혜로운 관대함

　사람에게는 저마다 다 관대함의 한계가 있다는 점을 알아야 한다. 특히, 시간과 재정 그리고 신체적, 정서적 에너지가 그러하다. 모든 일에 자원하고, 모든 자선기관에 기부하고, 길거리에서 만나는 모든 노숙자에게 숙소를 제공할 수는 없는 것이다. 그렇게 하다 보면 이내 좌절하고 탈진할 것이다. 언제까지나 자신의 필요와 한계를 무시할 수는 없다. 그러므로 항상 이러한 요소들을 주의해야 한다. 성경은 이웃 사랑과 자기자신에 대한 사랑의 균형을 강조한다. 성경은 우리에게 이웃을 사랑하되 자기를 사랑하는 것처럼 사랑하라고 명한다. 자신보다 덜하지도 더하지도 않고, 자신을 사랑하는 만큼 사랑하라고 한다. 따라서 자기자신에 대해 관대하게 생각하는 것도 중요하다. 이것은 자기중심적으로 살거나 자신에게 탐닉하라는 것이 아니다. 다른 사람뿐만 아니라 자신을 용서하고 이해하며, 기회가 있을 때마다 기꺼이 삶의 기쁨과 즐거움을 경험하려고 하는 것이다. 하나님은 다른 사람을 사랑하고 섬기는 사람들을 지속적으로 축복하기를 원하신다. 그리고 섬김을 제공하는 사람은 그들에게 축복이 주어질 때 그것을 수용하고 즐거워해야 한다. 야베스(Jabez)는 "주께서 내게 복을 주시려거든 나의 지경을 넓히시고……."라고 부르짖었다. 그러자 하나님께서 그가 구하는 것을 들어주셨다(대상 4:10).

신경증적인 이유로 말미암은 관대함

어떤 사람들은 다른 사람들을 돕거나 자원봉사를 하거나 기부금을 내는 것을 자신을 위해 또는 신경증적인 이유로 하기도 한다. 그러므로 이러한 요인들을 확인하는 것은 매우 중요하다. 사람에 따라서는 달리 어쩔 도리가 없어서 다른 사람을 도우려고 하는 경우도 있다. 다시 말하면, 그렇게 하지 않으면 죄책감을 느끼고, 다른 사람을 기쁘게 하려는 심리가 너무 강해서 관대한 행동을 하지 않을 수 없는 것이다. 그러나 관대한 삶을 통해 참된 유익을 얻으려면, 자신의 자유의사에 따라 관대하지 않을 수도 있어야 한다. 신경증적인 심리 때문에 관대하지 않을 수 없다면, 다른 사람을 돕는 활동에서 정서적인 보상을 받을 수 없을 것이다. 이러한 신경증적인 필요는 대개 심리 내부 깊숙이 자리 잡고 있으며, 어린 시절에 그 원인이 생긴 경우가 많다. 어린 시절에 상처를 받았거나 사랑의 결핍을 느낀 사람들은 이기적이 되거나 자신의 필요에 초점을 맞추지 못한다. 이런 사람들은 다른 사람들을 행복하게 해 주지 못하면 불안감을 느끼게 된다. 극단적인 예로, 학대적인 관계 속에서 성장한 사람들은 상대가 신체적, 정서적으로 상처를 주고 자신을 무시하거나 자신을 존중해 주지 않아도 어떻게서든지 상대를 만족시키고 즐겁게 해 주려고 애쓴다. 신경증적인 이유로 이웃을 도울 때와 즐거운 마음으로 원해서 도울 때 발생하는 기쁨이나 만족에는 큰 차이가 나는데, 도리어 다른 사람들을 돕는 과정에서 스트레스와 압도되는 느낌을 경험하고 이내 그것을 혐오하게 된다.

사람들은 다른 사람의 관대한 행동을 이용하여 어떤 이익을 얻으려고 할 때가 있다. 따라서 언제 그러는지 분별하는 것이 중요하다. 우리의 친구나 친지들 혹은 모르는 사람들 중에서 우리의 선한 의도를 이용하여 자신들이 할 수 있거나 스스로 해야 할 일인데도 불구하고 해 달라고 요구하는 경우들이 있다. 그들은 사람들을 '이용'하여 자신의 이기적인 욕망을 충족시키려고 하는 것이다. 달리 다른 방법으로는 충족할 수 없어서 그렇게 하는 것이 아니다. 그러한 사람들은 많은 것을 요구하고 기대하면서도 감사하는 마음도 없다. 항상 받기만 하고 돌려주려고 하지는 않는다. 자신들은 그럴 자격이 있고, 다른 사람들은 당연히 자신들을 도와야 한다고 느끼기도 한다. 이들은 자신들을 도우려는 사람의 선한 의도를 이용하고, 결국은 선한 의도와 에너지를 신속하게 고갈시키고 만다. 그들에게 이런 기회를 허용해서는 안 된다.

어려운 상황에 처한 사람이 무언가를 배우거나 그러한 상황에 적응하도록 하기 위해 스스로 언제 무엇을 하는 것이 필요한지 인식하도록 하라. 예를 들어, 어떤 사람이 어리석은 사업 결정을 하거나, 경마장에서 돈을 잃거나, 죄를 지어 감옥에 가는 상황에 처했다고 하자. 그러한 상황에서 즉시 그 사람을 구출해 주는 것은 그로 하여금 자신의 행동으로 인한 결과에서 무언가를 배울 수 있는 기회를 차단하는 것이다. 비슷한 예로, 당신이 관절염으로 고생하는 친구를 도와 친구는 자기 자리에 그냥 앉아 있고 당신이 친구가 필요로 하는 것을 갖다주는 봉사를 한다고 하자. 그러면 친구는 직접 일어나 힘들게 여기저기 다니며 필요한 것을 찾지 않아도 될 것이다. 그러나 친구가 늘 의자에 앉아서 다른 사람에게 모든 것을 의존하게 되면 친구의 근육은 더 약해지고 관절도 더욱 뻣뻣해져서 통증이 심하게 될 것이다. 그러므로 이런 경우 친구가 스스로 할 수 있는 것은 알아서 하도록 격려하는 것이 훨씬 도움이 될 것이다. 지나친 도움은 친구가 돕는 사람에게 의존하게 만들고, 돕는 사람이 곁에 없으면 아무것도 할 수 없는 사람이 되게 만든다. 따라서 누군가를 도울 때는 상대가 자기 일을 스스로 하고 다른 사람에게 덜 의존적이 되게 하는 것이 좋다. 이를 비유한 다음과 같은 옛 속담이 있다. "어떤 사람에게 물고기를 줘라. 그러면 내일은 배가 고플 것이다. 고기 잡는 법을 가르쳐라. 그러면 내일은 자신은 물론 가족까지 먹일 것이다."

　우리가 기억해야 할 또 다른 것이 있다. 즉, 다른 사람에게 관대함을 보일 때는 자신의 시간과 소유를 이용해야 한다. 다른 사람의 것을 가지고 해서는 안 된다. 예를 들어, 직장에서 일하는 시간에 일과 상관없는 사람을 도우려고 하는 것은 올바르지 않다. 이는 고용주가 수락했는지의 여부와 상관없이 자신이 선한 일을 하기 위해 고용주의 시간과 자원을 도용하는 것이다. 다른 예를 들면, 자원봉사활동에는 많은 시간을 쓰고 자신의 배우자나 집에 대한 책임은 무시하는 경우다. 시간은 마음대로 쓸 수 있는 자신만의 것이 아니다. 우리 각자에게는 다른 사람들이 대신 충족시켜 줄 수 없는 가족에 대한 특정한 책임들이 있다. 돈을 기부하는 것도 같은 원리다. 그것이 아무리 가치 있는 일에 쓰이도록 기부하였다고 해도, 그 돈이 전적으로 자신의 것이 아니라면 이는 자선 행위가 아니라 남의 것을 도용하는 행위가 되는 것이다. 예를 들어, 어떤 남성이 가정의 생활비를 자선기관에 기부하여서 그의 아내와 자식의 필요를 충족시킬 수 없게 되었다고 하자. 이런 경우 그 돈은 이 남성이 자기 마음대로 쓸 수 있는 것이 아니다. 기부행위는 어떤 모양이든 온전히 자신이 소유한 것으로 해야 한다는 사실을 잊어서는 안 된다.

관대함과 관련된 다른 요소들

다른 사람을 돕거나 관대함을 나타낼 때 아무 의미도 없는 위험한 행동은 하지 않는 것이 중요하다. 예를 들어, 길에서 차를 얻어 타려고 하거나 차량에 문제가 있어 오도 가도 못하는 남성이 있다고 할 때, 이를 본 어느 여성이 그 사람을 차에 태워 주려는 관대한 마음을 가질 수 있을 것이다. 하지만 이런 상황에서는 다른 사람에게 관대함을 베풀려고 하다가 납치나 강도를 당할 수 있고, 심지어는 살해당할 수도 있다. 적절한 대책이나 동행자도 없이 도심의 위험한 지역에 있는 사람을 도우러 갈 때도 마찬가지다. 늘 주의하여 위험한 상황에 처하지 않도록 대처해야 한다.

다른 사람을 도우려고 할 때는 주의하면서 조심스럽게 해야 한다. 다른 사람들이 필요로 하는 것이 무엇인지를 잘 파악하고, 그들을 어떻게 돕는 것이 좋을지 그들의 안내와 제안을 따르도록 하라. 당신의 필요 때문에 다른 사람들을 돕거나 관대함을 베푸는 것을 강요하지 말라. 상대방이 필요로 하는 것과 선호하는 것에 초점을 맞춰라. 상대가 원하는 것 그리고 필요로 하는 것이 무엇인지를 찾아라. 당신이 판단하여 추정하지 말라. 상대방을 세심하게 살펴라. 필요하다면 질문하라. 그리고 상대방이 필요로 하는 것에 적절히 반응을 보이도록 하라.

어떻게 하면 좀 더 관대해질 수 있을까

나는 평생 동안 관대함의 문제와 씨름해 왔다. 나의 가정은 부와 재물을 모으는 데만 관심이 있었고 다른 사람들을 돕는 데 많은 시간과 돈을 쓰지 않았다. 나는 성장기 때 이 문제와 관련해 보고 배울 수 있는 역할 모델이 없었기 때문에 오랫동안 갈등해 온 것이다. 관대한 삶을 살도록 자연스럽게 배우며 자라나지 않은 사람들은 어떻게 좀 더 관대한 사람이 되는 법을 배울 수 있겠는가? 나는 이에 대한 모든 해답을 갖고 있지 않지만, 다음의 것들이 도움이 될 수는 있을 것이다.

첫째, 관대한 삶이 얼마나 중요한지를 일깨워 주는 글을 읽어라. 지난 수천 년 동안 지속되어 온 선각자나 성인들의 가르침을 접하라. 이러한 지혜자들의 가르침이 지금까지 여러 세대를 거듭하도록 사람들을 이끌어 온 것은 거기에 진리가 담겨 있기 때문이다. 관대함에 대한 성경의 가르침은 무엇인가? 코란이나 붓다, 공자의 가르침에는 어떤 것들이 있는가?(10장을 보라.) 이러한 가르침들은 4천년에 걸쳐 내려오고 있지만, 여전히 일관된 메시지를 전하고 있다. 의미 있고, 즐거움이 넘치며, 승리하는 삶의 열쇠에 대한 이 가르침들에 잘못된 점이 있을 수 있겠는가?

둘째, 관대한 사람들과 함께 시간을 보내라. 이러한 사람은 찾기도 쉽지 않을뿐더러 가까워지기도 힘든 일이다. 이러한 사람들의 주변에는 그들의 관대함 때문에 많은 사람들이 모이기 때문이다. 물론 재정적인 면만 이야기하는 것은 아니다. 그저 넉넉하고 관대한 마음을 가진 사람들은 함께 있는 것만으로도 사람들을 기분좋게 만든다.

이러한 면에서 가장 큰 인상을 준 사람을 한 명 꼽는다면 나는 존 템플턴 경(Sir John Templeton)을 꼽겠다. 나는 지난 7년 동안 그와 함께 일하면서 그가 사람들, 특히 평범한 보통 사람들을 어떻게 대하는지 잘 볼 수 있었다. 그는 자신이 만나는 사람들을 넉넉하고도 진실한 관심으로 대하고, 삶에서 무엇이 그들을 흥분시키는지, 그들이 어떤 것에 시간을 사용하는지, 그들의 꿈은 무엇인지를 알려고 매우 노력한다. 팁도 넉넉하게 주는데 좋은 인상을 주기 위해서가 아니라 자신에게 있는 것을 덜 가진 사람들과 나누기 위해서다. 형편이 어려운 사람들을 위해 관대하게 기부를 하되, 선한 일을 하려는 자신의 아이디어와 비전, 바람에 대해서도 그는 인색하지 않다.

또한 템플턴 경은 친절하고 사려깊으며, 다른 사람들을 존중하는 진정한 신사다. 사람들을 늘 칭찬하고 격려하여 사람들에게서 최선의 것을 이끌어 낸다. 괴테(Goethe)는 "교정은 많은 것을 이룬다. 그러나 격려는 더 많은 것을 이룬다. 견책 후의 격려는 소나기 후의 태양과 같다."고 말하였다. 존의 경우가 그렇다. 그는 목적이 뚜렷하고 낙관적이며, 모든 것이 가능하다고 믿는 긍정적인 사고방식의 소유자다. 그의 전 생애는 투자 상담가 일레인 라이드아웃(Elaine Rideout)이 말한 "안 된다고 말하는 사람은 무시하라."는 경구를 그대로 반영하고 있다. 이 세상의 엄청난 부자들 중에서 어떤 사람이 자신의 전부를 쏟아부어 용서와 감사의 덕목을 발전시키고 성품을 강화하며 영성과 하나님을 알아가는 일이 증대되도록 헌신하였는가? 그들 중 89세가 되도록 그러한 일을 지속하고 있는 사람은 얼마나 되는가?

셋째, 관대한 삶을 위한 계획을 세워라. 은퇴하기 전에 미리 계획을 세워 다른 사람들을 도울 수 있는 시간적이고 재정적인 자원들을 확보하도록 하라. 공자는 "물질이 찾아올 때 그것을 다 사용하지 않도록 하라."고 가르치고 있다. 재정적으로 빈곤한 상태에서 은퇴하게 되면 하루하루 살아가는 데 모든 시간이 소비될 것이고 다른 사람을 위해 나눌 수 있는 돈도 없을 것이다. 은퇴를 위한 대부분의 저축은 대개 세금 감면의 혜택이 있고, 세금이 따르는 수입의 규모를 줄이는 데 도움이 될 수 있다. 이러한 계획은 청년기 시절부터 시작해야 한다. 물론 이때 앞을 내다볼 수 있는 사람은 많지 않다. 경력의 정점에서 가장 많은 소득을 올리는 중년기에 은퇴를 위한 투자를 시작할 수도 있지만, 청년기만큼 최선의 시기라고는 할 수 없다.

하지만 미리 계획을 세운다고 해서 저절로 다른 사람을 돕는 일에 더 관대해지는 것은 아니다. 다만 관대하게 나눌 수 있는 능력이 늘어나는 것뿐이다. 사람들은 계획을 세운다고 해도 자신이 실제로 기부하는 것 이상을 넘지 못하는 경우가 많다. 19세기 때 사역자 윌리엄 엘러리 채닝(William Ellery Channing)이 말한 것처럼 "우리는 수단을 강구하기 위해 인생을 낭비해서는 안 된다. 계획은 적게 하고 실천은 더 많이 하는 것이 좋다."

넷째, 관대한 삶을 지금 당장 실천하기 시작하라. 많은 사람들은 언젠가 좀 더 경제적으로 안정되면 더 많은 시간과 돈을 사용하겠다고 말하면서 미루고 있다. 그러나 그날은 결코 오지 않는다.

어떤 사람에게도 경제적으로 관대한 삶을 실천할 수 있을 만큼 충분히 안정된 상황은 오지 않는다. 지금 그냥 시작해야 하는 것이다. 그러면 어떤 면에서는 재정적 안정에 대한 염려가 줄어든다. 관대한 삶은 사람들로 하여금 더 부자처럼 느끼게 하고 더 많은 재물은 필요없다고 느끼게 한다. 안정을 위해 재물에 의존하던 경향이 줄어들게 되는 것이다. 재물을 아무리 많이 모아도 이러한 안정된 느낌은 얻어지지 않을 것이다. 그렇기 때문에 지금 관대한 삶을 시작해야 하는 것이다. 지금 시작하지 않으면 그렇게 되는 날은 오지 않을 가능성이 크다. 관대한 삶을 살아가는 데서 오는 유익을 경험하면 그런 습관을 키우는 데 도움이 될 수 있다. 그렇다고 이미 은퇴한 사람들은 관대한 삶을 시작할 수 없다는 의미는 아니다. 내가 말하고자 하는 것은, 은퇴했든지 하지 않았든지 그러한 삶을 시작하는 시점은 바로 지금이라는 사실이다.

다섯째, 관대함에서 당장 어떤 유익이 생기지 않을지라도 그러한 삶에 헌신하라. 관대한 삶에서 오는 대부분의 유익은 나중에 천천히 찾아온다. 때로는 당신이 전혀 기대하지 않는 순간에 찾아오기도 한다. 그중에서 당신이 얻을 수 있는 장기적인 유익은 넉넉한 성품과 영적 성숙, 정서적인 성숙과 같은 것들이다. 이러한 것들은 선행이 실시되고 오래 지나서 발생한다. 그러나 관대함은 사람을 변화시키기 때문에 그러한 변화는 지속적인 유익을 가져다 준다. 관대한 사람은 자신을 더 좋아하게 되고, 다른 사람들도 더욱 그를 좋아하게 된다. 관대함에서 오는 유익은 때로 전혀 기대하지 않았던 요소들에도 넘쳐난다. 연구에 따르면, 이러한 유익은 종종 이전의 친절과 관대한 행위들과 연관되어 찾아온다. 관대함이란 꼭 돈이나 자원봉사활동과만 연관된 것이 아니라는 사실을 기억하라. 사람을 대하는 방법에서도 드러날 수 있다. 다른 사람들에 대한 우애와 긍휼, 이해와 인내, 용서는 삶에 더할 나위 없는 큰 즐거움을 가져다 준다. 이것들이야말로 관대한 자세와 정신에서 오는 열매들이다.

맺음말

미국인들은 세계의 많은 사람들보다 더 많이 갖고 있음에도 불구하고 자신들은 충분히 갖고 있다고 느끼지 않는 경향이 있다. 그것은 사람의 '필요'란 더 많은 것, 더 많은 장난감, 더 많은 돈을 갖는다고 해서 채워지는 것이 아니라, 다른 사람들에게 내가 가진 것을 나누어 주고 그들의 삶에 내가 가진 것을 투자함으로써 채워지는 것이기 때문이다. 우리는 나눔을 통해 보다 온전한 존재임을 느끼게 된다. 아놀드 글래소(Arnold Glasow)는 이러한 사실을 다음과 같이 잘 정리하였다. "우리 자신의 이익을 위해 행하는 것은 실제로 별로 그렇게 되지 않는다." 은퇴의 파워를 경험하는 한 가지 분명한 방법은 관대한 삶을 은퇴의 목표로 정하고 현실화하는 것이다. 은퇴와 더불어 관대한 삶을 살려면 어느 정도의 성숙이 요구된다. 그런데 그러한 성숙은 대개 자기중심적인 생활이 결코 가치 있고 만족스러운 삶을 가져다 주지 않는다는 것을 충분히 경험한 후에야 얻게 된다.

많은 사람들은 인생의 후반기가 되어서야 실존적인 절망의 외침을 고한다. "인생에 이것 외에 더 다른 것은 없는가?" 분명히 무언가가 더 있다. 그러나 그것은 관대한 마음과 정신을 계발해야만 접근할 수 있다. 관대한 마음과 정신은 우리를 다음 단계로 안내한다. 모든 사람이 다음 단계에 도달할 것처럼 보이지만, 이기적이고 자기중심적인 사람들, 특히 인생의 마지막 날에도 그렇게 살아가는 사람들은 이내 무언가 부족한 것을 경험하기 시작한다. 그러한 부족함은 다음 단계로 나아오도록 이끌어 준다. 나는 그러한 이끎이 사람들로 하여금 인생이 줄 수 있는 최고의 것을 경험하도록 부르시는 사랑의 하나님이 영적으로 부르시는 것이라고 생각한다.

영적인 성장은 어떻게 알 수 있는가

"하늘에 계신 우리 아버지여 이름이 거룩히 여김을 받으시오며 나라가 임하시오며 뜻이 하늘에서 이루어진 것같이 땅에서도 이루어지이다" —마태복음 6:9-10

은퇴한 뒤 쾌락과 여가를 추구하며 사는 삶에 대한 한 가지 대안은 인생의 영적인 측면을 발전시키는 데 시간을 사용하는 것이다. 이것이 중요한 이유는 무엇인가? 간단히 말하면, 인생의 또 다른 반에 해당하는 기간 중에 추구해야 할 삶의 목적에 대한 원천을 가장 명료하게 제공하는 것이 영성 부분이기 때문이다. 시간을 내어 자원봉사를 하거나 재정적으로 관대한 기부를 하며 사는 것은 그에 대한 내외적인 보상과 상관없이 아주 어려운 일이다. 따라서 사람을 변화시켜 자기중심적으로 살기보다 다른 사람들의 필요에 관심을 두고 살아가게 하기 위해서는 무엇인가가 더 필요하다. 이렇게 삶을 전환시키게 하는 가장 근본적인 것은 영성이라고 본다. 영성은 사람들에게 동기와 에너지를 부여하고 새로운 깨달음을 준다. 이러한 점에서 영적인 차원을 발전시키는 것이야말로 은퇴기의 삶을 진정으로 변화시키는 요소라고 볼 수 있다. 이러한 변화가 없이는 인생의 참된 목적을 찾을 수 없다. 이런 점에서는 종교와 대적하는 지그문트 프로이트도 다음과 같이 인정하였다. "인생의 목적에 대한 질문은 종교만이 대답할 수 있다. 목적이 있는 인생에 대한 개념은 종교와 더불어 일어나기도 하고 사라지기도 한다고 결론지어도 틀린 것이 아니다."

세상의 모든 주요 종교들과 강한 가치 체계를 갖춘 사상들은 인생의 의미와 목적에 대한 가르침을 알려 주고 있다. 그리고 이러한 의미와 목적은 수용하고 따르는 자들이 은퇴 이후에 정신적, 신체적 건강을 유지하도록 도움을 준다. 이 장의 마지막 부분에는 기독교와 유대 전통은 물론 이슬람과 동방의 전통에 나타난 영성에 관한 자료들의 일부가 첨부되어 있다. 여기에서는 기독교 영성이 인생의 의미와 목적 구축에 주는 영향에 대해 구체적으로 살펴보고자 한다.

내가 기독교에 초점을 두는 것은 다른 종교나 비종교적 철학들에는 나이 듦에 따르는 변화의 의미에 대한 강한 깨달음이나 방향 제시가 없어서가 아니다. 다만 내게 가장 익숙한 것이 유대-기독교 전통이고, 이에 대해 나의 일차적인 경험을 중심으로 말할 수 있기 때문이다. 나는 공식적으로 신학적 훈련을 받지 않았기 때문에 이런 일차적인 경험이 특별히 중요하다고 본다. 따라서 여기에 영성에 대해 제시된 입장은 의사이자 정신건강 전문가로서 제시한 것이지, 훈련된 신학자의 입장에서 제시한 것은 아님을 밝혀 둔다. 나는 이 장을 기술하면서 일차적으로 정서적인 문제를 가진 사람들을 돌보며 배운 사실들, 정신건강과 노화에 대한 연구, 유대-기독교 성경에 관한 나의 피상적인 지식, 언제나 쉽지 않은 인생의 갈등을 통해 얻은 개인적인 경험 등에 의존하였다. 나는 보수적인 기독교 전통을 따르고 있고, 이것이 이 장을 기술하는 데 나름대로의 색깔을 더했을 것이다. 물론 지금까지의 내용에도 이미 영향을 주었을 것이다. 나의 개인적인 배경에 대해 좀 더 설명한다면 독자들이 내 관점을 더욱 잘 이해하는 데 도움이 될 것이라고 본다.

나는 50세가 되면서 기독교 신앙이 내가 은퇴하기 이전과 이후의 삶에 대한 의미와 목적을 탐색하는 데 중요한 역할을 한다는 것을 알았다. 이렇게 확신한 이유는 당시까지 나의 삶과 경력에 영향을 미친 가톨릭과 기독교의 역할 때문이었다. 33세가 될 때까지 나는 이루고 싶은 뚜렷한 목적이나 목표 없이 그저 실망과 여러 실패로 점철된 인생을 살면서 방황하였다. 다른 많은 친구들과 마찬가지로 나 역시 절박하게 원했다가도 이내 사라지고 마는 세상적인 것들을 추구하며 살았었다. 나는 그때 의대를 졸업하고 성공적인 경력을 쌓기 위해 줄달음치고 있었다. 하지만 내 인생에는 무언가가 빠져 있었고, 어떤 것을 해도 그 무언가를 채울 수가 없었다. 나는 인생의 동반자인 배우자를 찾으면 삶이 안정되고 행복해질 줄 알았다. 하지만 실망의 연속이었다.

나는 내가 왜 여기에 있는지 의문을 갖기 시작하였다. 인생에는 일을 하고, 재물을 쌓고, 결혼하고, 아이들을 키우고, 친구들과 사귀고, 나이를 먹어 가고, 병에 걸리고, 죽고 하는 것보다 더 큰 무언가가 있을 것이었다. 이 짧은 인생에 무언가 더 있다면 그것은 무엇인가? 나는 이러한 질문들에 대한 해답을 찾고 또 찾았다.

이처럼 고통스러운 탐색을 하던 중 성경을 읽었고 마침내 해답의 일부를 찾게 되었다. 몇 개월 동안 성경을 읽어 가면서 나는 완전히 변했다. 인생을 향한 새로운 비전과 내 존재에 대한 위대한 목적을 깨달았고, 그 비전을 성취하기 위한 동기와 에너지를 갖게 되었다. 나는 그때 노인학과 노화 분야로 이끄는 '부르심'을 느꼈다. 또한 당시 내게 큰 영향을 준 것은 로버트 버틀러(Robert Butler)의 『생존의 이유(Why Survive?)』였다. 이 책은 미국 노인들의 어려운 형편에 관한 것이었다. 미국의 노인들을 위한 미션에 부르심을 받은 뒤 내 인생에 새로운 방향이 잡히기 시작하였다. 내 자신은 영적으로 성장하였고 노인학 분야에 관여하게 되면서 인생에서 느껴졌던 따분함과 외로움이 사라지기 시작하였다. 그리고 점차 내 일과 사람들과의 관계에 대해 의미를 두기 시작하였고 점점 더 즐거워졌다.

나는 지난 17년 동안 영적 성장에 우선순위를 두고 노력해 왔다. 때로는 성공적이었지만 그렇지 못한 때도 있었다. 내가 영적인 초점을 지속적으로 유지하고 있을 때는 그것이 내 인생의 발걸음을 안내하고, 성취할 목표들을 결정하게 해 주었다. 또 더 많은 사랑과 돌봄, 친절과 긍휼, 용서와 이해를 나눌 수 있게 해 주었다. 그러다가 지금도 종종 그렇지만, 그 초점을 잃게 되면 반대적인 상황이 발생한다. 다시 염려하고, 근심하게 되며, 쉬지 못하고, 내 자신이나 젊음에 강박적으로 집착하게 된다. 그렇게 정서적인 소용돌이와 삶에서의 부정적인 시련과 상황들에 시달리다 보면 오래지 않아 나는 다시 영적인 차원으로 시선을 돌리게 된다. 즉, 내게 영적인 차원은 있어도 되고 없어도 되는 선택의 문제가 아니라 생존을 위해 꼭 필요한 요소다. 이것은 '생존의 이유' 에 대한 나의 답변이기도 하다.

성경에서 말하는 인생의 목적

지난 날들을 돌아보면, 성경을 읽다가 인생의 목적과 방향에 관해 새롭게 깨달았음을 알 수 있다. 성경은 우리에게 목적에 관한 많은 메시지를 전해 주고 있다. 첫 장부터 인간은 특별한 목적으로 창조되었다는 사실을 언급하고 있다. "하나님이 이르시되 우리의 형상을 따라 우리의 모양대로 우리가 사람을 만들고 그들로 하여금 바다의 물고기와 하늘의 새와 가축과 온 땅과 땅에 기는 모든 것을 다스리게 하자"(창 1:26). 이 구절은 내게 모든 인간에게는 목적이 있으며, 그 목적은 세상에 있는 모든 것을 다스리는 것이라는 사실을 가르쳐 주었다. 즉, 인간은 세상에 있는 모든 것을 돌보아야 하는데, 여기에는 사람들, 특히 배고프고 쉴 곳이 없으며, 외롭고 소망이 없는 사람들도 포함된다. 인간은 다른 사람들을 책임지도록 창조된 것이다. 가인은 이러한 사실에 반기를 들고 "내가 내 아우를 지키는 자니이까?"라며 하나님께 반문하였다(창 4:9). 이 질문에 대한 하나님의 대답은 '그렇다' 는 것이었다.

구약성경에 나오는 선지자들은 저마다 자신에게 삶의 목적이 있다는 것을 확신하였다. 그 목적은 바로 그들의 삶을 향한 부르심이었다. 그들이 그 목적을 상실할 때 이미 어떠한 업적을 이루었는지와 상관없이 그들은 우울함과 무가치감에 사로잡혔다. 선지자 엘리야의 경우를 생각해 보라. 그는 900명의 바알과 아세라 선지자들과 싸워서 그들을 물리친 후에 목적의식을 상실하고 죽기를 기다리며 누워 있었다. 성경은 이런 엘리야의 상태를 다음과 같이 묘사하고 있다. "한 로뎀 나무 아래에 앉아서 자기가 죽기를 원하여 이르되 여호와여 넉넉하오니 지금 내 생명을 거두시옵소서. 나는 내 조상들보다 낫지 못하니이다"(왕상 19:4). 그는 하나님께서 "엘리아야, 네가 어찌하여 여기 있느냐?" "네가 온 길을 돌아서 가라."라는 말씀으로 그의 삶의 목적을 상기시키실 때까지 그 상태에서 벗어나지 못하고 그렇게 있었다(왕상 19:9, 15). 그 일 이후 엘리야는 자신이 왔던 곳으로 돌아가 이스라엘의 새로운 왕에게 기름을 부었다. 자기 인생의 목적을 되찾은 것이다. 하나님의 도움으로!

예수님 또한 분명한 인생의 목적을 갖고 이 땅에 오셨다. 그는 자신의 목적에 대해 "인자가 온 것은 잃어버린 자를 찾아 구원하려 함이니라."고 말씀하셨다(눅 19:10). 여기에서 잃어버린 자와 구원이 필요한 자는 누구인가? 바로 사람들이었다. 사람들은 나아갈 길을 잃었다. 그래서 사람들로 하여금 그 길을 찾도록 돕기 위해 예수께서 오신 것이다. 사람들이 자기중심의 필요와 바람, 욕망에 대한 집착에서 벗어나 가치 있는 인생의 목적을 향해 살게 하려고 오신 것이다. 예수님은 보물을 이 땅에 쌓아 두지 말고 하늘에 쌓아 두라며 이렇게 말씀하셨다. "너희를 위하여 보물을 땅에 쌓아 두지 말라. 거기는 좀과 동록이 해하며 도둑이 구멍을 뚫고 도둑질을 하느니라. 오직 너희를 위하여 보물을 하늘에 쌓아 두라. 거기는 좀이나 동록이 해하지 못하며 도둑이 구멍을 뚫지도 못하고 도둑질도 못하느니라. 네 보물 있는 그곳에는 네 마음도 있느니라"(마 6:19-21) 그리고 제자들을 향해 자신만을 위해 살지 말고 관심을 하나님과 다른 사람들을 사랑하는 것에 두라고 가르치셨다. "네 마음을 다하며 목숨을 다하며 힘을 다하며 뜻을 다하여 주 너의 하나님을 사랑하고 또한 네 이웃을 네 자신같이 사랑하라"(눅 10:27) 뿐만 아니라 가난한 자들을 무시하지 말고 도리어 예수님을 섬기는 것처럼 그들에게도 그렇게 하라고 말씀하셨다. "내가 진실로 너희에게 이르노니 너희가 여기 내 형제 중에 지극히 작은 자 하나에게 한 것이 곧 내게 한 것이니라"(마 25:40)

　이러한 요소는 사도 바울의 경우도 다르지 않다. 바울은 자신의 생의 목적을 다음과 같이 묘사한다. "나는 아직 내가 잡은 줄로 여기지 아니하고 오직 한 일, 즉 뒤에 있는 것은 잊어버리고 앞에 있는 것을 잡으려고 푯대를 향하여 그리스도 예수 안에서 하나님이 위에서 부르신 부름의 상을 위하여 달려가노라"(빌 3:13-14) 하늘의 상을 받기 위해 목적을 향하여 흔들림 없이 나아가는 것은 경주자가 결승선에 도달하기 위해 혼신의 힘을 다해 달려가는 것과 같다. 바울은 바로 이러한 삶을 산 사람이었다. 이처럼 성경은 우리에게 인생의 목적이 얼마나 중요한 것인지를 다양하게 보여 주고 있다.

영적인 성장

나는 이제 성경에 관한 간단한 지식에 근거하여 내가 주장하는 영적인 성장이 무엇을 의미하는지 기독교적인 관점에서 내가 이해하는 바를 간략하게 제시하려고 한다. 영적으로 성장한다는 것은 자연에 보다 가까워지는 것, 보다 예술적인 사람이 되는 것, 보다 많은 지식을 습득하는 것을 의미하지 않는다. 그렇다고 무언가 딱 꼬집어 말하기 어려운 영적인 어떤 느낌이나 다른 사람들에 대한 책임과 의무 따위가 배제된 난해한 것을 의미하는 것도 아니다. 여기에서 말하는 영적인 성장이란 다음의 세 가지 요소들을 포함하고 있다.

첫째, 영적인 성장이란 하나님께 더 가까이 나아가는 것이다. 가까워진다는 것은 하나님을 더욱 의지하고 신뢰하게 되는 것을 포함한다. 하나님과의 관계는 목적을 추구하는 파워를 이끌어 내기 때문에 아주 중요한 요소다. 둘째, 영적인 성장은 이웃에 대한 사랑에서 자라 가는 것이다. 이웃에는 주변의 가족이나 친구, 나아가 모르는 사람들까지 포함될 수 있는데, 이웃 사랑은 그들의 행복과 만족을 위해 고난도 감수하겠다는 의지가 담긴 헌신과 관련이 있다. 다른 사람들을 사랑하는 행위는 하나님과의 관계에서 깨닫는 삶의 목적을 실제로 실행에 옮기는 것이라는 점에서 매우 중요한 의미가 있다. 셋째, 영적인 성장은 자신이 특별한 목적 아래 창조되었으며 하나님의 전체적인 계획 안에서 결코 누구와도 바꿀 수 없는 하나님의 자녀라는 사실을 깊이 인식하고 수용하는 것이다. 사람이 자기정체성에 대해 편안하게 인식하지 못한다면 다른 사람들을 사랑하고 섬기는 것은 불가능하다. 자신이 하나님의 사랑을 받는 자녀라는 정체성을 분명히 인식하고 있을 때 다른 사람을 사랑할 수 있다는 점에서 이것은 매우 중요한 요소가 된다. 따라서 이러한 요소들을 정리한다면, 영적인 성장과 그것의 궁극적 목표인 영적 성숙에 도달한다는 것은 하나님, 다른 사람들, 자신의 순서대로 각각에 대한 균형된 시각을 갖게 된다는 것을 의미한다. 이러한 세 가지 측면의 초점이 영적으로 성숙한 사람의 마음과 의지를 이끌어 가게 된다.

영성과 목적

은퇴 이후의 삶의 목적에서 영성은 가장 기본적인 요소라고 할 수 있다. 사람은 나이가 들어 가면서 인생의 목적을 뒷받침해 주는 다른 요소들에 대해서는 의미를 퇴색시키고 힘도 잃게 된다. 역사 속에 등장했던 유명한 불가지론자와 무신론자들을 살펴보라. 이러한 사람들로는 버트란드 러셀과 아더 쇼펜하우어, 프레드릭 니체, 어니스트 헤밍웨이 등이 있다. 이들은 나이가 들어 가면서 자신의 삶의 목적과 정체성이 크게 상실되는 것을 경험하였다. 그들의 지극히 합리적이고 세상적인 세계관은 세월이 흘러가면서 힘을 잃어 갔고 그들에게 별 위안이 되지 못하였다. 그러나 영성은 노년기의 사람들에게 인생의 나아갈 방향과 나아갈 수 있는 능력과 나아가는 방법에 대한 지혜를 줄 수 있다.

방향 영성은 인생이 나아갈 방향과 초점을 제공한다. 세상의 필요에 관심을 기울이게 하고, 자신이 가진 은사와 재능으로 필요한 것들을 충족시키도록 도와준다. 다른 사람에게 궁휼한 마음을 갖고 섬기는 활동을 하도록 섬세하게 우리의 마음을 움직이고 촉구한다. 이처럼 마음을 움직이고 촉구할 때 부응한다면 우리는 실질적으로 하나님의 계획에 참여하게 되는 것이다. 영성은 이러한 사랑과 자비의 활동에 특별한 의미를 부여한다. 우리의 활동 하나하나가 창조주를 섬기는 행위로 전환되는 것이다. 사람이 할 수 있는 일 중에서 이보다 더 위대한 일이 어디에 있겠는가? 자신에게만 초점이 맞추어진 삶은 금방이라도 건강과 사랑하는 사람의 상실 그리고 사회에서의 위상 상실로 이어질 수 있다. 그러나 사람의 목표가 하나님의 뜻과 연결되면 시간이 흐를수록 인생의 지평은 더욱 넓어지고 세상은 위축되기보다 더 확장되기 시작한다. 지루함과 무가치감은 나머지 인생을 통하여 추구할 수 있는 가치 있는 비전으로 대체된다. 시인 벳시 클라인(Betsey Kline)은 이렇게 말했다. "하나님의 인도하심을 신뢰하고 그분의 뜻을 우리의 것으로 수용하는 데는 용기가 따른다. 그 길을 홀로 가는 것은 어리석은 일이다."

능력 사람은 영적으로 성장함에 따라 인간의 한계 때문에 점점 더 다가가기 어려웠던 하늘에 속한 능력의 원천을 접할 수 있게 된다. 하나님의 능력은 우리의 행동을 인도하여 더욱 앞으로 나아가게 한다. 삶의 방향과 의미를 제공하고, 우리의 삶이 흥분된 즐거움으로 채워지게 한다. 영성은 사람으로 하여금 불타오르게 한다. 기독교인이 이처럼 불타오르는 경험을 하도록 만드는 근원은 무엇인가? 구세군의 오랜 사역자인 사무엘 브렝글(Samuel Brengle)은 "그것은 사랑이요, 믿음이요, 소망이다. 그것은 열정이요, 목적이고 결단이며, 온전한 헌신이다. 그것은 일관된 관심이며 죽음에까지 이르는 헌신이다. 그것은 겸손하고 정결하며, 신실한 사람을 통하여, 그리고 그 안에서 불타오르는 거룩한 성령 하나님이시다."라고 말했다. 다시 말하지만, 능력은 하나님과의 관계에서 비롯된다. 우리의 목적이 영적인 믿음에 근거할 때, 자신이 하는 일에 대해 열정적이 될 수 있다. 헨리 체스터(Henry Chester)에 따르면, '열정'은 세상에서 가장 위대한 자산이다. 그것은 어떤 힘과 영향, 돈의 위력도 능가한다. 열정이라는 말이 하나님의 소유가 된다는 의미 또는 영감을 받는다는 의미가 담긴 그리스 단어에서 유래되었다는 사실은 흥미롭다.

지혜　지혜는 영성에서 흘러나오는 에너지의 방향을 조절하여 목적을 성취하도록 안내하는 역할을 한다. 우리는 영적인 깊이에 들어가면서 자신의 목표와 비전을 가장 효과적으로 달성하려면 어떻게 시간과 자원을 사용해야 할지에 대한 지혜를 얻게 된다. 영적인 사람은 자신의 뜻을 하나님의 뜻과 일치시킴으로써 하나님의 지혜에 참여하게 된다. 무지의 장막은 걷히고, 과거의 경험이 어떻게 그를 준비시켜 온 것인지, 그리고 이제 어떻게 하나님의 손에 붙들려 그분의 도구로 사용될 것인지를 깨닫게 된다. 영적인 사람은 하나님의 지혜에 점점 가까워지면서 자신의 지식이나 능력, 욕망이 얼마나 제한된 것이었는지를 깨닫고 진정 겸손한 사람으로 거듭나게 된다.

목적으로 충만한 섬김의 기쁨

사람이 경험할 수 있는 가장 위대하고 큰 기쁨의 하나는 다른 사람들의 필요를 충족시켜 주는 과정을 통해 하나님을 섬기는 것이다. 나는 그 이유가 자기 자녀들을 사랑하시는 하나님께서 그들이 고통 가운데 있는 것을 슬퍼하시기 때문이라고 믿는다. 따라서 다른 사람들을 돕기 위해 다가갈 때, 우리는 자신이 하나님의 뜻 안에 있다는 것을 확신할 수 있게 되는 것이다. 하나님의 뜻을 실천하고 있다는 사실을 분명하게 알 때, 때로 그 일은 매우 힘들고 어려울 수도 있지만 형언할 수 없는 기쁨을 경험하게 된다. 어떤 자기중심적인 보상이 아니라 하나님을 향한 사랑에서 비롯된 섬김이라면 거기에서 얻게 되는 감격은 그 어떤 감정과도 비교할 수 없다. 여가나 레크리에이션을 통해 얻는 쾌락은 이 감정과 절대 견줄 수 없다. 앞에서도 언급하였지만, 그러한 섬김이 다른 사람을 즐겁게 해 주어야만 한다는 강박감에서 비롯되었거나 건강하지 못한 자기-관점에 따른 것이었다면 기쁨은커녕 무거운 짐이 될 뿐이다. 다른 사람을 섬기는 데서 오는 기쁨은 하나님과 의미 있는 관계에 있을 때 커진다. 그러한 상급의 대부분은 하나님과의 관계에서 비롯되기 때문이다.

이러한 이해는 영성에 관한 순진한 생각일 뿐일까? 그리고 여기에서 언급한 목적이란 것도 결국 그러한 범주에서 벗어나지 못하는 것인가? 그럴지도 모른다. 여기에 제시된 것들은 분명 철학적 혹은 신학적 통찰에 근거한 현학적인 내용이 아니다. 다만 내가 성경에서 발견한 것과 인생을 통해 경험한 것 그리고 정신건강과 인간행동에 대해 연구한 결과에서 배운 것들을 단순히 통합하려는 시도들이다. 그러나 하나님과 이웃 그리고 자기 사랑을 결단하고 이것을 삶의 근본으로 삼는 것은 기독교 내의 모든 교단들뿐만 아니라, 어떤 면에서는 세상의 다른 신념 체계들을 뛰어넘는 보편적인 생각이라고 여겨진다. 세상의 다른 종교들, 특히 주요 단일신론적 전통들은 이 세상을 향한 뜻과 계획을 가진 한 분 하나님, 창조자를 믿는다. 그리고 그분은 개인적으로 알 수 있으며, 사람들을 자신의 의지와 계획에 참여시킨다는 것을 받아들인다.

일단 지금까지 제시한 영성과 인생의 목적에 대한 개념들이 사실적이라고 전제한다면, 사람들은 자신이 지금 영적으로 성장하고 있는지 아닌지를 어떻게 알 수 있겠는가? 우리가 눈여겨보아야 할 증상들은 어떤 것이 있는가?

영적인 성장은 어떻게 알 수 있는가

영적인 성장에는 열매가 있다. 그것은 영적인 성숙의 징표들이며 관찰될 수 있다. 이러한 열매의 증상들은 하나님뿐만 아니라 이웃과 자신에 대해 좀 더 깊은 이해심과 용서, 인내와 친절, 긍휼함이 넘치고, 더 많은 나눔과 관대한 삶의 모습으로 나타난다. 이러한 성령의 열매를 거짓으로 만들어 낼 수는 없다(갈 5:22). 바로 객관적인 성장의 증거가 따르기 때문이다.

이러한 영적인 성숙의 특징을 열거하는 것은 간단하지만, 이것을 삶에서 드러내는 것은 사실상 어려운 일이다. 나는 이 점에서 자주 실패해 왔음을 인정한다. 나는 조금씩 성장하다가도 크게 뒤로 처지곤 했다. 하지만 이러한 힘겨운 몸부림은 누구나 겪는 보편적인 것이라고 믿는다. 사실 성장하려는 열망에서 비롯된 이러한 몸부림 그 자체가 영적인 성장의 한 증거가 된다. 과거의 모든 영적인 거인들도 자신의 인간 본성과 싸울 수밖에 없었고, 결국 자기 밖에서 오는 도움에 의존해야 했었다. 제수이트 선교회를 창시한 로욜라의 이그나티우스(Ignatius of Loyola)는 이렇게 기도하였다. "선한 주님이시여, 우리로 하여금 당신에게 합당한 방법으로 당신을 섬길 수 있도록 가르쳐 주십시오. 주되 그 대가를 따지지 않게 하소서. 싸우되 상처에 괘념치 않게 하소서. 수고하되 손을 놓고 쉬려하지 않게 하소서. 일하되 우리가 당신의 뜻을 실천한다는 것을 아는 것 외에 보상을 바라지 않게 하소서." 예수님도 다른 사람들에게 화를 내고 실망하였다. 한두 번은 부모님의 뜻을 따르지 않기도 하였다. 종려나무가 자신을 실망시키자 그 나무를 저주하기도 하였다. 그렇다. 우리 모두는 상황에 따라 힘겨운 싸움을 하며 갈등한다. 그래서 이러한 영적인 성장의 여정에는 무한한 은혜가 필요하다.

사람은 영적인 성장의 여정을 저마다 다른 위치나 상태에서 시작한다. 어떤 사람들은 어린 시절의 성장 배경이나 윗세대로부터 전수받은 기질에서 받은 많은 짐을 떠안고 시작한다. 다른 사람이 보기에 영적으로 미성숙해 보이는 청년기 때 부정적인 경험을 많이 한 사람도 있을 수 있다. 그렇지만 그들은 아주 먼 길을 달려왔을지도 모른다. 사용할 수 있는 자원이 많고 극복해야 할 어려움이 별로 없었던 사람들은 영적으로는 성숙해 보일 수 있지만 사실은 그렇지 않은 경우들도 있다. 전능하신 하나님 외에는 어떤 사람이 얼마나 영적으로 성장해 왔는지 누구도 판단할 수 없는 것이다. 영적인 성장이란 갈등하면서도 전진하고 변화되어 가는 과정이지 어떤 특정한 지점에 당신이 얼마나 도달했느냐의 문제가 아니다. 영적인 목적은 이러한 성장과 변화의 과정에 방향을 제시하고 능력을 부여해 준다.

영적인 삶의 결과

지금까지 영적인 삶의 결과를 알아내기 위한 연구와 다양한 시도들이 있었다. 그중에는 사회과학과 의학 분야의 연구들도 있었다. 나는 이러한 연구들이 비록 빙산의 일각일 정도로 불충분한 것이기는 하지만 어느 정도는 이해의 단초를 제공했다고 생각한다. 나는 지금까지 이 분야에 대해 거의 20여 년 동안 연구를 진행해 왔다. 이제 드디어 내 전공 분야인 이 주제를 다루려 한다.

오늘날 스트레스에 대처하는 방법으로 많이 사용되는 것 중 하나는 종교적 혹은 영적인 확신이다. "믿음은 비록 곡조가 마음에 들지 않아도 그 음악을 대할 수 있도록 도와준다."라는 옛 속담에도 있듯이, 지금까지 해 온 약 75편의 연구에는 만성적 정신질환이나 다른 질병들, 사랑하는 사람의 죽음, 자연 재해 등 온갖 스트레스가 가득한 상황에서 종교가 어떤 역할을 하는지에 대해 조사한 내용이 있다. 이것을 가장 명료하게 보여 주는 사례는 2001년 9월 11일에 일어났던 뉴욕 테러 사건에 대한 미국인들의 반응일 것이다. 『뉴잉글랜드 의학 잡지(New England Journal of Medicine)』에 발표된 연구에 따르면, 무작위로 많은 사람들에게 전화를 걸어 설문을 한 결과 90%의 사람들이 그 상황에 대처하기 위한 방법으로 종교를 찾은 것으로 드러났다. 미국인들이 그 사건에 대해 친구나 친지들과 대화로 반응한 것을 제외하고 가장 많은 반응을 보인 것이 바로 종교였던 것이다.

많은 사람들은 스트레스에 대처하기 위해 종교나 영적인 확신을 찾는데, 이와 관련된 연구들에 따르면, 스트레스 상황에서 종교에 의지하는 사람들은 그렇지 않은 사람들보다 실제로 훨씬 잘 대처한다는 증거가 있다. 500여 편에 이르는 연구들에 따르면, 종교나 영적인 활동에 참여하는 사람들이 더 큰 삶의 만족과 웰빙을 경험하고, 마음의 평화와 희망을 갖는 것으로 나타났다. 이외에도 상황에 더 낙천적으로 대처하고, 이타적이고 용서하며, 우울증에 시달리거나 염려하거나 자살을 시도하는 경우가 훨씬 적다. 그리고 대체적으로 더 행복하고 충만한 삶을 살아간다. 이처럼 객관적인 연구 결과로 미루어 볼 때, 종교성이 강한 사람들은 위에 묘사된 영성의 열매들을 더 많이 경험하는 것으로 보인다. 물론 영성이 깊은 사람이라고 해서 모두 완전한 행복을 누리고 고통에서 자유로운 인생을 보내는 것은 아니다. 역경과 고통 속에서 사람이 자기 힘으로는 어떻게 할 수 없는 지경까지 내몰릴 때 비로소 진정한 영적 성장이 이루어지는 경우도 많다.

영적인 삶은 스트레스 상황에 대한 대처나 웰빙의 차원뿐만 아니라 신체적 건강과 장수와도 긴밀한 관계가 있다. 영적인 성장은 보다 나은 삶과 오래 사는 삶으로 이어지는 것 같다. 또 연구들은 영적인 확신과 그것을 실천하는 삶은 혈압을 떨어뜨리고, 심장병을 감소시키며, 면역기능을 강화시키고, 질병에서 더 빨리 회복하게 만드는 등의 결과를 가져온다는 사실을 보고하고 있다. 이러한 결과는 부분적으로 마음과 신체가 연관되어 있음에서 비롯된다고 볼 수 있다. 영적인 삶을 사는 사람들은 보다 나은 정신건강과 웰빙은 물론 스트레스의 영향을 덜 받기 때문에 스트레스와 관련된 질병의 발병률을 낮출 수 있다. 오늘날 현대인들의 질병과 사망 원인 중 가장 보편적인 것이 바로 스트레스 관련 질병들이다.

이러한 결과를 가져오는 또 다른 이유는 영적인 삶이 가져다 주는 사회적 지지와 관련이 있는 것으로 보인다. 영적인 삶을 사는 사람들은 그렇지 않은 사람들보다 친구도 많고, 사회적 관계망도 다양하며, 사회적 지지도 더 많이 받는 것으로 나타나고 있다. 사회적 지원은 스트레스를 감소시켜 주고, 질병에 대한 모니터 가능성을 증가시키며, 치료에도 잘 적응하도록 도와준다.

마지막으로, 영적인 사람은 건강과 관련하여 긍정적으로 결정하고 더 건강한 삶을 산다. 즉, 그들은 다른 사람들에 비해 담배를 피우거나 술을 마시는 것에서 자기 절제를 잘한다. 그리고 음주운전, 안전벨트 미착용 상태에서의 운전, 안전하지 않은 성행위 등의 위험에 자신을 내던지지 않는다. 이와 같은 행동이 결과적으로 그들의 신체적 건강과 장수에 긍정적인 영향을 주는 것으로 보인다.

영적인 사람들은 죽음의 상황에 대해서도 덜 두려워하고 보다 의연하게 임한다. 불안과 염려도 적다. 이들은 노년기의 여러 문제에 대해 별로 염려하지 않기 때문에 인생의 마지막까지 낙관적인 마음과 소망을 잃지 않고 살아갈 수 있다. 죽음이 모든 것의 끝이 아니라 더 나은 새로운 삶의 출발이라고 믿기 때문이다. 이러한 마음과 생활의 자세는 그들이 나이가 많이 들거나 병들어 장애가 발생한다고 해도 온전하고 충만한 삶을 살 수 있도록 도와준다. 그들을 기다리는 것은 영원한 종말이 아니라 자기 집으로의 영원한 귀향이라고 믿는 것이다. 그 곳에서 자신들보다 먼저 간 사랑하는 사람들과 친구들을 다시 만나게 될 것을 알고 있는 것이다.

영적으로 활발하게 사는 사람들은 자신들이 죽으면 하나님과 함께 있을 것을 기대한다. 그들은 세상에 사는 동안 하나님은 자신들의 친구요, 돕는 분으로 믿었고 또 경험하였다. 그런데 이제는 그 하나님을 온전히 그리고 완전하게 경험하게 될 것이다. 이것이야말로 그들에게 궁극적인 기쁨과 치유의 경험이 되는 것이다. 그렇다. 그것은 기다리던 귀향이다. 영생을 향한 소망을 갖지 못하고, 죽음 이전의 아픔과 고통은 아무 의미와 목적이 없으며 죽음은 결국 모든 것의 마지막이라고 보는 사람들과 이들의 생각은 얼마나 다른가!

추가적으로 읽을 것들

영성이 은퇴자들에게 어떻게 삶의 목적과 파워를 제공할 수 있을지에 대해 내가 이 장에서 다룬 기독교적 입장은 이 주제에 관한 다양한 접근의 하나일 뿐이다. 노년기의 영적인 발전을 통해 삶의 의미와 목적을 구축하고 증진시키는 데 도움이 될 자료들은 이외에도 많다. 이 자료들은 독자의 선호에 따라 기독교 외에도 유대교, 이슬람, 동방의 관점에서 나온 것일 수 있다. 다음에 현재 영적인 성장과 관련해서 나와 있는 가장 좋은 책들의 일부를 제시한다.

기독교적 영성과 관련하여 내가 첫 번째로 추천하고 싶은 책은 『생명의 성경(*The Living Bible*)』(영어로 된 다양한 성경 번역본 중 하나)이다. 이 책은 성경의 본문을 의역한 것인데, 가장 읽기 쉽고 비교적 짧은 시간에 전체를 읽을 수 있게 되어 있다. 당신은 성경 전체를 처음부터 끝까지 통독하게 되어 기독교 신앙을 깊이 이해할 수 있게 된다. 유대인들이 경험했던 여러 고난과 갈등의 역사, 그들의 성공과 실패, 역사를 통해 흐르는 하나님의 신실하심, 예수 그리스도의 삶과 죽음, 사도들의 기록들이 수록되어 있다. 성경에 나타난 대로, 사람들이 직면하고 또 극복하였던 수많은 문제들은 세월이 흘러도 거의 달라진 것이 없다. 인간의 본성이 거의 동일하게 유지되어 왔기 때문이다. 사람들의 삶과 서로의 관계 속에서 등장하였던 문제들에 대한 해법 또한 시간의 흐름에도 불구하고 별로 달라진 것이 없다.

『형제보다 더 가까운(*Closer Than a Brother*)』은 본래 브라더 로렌스(Brother Lawrence, 1611–1691)라는 한 수도승이 기록한 작은 책이다. 이 현대어판은 하나님과 깊고도 친밀한 관계를 구축하는 것에 관한 핵심적인 통찰을 제공해 준다. 읽기가 쉬우면서도 매일의 삶 속에서, 나아가 직업 현장에서, 하나님의 임재 안에서 어떻게 살 수 있는지에 대한 실제적인 제안을 제공한다. 브라더 로렌스는 수도원 부엌에서 일하였다. 영적으로 심오한 도전을 주는 또 다른 책으로 토마스 아켐피스가 쓴 『그리스도를 본받아(*The Imitation of Christ*)』 가 있다. 이 책은 우리가 현실을 무시하지 않으면서 영적인 태도를 구축하는 데 도움을 준다. 저자가 금욕주의적인 수도승이기 때문에 조금 경직된 부분이 있기는 하지만 수많은 지혜와 가르침으로 가득 찬 책이다.

이외에도 내가 좋아하는 책으로 캘커타의 마더 테레사 수녀의 어록들을 모아 놓은 『사랑의 기쁨(*The Joy in Loving*)』과 존 번연(John Bunyan)의 『천로역정(*The Pilgrim's Progress*)』 또한 그리스도인이 영적으로 변화한 이후의 삶을 통해 그리고 살아가면서 직면하게 되는 많은 유혹들과 어려움을 통해 성장해 가는 믿음의 순례 여정을 그린 훌륭한 책이다. 기독교에 대한 지성적 성찰을 원하는 사람들에게는 C. S. 루이스(C. S. Lewis)의 『순전한 기독교(*Mere Christianity*)』 를 포함한 그의 모든 저술이 권할 만하다.

그리스도인의 영적인 성장을 돕는 다른 책들로는 『예수라면 어떻게 할까?(*In His Steps*)』가 있다. 이 책은 어느 교회에 노숙자가 나타나 영적인 도전을 제기한 후 예수님의 가르침을 절대적으로 따르기로 작정한 다음부터 일어나는 일들을 기록한 것이다. 그리고 장애를 갖고 평생을 예수님을 따라 산 소녀에 대한 우화 『하인즈의 다리(*Hinds' Feet on High Places*)』도 영적인 성장에 도움이 된다. 구약의 잘 알려지지 않은 인물의 기도에 관한 책으로 국제적인 베스트 셀러가 된 『야베스의 기도(*The Prayer of Jabez*)』 역시 좋은 자료다. 마지막으로 에디스 쉐이퍼(Edith Schaeffer)가 쓴『역경(*Affliction*)』이 있는데, 이 책은 육체적인 아픔과 고통을 통해 어떻게 인생의 깊은 의미와 가능성을 경험할 수 있는지에 대해 감동적인 이야기를 전해 준다.

유대 전통에 따른 영적인 성장을 추구하는 사람들에게는 시드 슈바르츠(Sid Schwarz)의 영적인『고향 찾기(*Finding a Spiritual Home*)』를 권한다. 이 책은 현대 회당이 유대주의와의 영적인 연결성 및 영적인 공동체를 찾는 유대인들의 필요를 어떻게 도울 수 있는지에 대해 다루고 있다. 슈바르츠는 메릴랜드 주 베데스다에 있는 아닷샬롬의 랍비 출신으로, 지난 20년 동안 현대 유대인들의 필요에 적합한 회당들을 탐색하였으며, 이 책은 그가 발견한 회당들을 기록한 것이다. 데이빗 아론(David Aaron)이 쓴『영원한 빛(*Endless Light*)』은 은퇴한 사람들이 많이 갈등하는 근본적이고도 보편적인 문제를 추적하고 있다. 예루살렘에 있는 이스라엘 연구원의 수장인 아론은 이 책에서 카발라(Kabbalah)에 나타난 인생의 의미와 목적에 관한 질문들과 그것에 대한 해답을 추구하고 있다. 카발라는 토라 율법을 해석하는 데 사용된 신비주의적인 가르침이다. 마지막으로 다양한 주제에 관한 기본적인 유대교 가르침을 다루고 있는『근원으로의 회귀: 고전적 유대문헌 읽기(*Back to the Sources: Reading the Classic Jewish Texts*)』가 있다.

이슬람 영성을 추구하는 사람을 위해서는 거룩한 큐란(Holy Quran)의 현대어 번역본 중 가장 탁월한『코란(*The Koran*)』이 있다. 세계적으로 저명한 이슬람 학자인 N. J. 다우드(Dawood)가 번역한

이 역본은 1950년대에 처음 출판된 후 여러 차례에 걸쳐 수정본이 나왔고, 미국의 대표적인 출판사에서 나온 것으로는 유일한 번역본이다. 1917년에 처음 마우라나 무하마드 알리(Maulana Muhammad Ali)가 출판한 거룩한 큐란은 아랍어와 영어 번역본이 함께 나란히 대조되어 나왔고, 그 밑에는 중요한 단어의 의미나 이전 구절들과의 관계성 등이 제시되어 있다. 이 번역은 다른 번역들보다 아랍 원본에 충실한 것으로 알려졌다. 한편 『선물: 위대한 수피 지도자 하피즈의 시(Gift: Poems by Hafiz the Great Sufi Master)』는 이슬람에서 가장 탁월한 시인의 250여 작품을 소개하고 있다. 시집은 이 영적인 스승의 지혜와 사랑, 관대함, 유머를 잘 나타내고 있다.

영적으로 어떤 방향을 취해야 할지 분명하지 않은 사람들을 위해서는 오스 기니스(Os Guinness)의 『집으로의 긴 여정(The Long Journey Home)』과 『소명(The Call)』을 추천할 수 있다. 이 책은 지적인 도전을 주면서 많은 생각을 하게 만드는 탁월한 작품이다. 10여 년 동안이나 베스트셀러였던 카렌 암스트롱(Karen Armstrong)의 『하나님의 역사: 유대주의와 기독교』『이슬람을 위한 4000년의 탐구(A History of God: The 4000-Year Quest for Judaism, Christianity and Islam)』는 유대인, 기독교도, 무슬림을 통해 전개된 하나님의 생각과 경험들을 탐색하고 있다. 암스트롱은 유려한 문체와 표현, 깊은 사고에서 가장 탁월한 종교 역사가다. 하버드 대학교의 심장전문의 허버트 벤슨(Herbert Benson)은 『이완 반응(Relaxation Response)』과 『영원한 치유(Timeless Healing)』에서 묵상이 신체에 미치는 강력한 생리학적 효과와 깊은 묵상 상태에서 일어나는 영적인 경험들에 대해 서술하고 있다. 동방의 영적인 전통을 찾는 사람들을 위해서는 달라이 라마(Dalai Lama)의 『열린 마음: 일상에서 자비를 실천하기(*An Open Heart: Practicing Compassion in Everyday Life*)』와 그가 쓴 책 중에서 가장 유명한 『행복의 기술: 삶을 위한 지침(*The Art of Happiness: A Handbook for Living*)』이 있다. 영적 거장이 쓴 이 책들은 금방 읽을 수 있으면서도 다양한 통찰을 제공해 준다.

맺음말

하나님은 이사야 선지자를 통해 나이가 들어가고 있는 사람들을 향한 당신의 목적을 이렇게 말씀하셨다. "너희가 노년에 이르기까지 내가 그리하겠고 백발이 되기까지 내가 너희를 품을 것이라. 내가 지었은즉 내가 업을 것이요 내가 품고 구하여 내리라"(사 46:4) 은퇴는 변화의 시기다. 건강과 독립적인 생활 방식의 변화 외에도 가족관계, 친구관계, 사회에서의 위치 등에서 때로는 엄청난 변화를 동반하기도 한다. 영적인 성장은 이러한 변화들에 잘 대처하게 하고, 신체적·정신적 건강을 유지하는 데도 많은 유익을 준다. 아울러 삶에 새로운 의미와 목적, 파워를 주는 활동들을 실천할 수 있는 에너지와 방향 감각을 제공해 준다.

영성은 건강과 나이에서 모든 사람에게 저마다 할 수 있는 역할의 지평을 열어 준다. 병에 걸렸거나 장애가 있더라도 더 이상 불리한 여건이 될 수 없다. 분명한 의지가 있고 그것을 실천하려고만 한다면, 비록 소리 없이 기도하는 것뿐이라 할지라도, 그것을 통하여 하나님의 중요한 계획을 성취할 수 있는 가능성이 있다. 가장 중요한 것은 자신에게 있는 것이 무엇이든지 내놓는 결단과 그것을 통하여 섬기고자 하는 열망이다. 인간의 의지와 하나님의 의지가 만날 때, 그 사람에게 파워가 흐르기 시작한다. 그리고 변화가 일어나기 시작한다. 이러한 변화가 은퇴기를 인생의 가장 의미 있는 시간들로 전환시킨다.

모든 스트레스가 다 나쁜 것은 아니다

"사랑 안에 두려움이 없고 온전한 사랑이 두려움을 내어쫓나니……"　　—요한1서 4:18

나는 그동안 종종 스트레스라는 말을 써 왔다. 그것은 좋지 않은 것이며 때로는 나이가 들어 가면서 증가되는 것으로 소개하였다. 오늘날 스트레스는 사회에서 가장 많이 사용하는 단어가 되었다. 모든 사람들이 은퇴했든지 하지 않았든지, 나이가 들었든지 젊었든지에 상관없이 나름대로의 스트레스를 갖고 살아간다. "염려로 가득찬 하루는 일주일의 일보다 더 지치게 만든다."라는 말도 있다. 스트레스는 생명의 기쁨과 파워를 잡아먹는다. 그렇다면 스트레스란 무엇이며, 그것의 원천은 무엇인가? 스트레스가 우리 몸에 미치는 영향이 어떠하기에 그것을 조절하는 것이 그렇게 중요한가? 은퇴 후의 삶에서 스트레스를 줄이려면 어떻게 해야 하는가? 이것이 은퇴기의 삶의 목적과 어떤 관련이 있는가?

스트레스란 무엇인가

스트레스는 외적인 것일 수도 있고 내적인 것일 수도 있다. 외적인 스트레스는 안정된 상태에 있는 우리 몸에 어떤 위협이 가해질 때 발생한다. 또 날씨나 지나친 운동, 굶주림, 전쟁, 야생동물의 공격 등 위험한 상황에 처하여 일어날 수도 있다. 내적인 스트레스는 의식적인 존재인 인간이 갖고 있는 놀랍고도 특유한 능력에서 비롯된다. 사람들은 앞으로 있을지도 모를 부정적인 일들을 예상하며 두려워한다. 또는 과거에 일어났던 끔찍한 일들을 기억하며 두려워한다. 내가 이 장에서 초점을 두고 있는 것은 바로 이러한 내적인 상황에서 발생하는 스트레스에 관한 것이다.

사람들은 대개 불안, 두려움, 염려, 시간적 압박감 같은 부정적인 정서에 따른 내적 스트레스가 신체에 미치는 외적인 위협에 따른 스트레스와 거의 동일한 결과를 야기한다는 것을 인식하지 못한다. 우울감이나 분노, 적의, 용서할 수 없는 마음 등의 다른 부정적인 정서 또한 내적인 스트레스를 일으킨다. 심지어는 지루함이나 자신이 쓸모없는 사람이라는 느낌도 내적인 스트레스를 일으켜 사람의 건강과 웰빙에 부정적인 결과를 가져온다. 따라서 스트레스가 신체에 대한 외적 위협에서 온 것이냐 아니면 심리적 자아에 대한 내적 위협에서 온 것이냐는 별 문제가 되지 않는다. 몸에 미치는 부정적인 생물학적 영향은 똑같이 남기 때문이다. 이러한 현상은 두뇌와 신경체계가 신체에 대한 위협과 심리적 자아에 대한 위협을 구분하지 못하기 때문에 일어난다.

우리에게 어떤 사건이 발생할 때, 그것이 어떻게 스트레스가 될지는 그 사건에 대한 우리의 인식이나 해석에 따라 다르다. 어떤 사람에게는 큰 스트레스가 되는 문제가 다른 사람에게는 기쁨과 흥분된 감정을 불러일으킬 수도 있다. 예를 들어, 비행기에서 낙하산을 메고 뛰어내리는 것은 스카이다이버들에게는 짜릿한 경험이 될 수 있지만, 낙하해 본 경험이 없는 사람은 극도의 공포감을 느낄 것이다. 스트레스는 주로 어떤 특정한 상황에서 사람이 그 상황을 얼마나 통제할 수 있는지, 그때 선택의 폭은 얼마나 되는지에 따라 좌우된다. 그 상황을 통제할 수 없고 선택의 폭도 제한되어 있다면 스트레스의 강도는 훨씬 증가할 것이다. 스트레스는 어떤 어려운 상황에 처했을 때 스스로 할 수 있는 것이 아무것도 없을 경우에 특히 많이 받는다.

스트레스가 몸에 미치는 영향

인간은 어떤 위험에 처하면 대개 공격 아니면 도피의 반응을 보인다. 이것은 거의 모든 생명체에서 동일하게 나타나는 현상이다. 달팽이나 연체동물 같은 하등 생물도 마찬가지다. 이러한 반응은 인류 역사의 초기 단계에서 일찌감치 발달한 것으로 보인다. 공격—

혹은—도피 반응은 적대적인 환경에서 생존을 위한 일련의 생리학적인 변화들을 동반한다. 이 반응은 1930년대에 월터 캐논(Walter Cannon)이 발견한 것으로, 사람이 어떤 위험을 감지하는 순간 발동하게 된다. 사람의 몸이나 심리적 자아에 위협적이라고 여겨지는 상황이나 경험은 그것이 어떤 것이든지 바로 이러한 반응을 야기하게 된다. 앞에서도 언급하였듯이, 이러한 반응을 야기하는 것은 신체적 위협뿐만이 아니다. 자신의 이미지나 자기정체성, 자아존중감에 대한 어떤 심리학적 혹은 사회적 위협을 경험할 때도 이러한 반응이 일어난다.

사람이 어떤 위험을 감지하면 그 순간 위험 신호가 신경세포를 통해 인간의 두뇌 속에 있는 청반(locus ceruleus)과 시상하부(hypothalamus)에 전달된다. 그러면 청반에 있는 신경세포들은 척수를 통해 두뇌에서 교감신경절(sympathetic ganglia)이라는 신경세포 군집에까지 긴 경로를 통해 신호를 보내기 시작한다. 그러면 이 신경세포들은 이어서 혈관, 심장, 위, 내장을 비롯한 다른 중요한 내부 장기들을 둘러싸고 있는 신경섬유에 신호를 보낸다.

위험이 인지되면 1초도 안 되는 사이에 피의 흐름은 피부와 내장을 비롯해 위협에 즉각적으로 반응하지 않아도 되는 다른 장기로부터 큰 근육(large muscles)과 심장 그리고 싸우든지 도망가든지 하는 데 필요한 두뇌의 기관으로 역류하게 된다. 동시에 위험 신호는 신장의 윗부분에 있는 부신수질(adrenal medulla)을 돌며 관통하는 신경섬유로 전달된다. 그러면 부신수질은 이 신호에 반응하여 많은 양의 아드레날린을 혈액에 주입시켜서 심장박동을 더 빠르고 강하게 뛰게 함으로써 혈압을 증가시키고 경계 반응을 극대화하게 한다. 이 모든 것은 어떤 위험이든 관계없이 사람으로 하여금 그 위협에서 도망가든지 싸우든지 하도록 몸을 생리학적으로 준비시키는 것이다.

이처럼 청반이 혈관과 심장 및 부신수질을 활성화하는 것과 동시에 두뇌의 시상하부와 뇌하수체(pituitary gland)는 부신피질 자극 호르몬(corticotropin-releasing hormone)을 방출하게 한다. 그러면 이 호르몬은 혈류를 타고 부신피질(adrenal cortex)이라고 하는 부신(adrenal glands)의 특정 부위에 이르게 된다. 부신피질의 세포들은 혈액 속에 있는 이 호르몬에 반응하여 혈류에 부신피질 호르몬과 비슷한 코르티코스테로이드(corticosteroids) 혹은 그냥 스테로이드(steroids)라고 하는 화학물질을 혈류에 방출한다. 스테로이드는 피를 통해 팔의 근육과 다리 등으로 흘러들어가서 그 기능을 극대화하게 한다. 가끔 운동선수들이 스테로이드를 주사하여 근육을 강화시켜 경기에 임하는 것은 모두 이와 같은 원리에 근거한 것이다.

스테로이드는 단시간에 몸의 에너지를 매우 압축적으로 사용하도록 만들어 준다. 즉, 에너지를 풀어 두뇌와 심장, 근육들이 즉각적으로 행동하도록 만드는 것이다. 이때 스테로이드는 면역기능을 차단시킨다. 왜 그럴까? 면역체계가 상당히 많은 에너지를 소모하기 때문이다. 그래서 면역기능을 차단하여 거기에 소모되는 에너지를 몸이 위협으로부터 도망가든지 싸우든지 하는 데 쓰게 하는 것이다. 사람이 감기에 걸리면 어떤 현상이 일어나는지 생각해 보자. 그 사람은 피곤함을 느끼고 자꾸 쉬거나 자고 싶어진다. 면역체계가 몸에서 감기 바이러스를 제거하기 위해 애쓰고 있기 때문이다. 이 과정에서 에너지가 많이 소진되는 것이다. 따라서 위험한 상황이 발생하면 우리 몸은 면역체계의 기능을 차단하고 위협으로부터 도망가든지 싸우든지 하는 일에 에너지를 사용하는 것이다.

한편, 면역반응을 약화시키는 스테로이드 호르몬에 더해, 위협신호가 접수되면 림프질(lymph nodes)과 비장(spleen), 흉선(thymus) 그리고 면역체계의 중심기관인 골수(bone marrow)를 파고드는 두뇌의 신경섬유가 연소되기 시작하면서 면역체계의 기능이 떨어지게 된다. 따라서 심각한 스트레스 상황에 놓이면 우리 몸의 주요한 두 가지 생리학적 체계인 호르몬과 신경체계가 발동하여 면역기능을 약화시킨다. 다시 말하지만, 이와 같은 생리학적 변화를 야기하는 스트레스는 꼭 사람의 신체 구조에 대한 위협만이 아니라 심리적, 사회적 정체성에 대한 위협에서도 발생할 수 있는 것이다.

이처럼 공격-혹은-도피의 반응기제에 따른 생리학적 변화는 단기적으로는 위험 상황에서 벗어나 생존하는 데 상당한 도움이 된다. 그러나 위험 상황이 하루, 이틀을 넘어 여러 주, 여러 개월 동안 지속된다면, 그러한 변화 때문에 질병이나 건강 문제를 일으킬 수 있는 가능성은 매우 높아진다. 만성적으로 심리적인 스트레스를 받아 이러한 상황이 발생한다면, 스트레스는 몸의 면역기능을 감소시킴으로써 바이러스나 박테리아, 세균 등과 싸울 수 있는 능력을 약화시킨다. 그리고 심지어는 정상 세포들이 악성 종양이나 암 세포로 변이되게 만든다. 정상적인 상태에서는 면역체계가 이러한 것을 예방한다. 나아가 스트레스는 영구적으로 혈압을 증가시켜 혈관 파손, 뇌졸중, 심장마비 등의 결과를 초래하기도 한다. 심리적 스트레스가 신체적 질병을 야기하고 기존의 건강 상태를 더 악화시킨다는 사실은 이미 다양한 연구결과를 통해 입증되고 있다.

스트레스와 질병

심리적 스트레스는 생리학적 변화를 야기할 수 있으며, 질병이 발생할 수 있을 정도로까지 생화학적 변화를 일으킨다. 스트레스와 질병이 연계된 연구 결과들을 살펴보도록 하자.

암　앞에서도 언급하였듯이, 면역체계는 초기 암 세포가 발생하는 것을 찾아내고, 세포가 자라 다른 기관으로 전이되는 것을 억제하는 아주 중요한 역할을 한다. 일부 과학자들에 따르면, 면역체계는 암 발생을 예방한다는 차원보다도 암이 확장되는 것을 예방한다는 차원에서 더 중요하다. 암이 확산되는 것을 막아 주는 중요한 세포 중 특별히 중요한 세포는 자연킬러세포(natural killer cell, NK-cell)라고 하는 면역세포다.

연구에 따르면, 우울증에 따른 스트레스는 자연킬러세포의 활동을 억제하고 결국 암을 확대시킨다. 예를 들면, 샌드라 레비(Sandra Levy)와 동료들은 초기 유방암 진단을 받은 75명의 여성들을 3개월 이상 추적하였다. 그들은 자연킬러세포의 활동과 심리적 상태를 조사하면서, 우울증과 피로를 느낀 여성들에게서 자연킬러세포의 활동이 낮았다는 것을 발견하였다. 그리고 자연킬러세포의 활동이 줄어들 때 암으로 사망할 가능성이 높아지는 것과 관련되어 있음이 나타났다. 그들은 또한 유방암이 재발한 36명의 여성들을 대상으로 사망하기까지의 시간에 대해 연구하였다. 그 결과, 심리적 웰빙 수준이 높은 여성들은 희망을 상실하거나 슬픔에 찬 사람들보다 더 오래 사는 경향이 있었다. 이러한 현상은 자궁경부암, 자궁암, 난소암 등을 가진 여성들에게도 동일하게 나타났는데, 우울증에 빠질 때 암의 전이가 일어날 가능성이 높기 때문이다.

전염　면역체계는 바이러스와 박테리아 등을 통해 인체가 전염되는 것을 예방하는 중요한 역할을 하기 때문에 스트레스로 말미암아 면역체계가 약해진 사람은 전염성 질환에 취약해질 수 있다. 마이애미 대학의 게일 아이런슨(Gail Ironson)과 동료들은 인체면역결핍바이러스(human immunodeficiency virus; HIV) 테스트에서 양성 반응을 보인 남성들을 조사하였다. 그들은 이 연구를 통하여, 불안 수준이 자연킬러세포의 활동을 저하시키는 것과 상관성이 있다는 것을 발견하였다. 자연킬러세포는 암세포뿐만 아니라 바이러스를 죽이는 역할도 한다. 이외에도 에이즈 바이러스에 감염된 93명의 남성들을 조사한 연구에 따르면, 살면서 스트레스를 많이 경험할 경우 건강이 더욱 악화되고 3~4년에 걸쳐 병이 더 급속히 진행되는 것으로 나타났다.

스트레스는 다른 바이러스에도 쉽게 감염되게 한다. 이러한 바이러스 중에는 단핵구증(mononucleosis)과 포진(herpes), 나아가 감기나 유행성 독감을 일으키는 바이러스가 있다. 예를 들면, 오하이오 주립대학교의 제니스 키콜트-글레이저(Janice Kiecolt-Glaser)와 동료들은 치매증 환자를 돌보는 가족들을 조사한 결과, 스트레스에 직면한 가족들의 면역기능이 감소되어 감기나 유행성 독감에 걸리는 경우가 많은 것으로 나타났다. 또한 연구자들은 후에 스트레스가 많은 노인들의 경우 독감 바이러스 예방 접종에 잘 반응하지 않는다는 것을 발견하였다. 다시 말하면, 스트레스를 받은 노인들의 면역체계는 그렇지 않은 사람들처럼 독감 접종을 받아도 같은 수준의 면역반응을 보이지 못했다는 것이다.

심리적인 스트레스는 건강상태가 좋은 청년들이나 학생들의 면역기능에도 영향을 줄 수 있는 것으로 나타났다. 키콜트-글레이저와 동료들은 시험 때문에 크게 스트레스를 받고 있는 의대 2년차 학생들에게 B형 간염 접종을 실시한 결과, 스트레스에 놓여 있지 않았던 통제집단의 학생들과 달리 제대로 반응하지 않는 것을 발견하였다. 피츠버그 대학교의 쉘던 코헨(Sheldon Cohen)과 동료들도 이와 유사한 실험을 실시하였다. 그들은 감기 바이러스를 가진 건강한 394명의 학생들에게 예방 접종을 실시하고 그들을 26명의 통제집단 학생들과 비교하였다. 심리적 스트레스의 증가는 호흡기 계통의 전염과 감기에 걸릴 가능성을 크게 높이는 것으로 나타났다.

심장질환과 뇌졸중 스트레스는 심장의 관상동맥 질환과 고혈압을 유발하는 것과 상관성이 있는 것으로 밝혀졌다. 아니카 로젠그렌(Anika Rosengren)과 동료들은 6,935명의 중년기 남성들을 상대로 12년에 걸쳐 심리적 스트레스와 심근경색, 즉 심장마비와의 관련성을 추적하였다. 실험 초기에 자신의 스트레스 수준을 낮은 것으로 평가한 사람들 중 6%가 심근경색을 경험한 반면, 높다고 평가한 사람들은 10%가 심장마비를 경험하였다. 이것은 연령과 다른 위험 요소들을 고려한다 할지라도 관상동맥 관련 문제가 발생할 위험이 50%나 증가된 것을 의미한다.

우울증은 관상동맥 질환을 예측할 수 있는 아주 강력한 또 다른 예표 중 하나다. 동시에 이미 심장질환이 있는 사람들의 건강 악화와도 관계가 있다. 1970년대 이후 연구자들은 우울증을 가진 사람들과 그렇지 않은 사람들이 심장질환으로 사망하는 비율을 비교하여 왔다. 이러한 연구 조사를 통해, 글래스맨(Glassman)과 샤피로(Shapiro)는 10개의 연구 중 9개의 연구에서 우울증을 가진 사람들이 심장질환으로 사망하는 비율이 훨씬 높다는 것을 발견하였다고 보고하였다. 듀크 대학교의 행동과학자 레드포드 윌리엄스(Redford Williams)의 연구에서 나타난 것처럼, 분노나 적의, 조급함, 시간에 대한 압박감 등도 다 관상동맥과 관련된 심장질환의 발생을 예측하는 강력한 예표가 된다.

우울증과 불안이 뇌졸중의 위험을 증가시킨다는 증거도 있다. 49~64세의 남성 중 우울증, 불안 그리고 다른 심리적 스트레스 증상을 가진 2,124명을 조사한 결과, 이들이 스트레스를 경험하지 않은 다른 남성들에 비해 14여 년의 기간 동안에 치명적인 뇌졸중을 경험할 가능성이 무려 3배 이상이나 되는 것으로 나타났다. 이 연구는 세계에서 신경학 연구에 가장 권위 있는 저널의 하나인 『뇌졸중(Stroke) 잡지』에 2002년 1월에 발표되었는데, 이 저널은 의사들이 뇌졸중을 야기하는 고혈압과 고지혈 콜레스테롤과 같은 위험 요소들과 마찬가지로 우울증과 불안증을 치료할 필요가 있다는 것을 강조하는 편집사설을 함께 발표하였다. 13년에 걸친 볼티모어 지역 역학 조사(Baltimore Epidemiologic Catchment Area Survey)에 참여한 1,703명에 대한 연구도 『뇌졸중(Stroke) 잡지』에 발표되었는데, 존스 홉킨스 대학의 연구자들도 우울증에 걸린 사람들의 경우 뇌졸중의 위험이 그렇지 않은 사람들보다 3배나 높다는 것을 발견하였다.

상처 치유 스트레스는 상처가 회복되는 속도에도 영향을 미칠 수 있다. 면역체계는 사고나 수술 후에 상처가 봉합되고 치료되는 데 큰 역할을 하기 때문에, 이 면역체계에 어떤 이상이 생기면 그것은 곧 상처 치유의 장애와 직결된다. 이러한 사실은 이미 여러 연구들을 통해 입증되어 왔다. 오하이오 주립대학교의 제니스 키콜트-글레이저와 동료들은 이 분야에서도 가장 놀랄 만한 연구를 실시하였다. 연구자들은 스트레스가 상처 치유에 장애가 될 수 있는지를 알아보기 위해 실험 대상자들의 입 안쪽에 3.5밀리미터의 작은 상처를 똑같이 만들었다. 그리고는 과산화산소를 주입하면 상처가 어떤 반응을 보이는지 사진으로 찍어 치료의 속도를 측정하였다. 먼저 연구팀은 치매증 환자를 돌보는 사람들 중 스트레스를 받고 있는 13명의 사람들에게 상처 실험을 실시하였다. 그리고 이들과 나이와 다른 특성들이 비슷하지만 스트레스가 없는 13명의 통제집단원들에게도 같은 상처 실험을 하였다. 이후 이 두 그룹의 상처치유 속도를 비교하였다. 그 결과, 스트레스를 받고 있는 가족원들의 경우 상처 치유에서 스트레스가 없는 사람들보다 시간적으로 약 24%가 더 오래 걸렸다. 날짜로 환산하면 약 9일 이상 더 걸렸다.

마루차(P. T. Marucha)와 동료들은 일상의 스트레스가 상처치유 반응에서 청년들에게도 유사한 결과를 가져오는지 알아보기 위해 11명의 치대 학생들을 대상으로 시간차를 두고 두 번에 걸쳐 실험을 실시하였다. 첫 번째 상처는 여름방학 마지막 즈음에 만들었다. 그리고 두 번째 상처는 그 학기의 첫 번째 중요한 시험이 있기 3일 전, 즉 스트레스가 최고조인 시점에 만들어졌다. 그래서 각 학생들은 두 번에 걸쳐, 몸과 마음이 여유가 있었던 여름방학 기간과 스트레스가 높은 시험 직전에 똑같은 상처를 경험하게 되었다. 그 결과는 놀랍게도 여름방학 기간보다 스트레스가 높은 시험 기간의 상처 회복이 40%가량이나 오래 걸리는 것으로 나타났다.

노년층은 나이가 들어 감에 따라 생기는 피부 변화 때문에 상처치유가 활발하지 않다는 사실은 이미 밝혀져 있다. 나이가 많아지면 면역체계의 기능이 감소하는 것도 마찬가지다. 이러한 현상은 상처의 봉합과 치유 속도를 감소시키고 전염성 질환의 복합적인 문제를 야기할 가능성을 증가시킨다. 상대적으로 스트레스가 덜한 상황에 노출된 젊은 사람들도 스트레스가 상처치유에 장애가 되었다면, 자신이 쓸모없다는 느낌이나 뚜렷한 삶의 목적을 갖고 있지 않은 노년층에게 스트레스가 어떤 영향을 줄 것인지 상상해 보라.

사회적 지지 연구에 따르면, 다른 사람들과 만족스러운 관계를 갖고 서로를 인정하고 지원받는 사람들은 생활에서 스트레스를 덜 경험하며 살아간다. 이러한 사실과 관련하여, 과학자들은 현재 '사회적 지지'가 스트레스가 야기시키는 면역 문제와 관련 질병들의 가능성을 감소시키는지에 대해 연구를 진행하고 있다. 이러한 연구들을 통해 발견되는 사실은, 삶의 목적과 다른 사람들을 지원하는 것의 중요성에 관한 우리의 연구 조사와 그리 무관하지 않다.

이러한 첫 번째 연구는 비비 원숭이들(baboons)을 상대로 실시되었다. 스탠포드 대학교의 로버트 사폴스키(Robert Sapolsky)와 동료들은 70마리의 아프리카산 노란색 비비 원숭이들을 대상으로 사회적 고립이 미치는 영향을 조사하였다. 그 결과, 고립도가 가장 심한 원숭이들은 보다 활동적이고 교류가 활발한 원숭이들보다 코르티솔(cortisol) 수준이 3배나 높게 나타났다. 코르티솔 수준이 높으면 면역체계가 약화될 수 있고 이는 질병에 대한 저항력을 약화시킨다. 이러한 현상은 스트레스와 관련한 인간의 경우에도 유사하게 나타났다. 정신과 환자들 중에서 외로움을 느끼는 사람들은 그렇지 않은 사람들에 비해 면역체계가 약한 것으로 보고되고 있다.

젊고 건강한 의대 학생들도 스트레스와 더불어 사회적 지지 수준이 낮을 때, 스트레스는 있지만 사회적인 지지나 상호작용이 활발한 학생들보다 예방접종에 잘 반응하지 않는 것으로 나타났다. 마찬가지로 스트레스도 받고 사회적 지지도 별로 없는 노년층도 높은 사회적 지지를 경험하는 사람들에 비해 면역기능이 시간이 지날수록 크게 감소되는 것으로 나타났다. 또한 사회적 지지는 암 환자를 돌보는 사람들의 경우에 스트레스가 면역기능에 주는 영향을 개선하는 것으로 발견되었다.

유방암 여성들의 경우 사회적 지지는 그들에게 나타나는 좋지 않은 결과들과 관련된 스트레스를 개선하는 데 특별히 중요한 역할을 하는 것으로 보인다. 예를 들면, 앞에서 언급하였던 75명의 유방암 초기의 여성들을 대상으로 한 샌드라 레비의 연구에서, 연구자들은 가족의 지지 부재가 자연킬러세포의 활동 저하와 관련이 있음이 조사 초기뿐만 아니라 3개월 후의 추적 조사에서도 동일하게 발견하였다. 연구자들은 후에 66명의 유방암 여성들을 대상으로 한 또 다른 조사에서도 자연킬러세포의 활동과 높은 사회적 지지가 상관성이 있음을 다시 한 번 발견하였다. 자연킬러세포의 활동 저하와 유방암 진행의 관련성을 고려할 때 스탠포드 대학교의 데이빗 슈피겔(David Spiegel)과 동료들이 발견한 것은 그리 놀랄 일이 아니다. 이제 그 내용을 살펴보려고 한다.

데이빗 슈피겔과 그의 동료들은 사회적 지지의 증가가 유방암의 진행에 미치는 영향을 이해하기 위해 말기 유방암 여성 86명을 대상으로 임상 실험을 실시하였다. 12개월에 걸쳐 실험그룹의 여성들은 매주 진행되는 지원적인 그룹상담에 참여하였다. 그들은 일주일에 한 번씩 모여 정서적으로 서로를 지원하고 무엇이든지 자신들이 힘들어하는 점이 있으면 그것에 대해 대화를 나누었다. 그리고 10년 후 이러한 지지를 받은 여성들과 받지 않은 통제그룹의 여성들의 건강상태를 비교하였다. 동료들의 지원을 받은 여성들은 통제그룹 여성들의 18.9개월보다 거의 두 배에 가까운 36.6개월을 살았다. 타인들로부터 양질의 사회적 지지를 받는 암 환자들이 그렇지 않은 환자들보다 더 오래 생존한다는 것은 다른 여타의 조사를 통해서도 나타났다.

이에 더해 사회적 지지는 스트레스가 심장과 심장에 피를 공급하는 혈관에 미치는 부정적인 영향을 예방하는 데도 중요한 역할을 하는 것으로 나타났다. 데런 그린우드(Daren Greenwood)와 동료들은 심장질환과 심리적 스트레스 그리고 사회적 지지의 관계성에 관한 14개의 연구를 조사하였다. 그들은 이 조사를 통해, 스트레스와 사회적 지지가 심장질환의 발전에 다 관련되어 있는데, 심리적 스트레스가 심장질환을 발생시킨다면, 사회적 지지는 그것을 예방하는 데 더 큰 영향을 준다는 결론을 얻었다. 예를 들면, 테레사 시맨(Teresa Seeman)과 S. L. 사임(S. L. Syme)은 119명의 남성과 40명의 여성을 상대로 관상동맥경화증(coronary atherosclerosis)의 정도를 측정함으로써 사회적 지지가 관상동맥 질환에 어떤 종류의 영향을 주는지 알아보고자 하였다. 관상동맥경화증의 정도는 심장혈관에 조영제를 투입하여 혈관에 플라크가 얼마나 끼었는지를 알아보는 관상동맥 조영술(coronary angiography)의 방법을 사용하였다. 이를 통해, 연구자들은 관상동맥질환의 위험을 감소시키는 데 단순히 얼마나 많은 사람들을 알고 지내는가보다는 다른 사람의 사랑을 받는 느낌이 더 중요한 요소가 된다는 것을 발견하였다. 가장 중요한 것은 단순한 사회적 지지의 양이 아니라 그것의 질이라는 것이다.

듀크 대학의 레드포드 윌리엄스와 그의 연구팀도 이와 유사한 사실을 발견하였다. 그들은 다양한 사회적 자원이 관상동맥 심장질환을 가진 1,368명의 환자들 가운데 심장마비로 사망하는 비율에 미

치는 영향을 조사하였다. 그들에게 가장 중요한 생존 요소는 결혼
을 한 것과 중요한 문제나 비밀도 털어놓을 수 있는 사람이 있느냐
하는 것이었다. 결혼을 하지 않았거나 그런 막역한 관계 대상이 없
는 환자들은 반대 상황의 환자들 82%가 5년 여의 생존율을 보인 것
에 비해 약 50%를 기록하는 것에 그쳤다. 전체적으로 결혼하지 않
고 깊은 대화를 나눌 사람도 없는 환자들의 경우, 이 둘 다를 갖고
있는 환자들에 비해 사망할 확률이 3배가 넘는 것으로 밝혀졌다.

이러한 각종 연구 결과들은 사회적 지지를 증가시키거나 어떤 방
법을 통해서든 스트레스를 줄이는 것이 면역체계를 강화시키고 심장
병의 위험을 감소시키는 데 도움이 된다는 사실을 알려 주고 있다.

스트레스 감소 방안

스트레스를 감소시키는 한 가지 방안은 스트레스의 원인을 제거
하는 것이다. 그동안 사람들은 스트레스를 덜 받기 위해 외적인 환
경 요인들을 조절하려고 노력해 왔다. 즉, 스트레스를 덜 받는 직업
을 갖거나 복권에 당첨되는 것, 재산을 물려받는 것, 좀 더 좋은 지
역으로 이사하는 것, 가족을 떠나 잠시 여행하는 것, 젊음의 비결을
찾는 것, 만성적인 건강문제에서 기적적으로 치유되는 것 등을 경
험하면 스트레스를 물리칠 수 있을 것이라고 보았다. 그러나 그러
한 경험들이 모든 스트레스 요소들을 날려 버린다면 참으로 다행스
러운 일이겠지만 대개의 경우 이것은 불가능하다. 그렇지만 이러한
외적 상황의 변화가 없어도 어느 정도의 스트레스는 감소시킬 수

있다. 이제 그러한 몇 가지 방안들을 살펴보도록 하자.

스트레스에 대한 내성을 키워라.

당신에게 스트레스가 많다면 그것에 대항하여 좀 더 잘 대처하도록 도와주는 것들을 실천해야 한다. 예를 들면, 잠을 충분히 자는 것, 충분한 휴식을 취하는 것, 운동하는 것 등이 도움이 될 수 있다. 가능하면 방해받지 않고 매일 밤 최소한 8시간을 자도록 하라. 코를 고는 사람, 아침 일찍부터 일어나 부엌이나 화장실에서 소리를 내는 사람, 끊임없이 짖어대는 강아지, 시끄러운 새들, 도로에서 들려오는 경적 소리 등의 주변 소음이 많은 상황에서 잠을 자야 한다면 그러한 소음들을 제거해 주는 소음제거기나 귀를 막아 주는 귀마개를 꽂고 수면을 취하도록 하라. 스트레스를 줄이기 위한 아주 중요한 방법 중 하나는 정기적으로 열심히 운동을 하는 것이다. 운동은 몸이 스트레스에 대항할 수 있도록 기능을 강화시키고, 하루 일과 중에 발생하는 부정적인 에너지를 방출하는 효과를 가져다 준다. 운동에 대해서는 다음 장에서 좀 더 다루도록 하겠다.

긴장이완에 도움이 되는 것들을 실시하라.

예를 들면, 어떤 사람에게는 음악이 긴장을 이완시키는 데 도움이 된다. 고전 음악이나 하프 혹은 플루트 등의 악기 연주곡이 긴장이완에 효과가 있다. 그리스도인들의 경우, 배경에 잔잔히 흐르는 현대 기독교 음악(contemporary Christian music)이 스트레스를 줄이는 데 도움이 될 수 있다. 정기적으로 호수나 시냇가 주변을 산책하거나 바닷가를 걷는 방법도 긴장이완에 큰 효과가 있다. 자연에서 들려오는 소리들은 우리의 마음을 잠잠하게 해 주는 놀라운 능력이 있다. 텔레비전이나 라디오의 재미있는 프로그램들도 스트레스를 풀어 주는 좋은 방안이 된다.

무언가 부지런히 할 수 있는 것을 찾아라.

당신이 집중하여 할 수 있는 것들을 찾아라. 그것은 새로운 취미를 발전시키는 것일 수도 있고 집과 관련된 어떤 계획을 실천하는 것일 수 있다. 창의적인 일을 시도하거나 자원봉사를 하는 것일 수도 있다. 이러한 활동들은 당신이 스트레스를 받는 어떤 생각에서 벗어날 수 있도록 도움을 준다. 스트레스는 어떤 부정적인 것에 온 관심을 집중하거나, 그것에 대해 계속 생각하며 벗어나지 못할 때 종종 발생하게 된다. 스트레스를 주는 생각에 집중하지 않으려면 다른 생각을 하도록 해야 한다.

무언가 배울 것을 찾아라.

무언가 새로운 것을 배우는 것은 우리의 마음이 건강하지 않은 염려나 근심, 후회에 집중되지 않도록 하는 데 도움이 된다. 인근의 대학에서 수업을 듣거나 악기를 배워 보라. 독서 모임에 참여하거나 사회에 유용하게 기여할 수 있는 기술이나 지식을 습득하도록 하라. 유명한 교육가인 버지니아 길더슬리브(Virginia C. Gildersleeve)는 이렇게 말하였다. "교육은 사람들이 다음과 같은 일을 할 수 있도록 한다. 즉, 생각을 똑바로 하게 한다, 과거에 대한 지식과 미래를 위한 비전을 갖게 한다, 지역사회에 유익한 서비스를 제공할 수 있도록 기술을 가르쳐 주고 타인의 웰빙을 위해 행동하도록 촉구한다. 그렇게 되면 미국은 그 이상을 실현시킬 수 있는 지혜와 용기를 갖게 될 것이다." 나이가 들어서도 정신적인 건강을 유지하려면 은퇴자들은 계속 배우고 성장하도록 노력해야 하며, 늘 호기심을 가지고 새로운 아이디어에 열려 있어야 한다. 저술가인 윌리엄 훼더는 이렇게 말하였다. "교육이란 당신이 얼마나 많이 암기하려고 했는가가 아니다. 그것은 당신이 아는 것과 그렇지 못한 것을 차별화할 수 있는 것이다. 그것은 정보를 어디에서 얻고, 그것을 어떻게 사용할지를 아는 것이다." 은퇴자들은 지난 삶을 통해 많은 것을 경험해 왔다. 이제는 그러한 경험을 활용하여 창의적인 방법으로 자신들과 다른 사람들에게 유익을 주는 일에 새로운 지식을 적용할 수 있다. 이러한 삶을 살아가는 사람은 자신의 문제 때문에 염려하거나 걱정할 시간이 별로 없다.

우선순위를 분명히 하여 활동과 휴식의 조화를 이뤄라.

시간표를 만들어 우선순위를 정하고, 활동과 휴식을 적절히 분배하라. 너무 많은 책임을 지려고 하지 말라. 은퇴한 사람은 해야 할 것이 너무 밀려 있거나 어찌할 바를 모르는 가운데 중압감을 느끼며 살아가는 시간이 많아서는 안 된다. 당신이 세워 놓은 목표를 중심으로 자신의 활동을 지혜롭게 선택하라. 그리고 할 수 없는 것들에 대해서는 "아니요."라고 말하는 것을 배워라.

상황에 대한 관점을 바꿔라.

당신에게 스트레스를 주는 환경이나 상황을 변화시킬 수 없다면, 그것에 대한 당신의 생각을 바꾸도록 해 보라. 상황이란 어떤 모양으로든 재구성하거나 다른 관점에서 볼 수 있다. 그렇게 하면 그 상황이 주는 불편한 마음이나 위협감이 줄어들 수 있다. 때로 어떤 상황들은 비관적으로만 여겨질 뿐 달리 생각하기 어려운 상황들도 있다. 비관주의는 어떤 상황의 긍정적인 측면은 무시하고 부정적인 측면에만 집중하는 것을 의미한다. '인지치료'는 사람들이 상황을 보다 균형되고 현실적인 관점으로 보도록 돕는 심리치료의 한 형태다. 모든 상황에는 항상 좋은 측면과 나쁜 측면이 공존하기 때문이다. 그러므로 우리에게 중요한 것은 어떤 상황에서 나쁜 측면에 집중하기보다는 좋은 측면에 집중하거나 그러한 결과를 기대하는 것에 익숙해지는 것이다. 이러한 사실은 유명한 심리치료자 칼 메닝거(Karl Menninger)가 "태도가 사실보다 더 중요하다."라고 한 언급에도 잘 드러나 있다. 긍정적인 자세가 극복할 수 없는 부정적인 상황이란 없다.

긴장이완 기법을 활용하라.

심리학자들은 불안해하는 사람들을 진정시킬 때 종종 연상기법과 점진적 이완기법을 사용한다. 연상기법이란 눈을 감고 자신이 따스한 해변이나 시내가 흐르는 푸른 초원에 누워 있는 것을 연상하도록 하는 것이다. 때로는 산 속의 호숫가처럼 고요하고 평화로운 환경에 있는 자신을 상상하게 하기도 한다. 잔잔한 해변에 있는 모습을 상상한다면, 해변으로 파도가 조용히 밀려오는 것을 연상하라. 그리고 파도가 한 번씩 밀려올 때마다 '나는 평안하다.'라고 자신에게 말하는 것이다. 때로는 밀려오는 파도에 호흡을 맞추어, 파도가 올 때마다 천천히 안으로 깊이 숨을 들이마시고 다음 파도가 밀려올 때 숨을 천천히 내쉬기도 한다. 푸른 초원이나 나무로 둘러싸인 숲을 연상한다면, 근처의 나무 꼭대기에 있는 나뭇잎 하나가 잔잔한 바람에 흔들리는 것을 생각해 보라. 그러다가 휙 불어 온 바람에 나뭇가지에서 떨어져 살포시 바닥에 내려앉는 모습을 상상하라. 나뭇잎이 천천히 내려오는 것을 보면서 '나는 점점 더 편안해지고 있다.'고 스스로에게 말하라. 나뭇잎이 점점 더 땅에 가까이 떨어져 내려오는 것을 보면서 천천히 깊은 숨을 내쉬며 이 말을 되풀이하라.

스트레스 때문에 뭉친 근육은 점진적 근육이완기법을 통해 도움을 받을 수 있다. 얼굴 근육에서 시작하여 점차적으로 몸으로 내려가 다리와 발가락에 이르기까지 근육이완을 실시한다. 먼저 눈꺼풀을 위로 치켜올리면서 이마의 근육을 수축시킨 후, 1에서 10까지 세는 동안 그대로 있다가, "나는 지금 모든 긴장과 염려를 내보내고 있다. 나는 점점 더 긴장을 풀고 평안해지고 있다."고 말하면서 이마의 근육이 완전히 이완되도록 한다. 그 다음 눈 근육으로 내려가 10을 세는 동안 눈을 감은 채 깜빡거린 후 눈 근육의 긴장을 풀도록 한다. 다음으로는, 이에 힘을 주고 물면서 턱 근육의 수축과 이완을 반복한다. 그리고 어깨로 내려가 어깨를 으쓱거리며 근육을 이완하고, 이어서 팔 근육, 복부 근육, 나아가 허벅지와 종아리 그리고 발에 이르기까지 근육이완 과정을 계속한다.

각 과정을 거칠 때마다 10까지 세는 동안 긴장을 유지하고 있다가 근육을 서서히 이완하도록 한다. 이때 근육 안으로 흘러들어 오는 이완의 느낌에 신경을 집중하면서 긴장을 완전히 내보내도록 한다. 이 모든 근육이완 과정은 이마의 근육이완 때와 마찬가지로 각 부분의 근육을 수축할 때 천천히 숨을 들이마시고, 근육을 이완하면서 숨을 내쉬도록 한다. 상담사들은 종종 이러한 연상기법과 점진적인 근육이완기법을 함께 사용한다. 때로는 개인적으로 각 과정을 지시에 따라 실시할 수 있도록 테이프를 주기도 한다.

다른 사람으로부터 지지와 격려를 받도록 하라.

당신이 신뢰하는 친구나 가족들에게 당신이 처한 스트레스 상황에 대해 이야기하라. 속에 있는 이야기들을 끄집어내라. 상대방에게 미리 당신이 기대하는 것이 무엇인지를 말하라. 즉, 당신이 정말로 필요로 하는 것은 문제를 해결하기 위한 충고보다는 누군가가 그저 당신의 말을 경청하고 격려해 주는 것이라는 것을 알려라. 그런 다음 친구와 함께 문제로부터 생각을 떼어 놓을 수 있는 무언가를 하도록 하라. 함께 영화나 연극을 보러 갈 수도 있다. 운동경기를 관람하거나 쇼핑을 같이 갈 수도 있다. 두 사람이 함께 즐길 수 있는 것이면 된다.

기도나 예배, 성경 읽기 등 영적인 활동을 시도하라.

조용히 홀로 있을 수 있는 장소를 찾아 하나님과 대화하는 시간을 가져라. 침묵 가운데 할 수도 있고, 큰 소리를 내며 할 수도 있다. 당신의 모든 느낌들과 심정들을 털어놓아라. 어떤 방향을 선택해야 할지, 어떤 길로 나아가야 할지 질문하라. 적절한 행동을 할 수 있는 능력을 구하라. 그리고 당신이 할 수 있는 행동을 취한 후 그 모든 상황을 하나님께 맡기도록 하라.

이러한 기도활동을 위해서는 묵상기도 혹은 관상기도의 일종인 '향심기도'(centering prayer)를 시도할 수 있다. 가톨릭 신학자인 바실 페닝턴(Basil Pennington)은 긴장이완과 마음의 평화, 하나님과의 보다 깊은 관계를 가질 수 있는 방법의 하나로 향심기도에 대한 연구를 많이 발표하였다. 이사야 선지자는 이렇게 말하였다. "오직 여호와를 앙망하는 자는 새 힘을 얻으리니 독수리가 날개치며 올라감 같은 것이요, 달음박질하여도 곤비하지 아니하겠고 걸어가도 피곤하지 아니하리로다"(사 40:31) 향심기도를 위해서는 먼저, 마음의 모든 생각들을 깨끗이 비우도록 한다. 그리고는 성경 말씀이나 문구에 마음을 집중하고 그것을 마음속으로 반복하여 낭송한다. 이때 여러 가지 생각이 떠오를 수 있는데, 그냥 무시하고 계속 기도한다.

그리스도인들은 "주 예수 그리스도여, 죄인인 제게 자비를 베푸소서." 혹은 "하나님은 나와 함께 계시다, 하나님은 나를 도우신다, 하나님은 나를 인도하신다."와 같은 문장을 되풀이하여 묵상해도 좋다. 불교도들이나 힌두교도들은 "음 아 힘"이나 그냥 "음"과 같은 주문을 반복할 수 있다.

허버트 벤슨(Herbert Benson)은 『이완 반응(*The Relaxation Response*)』이라는 자신의 책에서 같은 개념을 강조하고 있다. 벤슨은 오랜 연구를 통하여 위와 같은 연습들이 혈압을 낮추고, 심장박동과 호흡을 완화시키며, 신체에 여러 가지 건강한 생리학적 변화들을 일으킨다고 보고해 왔다. 다른 과학자들도 묵상이 사람들의 불안감을 줄이고 만성적인 고통을 완화시킨다는 것을 입증하고 이러한 기법을 사용해 왔다.

기도는 혼자 할 때뿐만 아니라 그룹으로 할 때도 스트레스를 감소시키는 데 효과가 있다. 그룹기도는 오늘날 교회에서 널리 실시되고 있는 기도의 한 형태다. 그룹기도는 기도 자체가 갖고 있는 긴장이완적인 측면에 다른 사람들과의 교제와 사회적 지지를 더해 줌으로써 그 효과를 한층 강화시킨다. 이와 마찬가지로 예배를 통해 함께 찬양하고 종교 의식을 거행하는 것도 축적된 긴장을 완화시키고, 긍정적으로 생각을 고양시키는 다른 것에 집중할 수 있도록 도와준다.

성경을 읽거나 공부하거나 암송하는 것도 마음을 치유하는 말씀으로 젖어들게 하며, 마음의 두려움과 염려를 내보내도록 돕는다. 인생의 마지막을 준비하는 나이 든 그리스도인들의 경우, 예수께서 마리아와 막달라에게 하신 다음의 말씀은 큰 희망과 내일에 대한 소망을 줄 수 있다. "나는 부활이요 생명이니 나를 믿는 자는 죽어도 살겠고 무릇 살아서 나를 믿는 자는 영원히 죽지 아니하리니"(요 11:25-26) 죽음은 끝이 아니다. 예수께서는 죽음 뒤에 또 다른 생명이 있다고 말씀하셨다.

과거에 머물러 있지 말라.

사람은 오래전에 발생한 일을 계속 생각하면서 그 과거 때문에 미래에 부정적인 결과가 있을 것이라고 예상할 때 상당한 스트레스를 받게 된다. 즉, 옛날의 상처와 아픔, 실패를 잊지 못하고 늘 생각할 때 우리 안에는 스트레스가 증가되고 미래에 대한 염려가 몰아치게 되는 것이다. 이러한 상황에 대해 사도 바울은 다음과 같이 말하였다. "형제들아, 나는 아직 내가 잡은 줄로 여기지 아니하고 오직 한 일, 즉 뒤에 있는 것은 잊어버리고 앞에 있는 것을 잡으려고 푯대를 향하여 그리스도 예수 안에서 하나님이 위에서 부르신 부름의 상을 위하여 달려가노라"(빌 3:13-14). 잊어버리고, 용서하고, 상황을 있는 그대로 받아들이라. 그리고 하나님께서 주신 비전을 향해 목적을 갖고 앞으로 전진하라. 미래는 언제나 비어 있는 종이와 같은 것이다. 우리는 그 위에 어떤 것이든 쓸 수 있다. 서로 실패를 고백하고 용서를 받아들여라. 다른 사람들을 용서하고 관계를 새롭게 다시 구축하라. 현재에 대해 감사하고 날마다 새로운 기회와 가능성을 향해 나아가라.

다른 사람들에게 선을 행하라.

부커 워싱턴(Booker T. Washington)은 "약한 사람에게 주어진 지원은 그것을 준 사람을 강하게 한다."라고 말하였다. 다른 사람들을 돕는 것은 그들의 삶에 투자하는 것이다. 이러한 투자는 그들의 삶을 휘감고 있는 두려움과 염려의 감정을 가라앉혀 주는 커다란 효과가 있다.

목적을 가져라.

인생의 목적이 뚜렷하거나 새로운 가치 있는 목적을 갖게 될 때도 스트레스는 감소될 수 있다. 목적은 삶에 분명한 방향을 제시해 주어 자신이 쓸모없는 사람이라는 느낌이나 그러한 느낌에서 오는 염려에 사로잡히지 않도록 도와준다. 그리고 개인적으로 어려운 환경에서 스트레스를 받고 있기보다는 다른 영역에 관심을 갖고 에너지를 쏟을 수 있도록 해 준다. 우리는 위대한 목표를 위해 우리의 능력과 자원들을 사용함으로써 보다 사소한 걱정이나 염려로부터 자유로워질 수 있다. 이처럼 삶의 의미와 목적을 갖고 있을 때 우리의 자존감과 자기 이미지도 상승하게 된다. 그리고 이러한 과정에서 다른 염려나 근심으로부터 영향을 덜 받게 된다. 목적의식은 은퇴자들에게 새로운 배움과 창의성에 대한 열망을 불어넣어 줄 수 있다. 이를 통해 그들은 과거의 실패에 대한 염려나 미래에 대한 근심을 버리고 새로운 지평을 향해 나아갈 수 있게 된다.

모든 스트레스가 다 나쁜 것은 아니다

어떤 사람들은 스트레스가 전혀 없는 삶을 원한다. 그러나 스트레스에서 완전히 자유로워진다면, 거기에는 새로운 도전도 없고 극복할 수 있는 도전도 없어질 것이다. 그리고 궁극적으로 무기력하고 따분한 삶이 될 것이고 성취와 성공의 스릴도 없어질 것이다. 스트레스가 없다면 드러나지 않을 사람들에 관한 다양한 요소들도 알아갈 수 없게 될 것이다. 프랜시스 베이컨(Francis Bacon)은 이러한 사실을 "번성은 부덕함을 발견하게 하고, 역경은 덕을 발견하게 한다."는 말로 표현하였다. 인생에 어려움과 스트레스를 주는 환경은 그 어려움과 스트레스에서 배울 수 있는 교훈들을 가르쳐줄 수 있다. 그리고 그것이 없다면 점검할 수 없는 성품을 검증하고 단련하는 데 도움이 된다.

이러한 사실은 최근에 인터넷에서 회자되었던 어떤 여성들에 관한 이야기에 잘 나타났다. 구약성경의 말라기서를 공부하던 이들은 다음의 구절에 이르렀다. "그가 은을 연단하여 깨끗하게 하는 자 같이 앉아서…"(말 3:3) 이 여성들은 이 구절이 하나님의 성품에 대해 그리고 하나님과 사람들의 관계에 대해 무엇을 의미하는지 논란을 벌였다. 그때 누가 은세공사를 찾아가 실제로 은을 세공하는 과정에서 일이 어떻게 진행되는지 알아보자고 제안하였다. 이에 한 여성이 자원하여 알아보고 그 내용을 다음 모임에서 보고하기로 하였다.

그녀는 주위에 전화를 걸어 마침내 일하는 과정을 보여 주겠다는 은세공사를 찾아냈다. 그녀는 자신이 왜 그 일에 관심이 있는지에 대해 말하지 않았다. 단지 그녀가 하고 있는 프로젝트를 위해 은을 세공하는 과정을 알아야 한다고만 했다. 그리고는 은세공사가 집게로 은 조각을 집고 불로 달아오르게 하는 과정을 지켜보았다. 그녀는 궁금한 점들에 대해 구체적인 질문들을 하였다. 은을 그렇게 조심스럽게 집어서 계속 불 위에 올려놓는 이유 등의 질문이었다. 은세공사는 은 조각을 불길이 가장 뜨거운 중심에 올려놓아야만 하는 이유에 대해 설명해 주었다. 그 이유는 조각에 있는 불순물을 태워 제거하기 위해서였다.

이 여성은 이 사실에 대해 곰곰이 생각하였다. 하나님께서 사람을 의도적으로 뜨거운 불 위에 붙잡아 놓는 것은 상상하기가 어려웠다. 그렇지만 사람들은 자신들의 실수나 잘못된 판단으로 자신들을 불 가운데로 집어넣을 수 있다는 것을 깨달았다. 그녀는 하나님을 은세공사로 묘사한 말라기 3장 3절을 다시 깊이 생각해 보았다. 하나님은 과연 은세공사가 은 조각에서 불순물을 제거하기 위해 했던 것처럼 사람들을 세상의 거센 시련 속에 붙잡고 계심으로써 그들을 정결하게 단련시키시는가? 이 구절이 의미가 바로 이러한 것인가?

여성은 은세공사에게 그렇게 모든 과정이 끝날 때까지 직접 불 앞에서 은 조각을 붙잡고 있어야 하느냐고 물었다. 은 조각을 불 가운데 두고 다른 볼 일을 볼 수는 없을까? 그는 자신이 은 조각을 붙잡고 있는 것이 꼭 필요할 뿐만 아니라 은을 단련하는 전 과정 동안 그 은에 시선을 집중하는 것이 중요하다고 대답하였다. 은 조각이 정해진 시간보다 조금이라도 더 오래 불 가운데 있다면 그 은은 못쓰게 된다는 것이다. 여성은 잠시 생각하더니, 은이 완전히 정련되었다는 것은 어떻게 알 수 있느냐고 다시 질문하였다. "그것은 어렵지 않습니다. 은에 대해 내가 갖고 있는 모습이 보일 때 정련의 과정이 끝났음을 알게 됩니다."라고 그가 대답했다. 그렇다. 하나님은 그분을 따르는 사람들에게서 자신의 이미지를 보기 원하신다. 그리고 때로는 그들에게서 불순물을 제거하기 위해 정련의 불, 곧 스트레스가 필요하다는 것을 아신다.

맺음말

스트레스는 신체적인 것에서 올 수도 있고 정신적인 것에서 올 수도 있다. 먹고 살 수 있는 적당한 음식과 머물 곳이 있는 사람들에게 스트레스는 대개의 경우 자기정체감과 다른 사람들과의 관계에 대

한 위협에서 비롯된다. 스트레스는 마음의 평화와 웰빙을 파괴한
다. 그리고 이제는 신체적 건강까지 파괴한다는 사실을 과학자들이
밝혀내고 있다. 어느 누구도 스트레스에서 온전히 피하거나 도망갈
수 없다. 또 그렇게 하려고 해서도 안 된다. 그러나 스트레스를 관
리할 수 있는 것들은 많이 있다. 스트레스에 대처하는 가장 중심적
인 방법은 가치 있는 생의 목적과 목표들을 갖는 것이다. 그럴 때 이
것들이 온갖 염려와 긴장과 조급함 때문에 쉬지 못하는 마음을 가
라앉히도록 도와준다. 그리고 각자의 에너지를 돌려 다양한 활동을
통해 주변에 있는 다른 사람들의 삶에 긍정적인 변화를 가져오고,
자신을 위해서도 깊은 의미와 기쁨을 경험하는 성장하는 삶으로 인
도한다.

건강하지 못한 습관은 버려라

"당신을 깨끗하고 밝게 유지하는 것이 좋다. 당신은 세상을 보는 창문이기 때문이다."

─조지 버나드 쇼(George Bernard Shaw)

은퇴의 목적에 관한 책에서 신체적 건강에 관해 한 장 전체를 할애하는 이유는 무엇인가? 사람들이 자신의 꿈과 목표들을 이룰 때 중요한 관건은 이 땅에 사는 동안 건강한 삶을 유지하는 것이기 때문이다. 병에 걸리거나 과체중이거나 움직이지 못하거나 건강 상태가 좋지 못하다면 자신이 세운 목표를 이루기가 어렵다. 그러나 누구든지 현재의 건강이나 아픈 것과 상관없이 건강과 활력과 내구력을 증가시키고 보다 나은 건강 상태를 만들어 갈 수 있다. 물론 인정해야 하는 한계가 있겠지만, 그 한계 속에서도 서두르지 않고 지속적으로 건강을 관리한다면 놀라운 성장을 이루어낼 수 있다. 신체

건강을 관리하기 위해서는 정기적으로 의사를 만나 의료적인 문제
들을 점검하고, 필요하다면 처방된 약을 복용하고, 흡연이나 과음
처럼 건강에 좋지 않은 생활습관을 피해야 한다. 이 장에서 나는 은
퇴 후에 건강한 삶을 유지하기 위한 구체적인 진단을 내리고자 한
다. 여기에는 다이어트와 운동 그리고 다른 건강한 습관들에 관한
내용이 포함될 것이다.

다이어트의 역할

신체적인 건강과 관련된 많은 부분들은 사실 사람이 어떻게 할 수
없는 것들이다. 예를 들면, 특정한 질병에 대한 유전적 성향, 나이가
들어 감에 따라 늘어가는 건강 관련 문제들은 물론 사고, 전염성 세
균, 공기 오염 등과 같은 자연환경적 위험에 노출되는 것은 사람이
통제할 수 없는 요소들이다. 그렇지만 어떤 음식을 먹느냐 하는 것
은 전적으로 개인의 선택이다. 그런데 먹을 것이 풍부한 환경에서
살아가는 많은 미국인들은 먹는 것을 조절하지 못하는 문제를 갖고
있다. 그 결과 수많은 미국인들은 과체중 상태이고 그 수는 해마다
늘어 가고 있다.

미국인들의 건강습관에 관한 연구로 잘 알려진 1999년의 전국 건
강과 영양상태 조사(National Health and Nutrition Examination Survey)
에 따르면, 미국인들의 61%가 과체중이거나 비만이다. 1990년대의
초기 56%에 비해 많이 올라간 수치다. 비만의 경우, 신체의 표준 체
중에서 대략 13.6kg 이상이 되면 비만에 해당되는 것으로 볼 때, 미

국인들의 27%는 비만 단계에 해당된다. 이것은 1970년대 후반의 15%에 비하면 거의 두 배 증가한 것이다. 아프리카계 미국 여성과 남미계 여성들이 특히 과체중에 해당되는 경우가 많은데, 이들은 각각 전체의 44%와 37%가 이상적인 체중에서 최소한 20% 이상이나 몸무게가 더 나간다. 그래서 많은 건강 전문가들은 현재 과식 문제가 현재 심각한 상태이므로 흡연, 음주운전, 에이즈 등처럼 공공의 건강 문제로 접근할 필요가 있다고 지적한다.

과체중은 건강과 관련하여 다양한 문제를 야기할 수 있다. 미국에서 비만으로 지출되는 건강 비용은 해마다 500억 달러를 상회하고 있다. 과체중으로 일어날 수 있는 건강 문제로는 당뇨병, 자궁내막암(endometrial cancer), 유방암, 결장암, 담낭병, 고혈압, 골관절염, 관상동맥 심장질환 등이 있다.

건강한 음식 섭취

건강과 활력을 위해 꼭 필요한 영양이 함유되어 있으면서도 몸무게를 적절히 유지하거나 필요하다면 줄일 수 있는 음식들로는 어떤 것이 있을까? 은퇴하면 대개의 경우 활동 수준이 줄어든다. 그러나 몸에 꼭 필요한 영양분을 섭취해야 하는 것은 달라지지 않는다. 은퇴한 사람들은 다양한 종류의 음식을 섭취해야 하는 동시에 전체적인 칼로리 섭취는 줄여야 한다. 여기에 몇 가지 지켜야 할 간단한 안내사항을 제시한다.

건강한 다이어트의 기본은 채소, 과일과 더불어 곡물류의 음식을 섭취하는 것이다. 식사할 때는 쌀이나 파스타, 감자 혹은 빵과 더불어 야채와 과일을 먹는다. 그리고 기름기와 지방이 적은 우유나 고기, 콩 종류의 음식을 선택하도록 한다. 식사를 할 때나 음식을 조리할 때는 기름과 설탕을 너무 많이 넣지 않는 것이 좋다.

미국 농무부에서 발간한 미국인을 위한 '다이어트 안내(Dietary Guidelines for Americans)'에 따르면, 대부분의 음식은 곡물류와 야채류 그리고 과일로 구성되어야 한다. 우유 계통의 음식과 고기 및 콩 종류의 음식은 적당히 섭취한다. 영양분은 적으면서 지방과 당분이 많은 음식은 피해야 한다. 과일과 야채류는 수분과 섬유질을 상당량 포함하고 있어 장운동과 이뇨작용을 도와주기 때문에 특히 나이 들어 은퇴한 사람들에게 중요한 음식이다. 이러한 사실에도 불구하고, 최소한 꼭 필요한 정도의 최소한의 과일과 야채를 섭취하는 사람들은 어른들의 경우 13%에 불과하다.

일정한 체중을 유지하려면, 날마다 섭취하는 칼로리의 총량과 사용하는 칼로리의 총량이 같아야 한다. 일반적으로 많이 움직이지 않는 여성들은 하루에 1,600칼로리가 필요하고, 활동적인 남성들은 하루에 2,800칼로리가 필요하다.

그런데 소비하는 칼로리보다 섭취하는 칼로리가 많을 경우, 남는 칼로리는 지방으로 쌓이게 되고 체중은 늘어나게 된다. 사람은 나이가 들어 가면서, 특히 50세가 넘어가면서부터는 신진대사비율이 줄어들기 시작하고, 이러한 변화는 몸에 필요한 칼로리의 양을 축소시킨다. 젊었을 때의 식사 습관을 그대로 유지한다면 결국은 체중이 증가하고 지방이 축적될 것이다.

건강상태에 따라 음식 섭취를 조절하라.

음식은 자신의 신체적 상태에 따라 조절하여야 한다. 예를 들면, 당뇨병을 앓고 있는 사람들은 설탕 같은 당분이 있는 음식들을 제한하고 과일과 야채와 같은 음식을 많이 섭취해야 한다. 고혈압이 있는 사람들은 소금이 많이 들어간 음식이나 국을 제한해야 한다. 신장결석을 앓았던 사람은 레모네이드와 같은 구연산염이 첨가된 음료를 많이 마시되 시금치나 땅콩, 초콜릿처럼 옥살산이 높은 음식물은 조심해서 섭취해야 한다. 변비가 있는 사람은 음료수 종류를 많이 마신다.

일반적으로 은퇴자들은 필요한 만큼의 음료를 충분히 마시지 않는다. 특히, 물이 그렇다. 나이가 들면 갈증과 물을 마시고 싶은 생각은 점차 줄어들게 된다. 이것은 그들이 쉽게 탈수증세를 경험할 수도 있다는 것을 의미한다. 이뇨제 등의 약을 복용하거나 저혈압인 사람들에게는 특히 중요한 문제다. 따라서 의식적으로 적당량의 수분을 섭취하는 것이 필요하다. 체중을 줄이기 위해서는 저칼로리 음료가 좋은데 가장 좋은 것은 물이다. 매일 큰 컵으로 6~8잔을 마시는 습관을 갖도록 한다. 전립선의 문제가 있는 사람들은 저녁에 섭취하는 수분을 줄이고 아침에 늘린다. 방광에 문제가 있는 여성들이나 이뇨제를 복용하는 사람들도 마찬가지다.

비타민의 역할

일반적으로 위에서 언급한 다이어트 안내 지침에 따라 5가지 종류의 음식을 균형 있게 섭취하고 있는 건강한 은퇴자들은 비타민을 따로 먹을 필요가 없다. 몸이 필요로 하는 모든 비타민과 미네랄은 그러한 음식들에 함유되어 있기 때문이다. 여기에 비타민을 더 먹는 것은 자신의 몸에 필요한 영양분을 다 공급하고 있다고 잘못된 확신만 더해 줄 뿐이다. 비타민 치료가 건강을 증진하거나 수명을 연장해 준다는 뚜렷한 과학적 근거는 없다. 오히려 비타민 A, D, K나 B-6 등을 지나치게 많이 복용하면 부작용이 생겨 문제를 야기할 수도 있다. 그런데 이런 문제에서 유일하게 예외되는 것이 비타민 E와 C의 경우다. 비타민 E를 매일 두 번씩 복용하면 심장질환의 위험성을 줄일 수 있다. 비타민 E와 엽산 B-9 400마이크로그램은 알츠하이머병의 치매증상을 예방하는 데 도움이 될 수 있다. 500~1,000밀리그램의 비타민 C를 매일 두 번씩 복용하면 감기를 예방할 수 있다.

이 점들에 대해서는 사실상 연구에 따라 이론의 여지가 많이 있다. 비타민 E와 C가 도움이 될 수도 있지만, 지나치게 많이 복용하면 피가 많이 난다든지 신장결석이나 설사 같은 부작용이 발생할 수도 있다. 이러한 차원에서는 어떤 비타민도 분명히 추천하기가 어렵다.

하지만 경우에 따라서는 비타민과 미네랄을 복용하는 것이 중요할 수 있다. 예를 들어, 사람들은 나이가 들면서 위 내벽에 변화가 생겨 빈혈의 위험성이 증가된다. 그러면 위는 비타민 B-12를 흡수할 수 없게 된다. 이때 매일 비타민 B-12를 1밀리그램씩 복용하면 비타민을 흡수하지 못하는 위를 대신할 수 있다. 신장결석의 병력이 있는 사람들은 매일 200~400밀리그램의 비타민 B-6를 통해 도움을 받을 수 있다. 콜레스테롤이 높은 사람은 비타민 B-3를 매일

250~500밀리그램씩 복용하는 것이 좋다. 골다공중의 위험이 있는 여성에게는 칼슘과 비타민 D가 필요하다. 만성질환으로 체중이 미달되고 5가지 종류의 음식을 적당한 분량만큼 섭취하지 못하는 사람들은 날마다 복합비타민 정제를 복용하는 것이 도움이 된다.

음식 보충

일반적으로 음식 보충제는 5가지 종류의 음식을 중심으로 한 균형된 다이어트에 추가적으로 영양분을 더 공급해 주거나 하지는 않는다. 생선기름이나 아마인(flaxseeds) 등에서 발견되는 오메가-3 지방산은 기분을 좋게 하고, 관절염의 고통을 줄이며, 심장혈관계의 건강을 유지하는 데 도움이 된다. 생선기름캡슐은 음식 보충제로 복용할 수 있다. 생선기름캡슐을 매일 4개씩 두 번 복용하면 하루의 추천 분량인 2그램까지 효과를 볼 수 있고, 매일 8~10개씩 두 번씩 복용하면 전문가들이 제안하는 5~6그램을 섭취하게 된다. 캡슐과 달리 입에는 맞지 않지만 보다 저렴하게 이용할 수 있는 것은 대구-간 기름을 날마다 2스푼씩 복용하는 것이다. 오메가-3 지방산은 생선기름 대신 아마인 기름을 두 스푼씩 복용해도 얻을 수 있는데, 이는 오메가-3 지방산의 일종인 알파리놀레산(alpha-linoleic acid) 10그램을 제공해 준다. 좀 비싸기는 하지만, 글루코사민 1,000밀리그램을 매일 두 번 복용하면 관절염 완화 효과를 볼 수 있다.

만성적인 질환을 갖고 있거나 체중 미달, 영양 부족인 사람들은 고칼로리 단백질이 함유된 음료수를 마시는 것이 도움이 될 수 있다. 이런 음료수는 집에서 만드는 밀크셰이크 등으로 대체할 수 있다.

노년기의 체중 문제

연구에 따르면, 과체중은 다른 연령대의 미국인들처럼 노년기의 은퇴자들에게도 문제가 된다. 질병통제센터(Centers for Disease Control; CDC)는 노년 세대의 체중 문제에 대한 탁월한 연구 자료를 제시해 주고 있다. 체중과 신체활동에 관한 정보는 1994~1997년의 행동위험요소감시체계(BRFSS)와 1993~1995년의 전국건강조사(NHIS)에 기초하여, 무작위로 뽑은 55세 이상의 미국 성인 7만명 이상의 대상에서 얻었다. 과체중은 체질량지수(body mass index; BMI)가 25kg/m²나 그 이상일 경우에 해당되는 것으로, 체중(킬로그램)을 [신장(미터)]²으로 나누어 얻을 수 있다.

미국인들의 경우, 55~64세는 전체의 63%가 과체중이고, 65~74세 이상은 59%, 75세 이상의 경우는 47%가 과체중에 해당한다. 나이가 들면서 체중 문제가 감소되는 것은 부분적으로 신체적 질환이 증가하면서 체중이 감소되었기 때문인 것으로 보인다. 과체중의 문제에서 흑인 남성과 백인 남성의 경우는 비슷하나, 흑인 여성의 경우는 백인 여성의 경우보다 가능성이 더 높은 것으로 나타났다. 이것은 55~64세의 3분의 2와 65세 이상의 반 이상이 과체중이라는 것을 의미한다. 은퇴기 때 과체중이 몸에 주는 부정적인 영향들을 고려할 때, 건강을 유지하기 위해서는 몸무게를 이상적인 수준으로 조절하는 것이 필수적이다. 이를 위해 몸무게 차트를 사용할 수 있는데, 이는 약국이나 인터넷을 통해 구입할 수 있다.

물론 사람이 항상 체중 문제를 마음대로 조절할 수 있는 것은 아니다. 많이 먹지 않아도 유전적 요인 때문에 체중 문제를 겪는 사람들이 있다. 그런 경우, 칼로리 소비가 제한되면서 신체의 신진대사가 느려진다. 그래서 아무리 적게 먹어도 체중이 줄지 않는 것이다. 그리고 실망하고 좌절하는 것이다. 이때 체중을 줄이는 가장 좋은 방법은 운동으로, 운동을 통해 몸의 신진대사율을 증가시켜서 칼로리 소비를 활성화시킨다.

신체 운동

노년기 성인들의 문제 중 하나는 정기적인 신체 운동이 부족하다는 것이다. 나이가 들어 가면서 나타나는 보편적인 현상은 갈수록 움직이지 않는다는 것이다. 여가시간을 움직이지 않고 보내는 것은 연령대별로 비슷하게 나타나고 있다. 55~64세의 경우 전체 중 33%가 움직이지 않는 범주에 해당하고, 65~74세의 경우는 35%에 이른다. 그러나 75세 이상의 경우 신체적인 활동을 전혀 하지 않는 사람들이 46%에 이르고 있다. 이렇게 보면, 미국 노인들 중 최소한 3분의 2는 거의 움직이지 않는 생활을 하고 있는 것인데, 이는 과체중에 해당하는 사람들의 비율과 거의 유사한 수치다. 운동 부족은 은퇴자들만이 아니라 모든 연령대에 해당하는 문제다. 운동의 강도 측면에서 어느 정도 수준의 운동을 하는 미국인들은 전체의 30%에도 못 미치며, 이상적 수준의 적절한 운동을 하는 사람들의 비율은 그보다 더 떨어진다. 젊어서부터 혹은 중년에 들어서부터 적절한 운동을 하는 습관을 키우지 않으면 은퇴 후에 하는 것은 더욱 어렵다.

신체활동의 필요

정기적으로 운동하지 않을 경우 그것이 몸에 미치는 영향은 치명적이다. 근력은 약해지고 힘줄과 인대도 경직되고 굳어진다. 그러면서 관절의 연결부분이 약해진다. 이러한 변화는 몸의 균형과 조화를 흐트러뜨리고, 돌아다니는 것을 더욱 어렵게 만들며 고통스럽게 한다. 그리고 낙상의 위험도 커지는데, 신체적인 활동이 줄어들면 뼈에 칼슘이 부족해지고 다른 중요한 무기물질이 줄어들면서 골다공증이 생기게 된다. 그러면 뼈는 더욱 약해지고 부러지기 쉬워지며, 만성적인 고통의 원인이 되기도 한다. 골다공증과 근육의 약화는 낙상과 골절상의 중요 위험 요소이며, 특히 여성들에게 이런 현상이 잘 나타난다.

이러한 현상을 예방하기 위한 일반적인 방법은 활발한 활동이나 운동을 통해 몸의 여러 기능을 유지하는 것이다. 나이가 들어 가면서 점점 아프고 쑤시는 곳이 늘어나면 자연스럽게 활동을 줄이게 된다. 이렇게 활동이 부족해지면서 근육과 관절의 상태는 더 약해지게 된다. 그러면 다시 신체적으로 활동하는 것이 어려워지는 부정적인 순환이 계속되면서 점점 더 무기력하고 의존적인 생활을 하게 된다. 그 결과, 은퇴한 노인들의 대다수는 대부분의 시간을 누워 있거나 앉아서 텔레비전을 보거나 카드놀이를 하고, 아니면 그냥 앉아서만 시간을 보내는 것이다. 1장에서도 언급하였듯이, 이처럼 앉아서 활동하는 현상의 증가는 부분적으로 과거보다 더 부유해진

데다 자신이 하고 싶은 대로 사는 현대사회의 부산물로 생겨난 것이다. 과거의 노인들은 대개의 경우 더 이상 할 수 없을 때까지 계속해서 신체를 움직여 활발하게 활동했었다. 그들에게는 다른 선택의 여지가 없었다. 그러나 오늘날에는 늘어난 여가시간과 경제적 자원들이 있어 보다 많은 선택을 할 수 있게 되었다. 이것이 앉아서 별로 움직이지 않고 살아가는 생활방식을 부추기는 것으로 보인다.

신체적 비활동의 결과

신체적인 비활동은 남녀를 막론하고 더 많은 신체적 질병을 초래하고, 장애를 가져오며, 의사를 더 많이 찾아가게 만든다. 신체적 비활동은 관상동맥 심장질환, 당뇨병, 여성 노인들에게 고혈압을 불러일으키는 주요 요인이다. 그러나 정기적인 신체활동은 심혈관계의 건강 문제를 감소시키고 수명을 늘리는 것으로 보고되고 있다. 남성 노인들의 경우도 신체활동을 하지 않으면 건강에 문제가 생긴다. 이러한 경향은 대개 중년기부터 시작된다. 22~79세의 남성들 3,043명을 대상으로 한 연구 결과, 운동을 통한 심장박동 조사에 근거하여 신체적 상태가 낮은 수준에 있는 사람들은 이후 20년의 추적 조사 기간에 관상동맥질환과 다른 건강 문제로 사망할 위험성이 상당히 높게 나타났다. 신체적 비활동과 운동 부족은 최적의 기능성을 유지하면서 자율적인 삶을 사는 데 필요한 생리적, 심리적 기능의 상실로도 연결될 수 있다. 연구에 따르면, 치료비도 비활동적인 노인들이 훨씬 더 많이 드는 것으로 나타나고 있다.

신체적 비활동은 밤에 수면을 취하는 것도 어렵게 만든다. 30~

69세의 남성들 2,500명을 대상으로 10년에 걸쳐 진행된 연구에 따르면, 비활동적인 사람들은 잠자기를 어려워하거나 불면증에 시달릴 가능성이 42%나 증가하였다. 사람들은 누구나 낮 시간에 사용해야 할 에너지를 갖고 있다. 그러나 낮에 방출하지 못했다면 그 에너지는 밤에 나타나 쉬지 못하게 만들 것이다. 활발한 신체활동은 몸을 신체적으로 피곤하게 만들고 밤이 되면 두뇌에 이제 잠을 자야 한다는 신호를 보내게 한다.

정기적인 운동의 좋은 점

정기적인 신체 운동은 결장암, 뇌졸중, 허리 부상 등과 관련된 다양한 건강 문제를 예방하거나 감소시키는 데 기여한다. 심장질환, 고혈압, 당뇨, 골다공증, 비만이나 우울증, 불안 등의 정서적 장애를 관리하거나 예방하는 데 도움이 된다. 그러나 운동 부족은 흡연이나 고혈압 혹은 혈청 콜레스테롤이 높은 사람들에게 나타나는 건강 위험과 같은 수준의 문제를 유발한다. 운동이 우리에게 줄 수 있는 이러한 잠재적인 유익에도 불구하고, 올바르게 운동하는 미국인들은 전체의 10%에도 미치지 못하고 있다.

은퇴하기 이전이나 이후, 평소에 활동적인 삶을 살아오지 않았다고 해서 계속 그렇게 살아야 하는 것은 아니다. 심각한 과체중이나 건강 상태가 좋지 않은 사람들도 운동을 시작하면 많은 유익을 얻을 수 있다. 35~63세의 핀란드 남녀 2,212명을 대상으로 16년간 체중과 여가 시간의 신체적 활동성, 신체적 상태, 사망 위험 등의 관련성을 조사한 연구가 있다. 조사 결과, 체중 증가가 심장질환이나 다른 건강 문제로 사망할 위험을 더 증가시키는 예측지표로 나타나지는 않았지만, 신체적 상태와 여가 시간의 신체적 활동성의 경우에는 그러하였다. 신체적 활동성의 증가는 비만한 사람이나 그렇지 않은 사람, 신체적으로 균형된 상태의 사람이나 그렇지 않은 사람 모두의 사망 위험을 감소시키는 것으로 나타났다.

신체적으로 질병이 있는 노인들의 경우 적절한 도움을 통해 안전하게 운동하고 체중을 줄일 수 있다. 아니타 스튜어트(Anita L. Stewart)와 동료들은 신체적 활동 증진 프로그램이 노인들의 신체적 활동 수준의 증가에 어떤 효과가 있는지 조사하였다. 프로그램 참가자들은 다양한 분야를 진료하는 병원의 노인 환자들이었으며, 신체적인 활동량이 부족한 상태였다. 이들은 1년 동안 무작위적으로 통제된 실험을 위해 각자의 건강, 선호도, 능력을 고려하여 자신들이 할 수 있는 활동들을 선택하였다. 그들은 프로그램을 통하여 안전하게 운동하는 방법, 동기부여, 장애극복, 운동과 휴식의 조화 등에 관련된 정보를 배웠다. 이 프로그램에는 65~90세의 노인 환자들 164명이 참여하였고 그중 3분의 2는 여성들이었다.

신체활동 프로그램의 결과, 참여자들의 일주일 칼로리 소모량은 참여하지 않은 통제그룹이 아무런 변화를 보이지 않은 것에 비해 약 687칼로리나 증가하였다. 과체중인 사람들은 이 프로그램에서 많은 유익을 얻을 수 있었다. 또한 이 프로그램은 75세 이상의 노인이나 기본적으로 운동하지 않는 여성들, 조사를 시작할 때 이미 운동을 하고 있었거나 노년 전기에 해당하는 남성들에게도 유사한 효과가 있었다.

　연구자들은 개인적으로 적절하게 조율된 프로그램이 노인들의 운동을 증진시키고 칼로리 소비를 활성화하는 등 생활방식을 개선하는 데 효과가 있다는 결론을 내렸다.

가장 좋은 운동

　자기 몸에 맞는 가장 좋은 운동은 무엇인가? 그것은 운동이 지루해지거나 아플 때, 불편하게 느껴질 때도 포기하지 않고 지속적으로 할 수 있는 운동이다. 다시 말하면, 정기적으로 지속적으로 할 수 있는 운동이어야 한다. 운동은 식사를 하거나 자는 것처럼 매일 지속하는 습관이 되어야 한다. 의사들이 흔히 추천하는 운동은 신체 근육을 사용하여 일주일에 3번 이상 20~30분 정도 지속하는 것인데, 그러한 것들로는 달리기, 걷기, 수영, 자전거 타기 등이 있다. 이때 운동은 자신의 최대 심폐지구력의 60%나 이보다 높은 수준에서 실시되어야 한다. 다시 말하지만, 이러한 방식으로 운동하는 미국인들은 전체의 10%에도 미치지 못하고 있는 실정이다.

운동 계획을 세워 시작하기

　운동을 시작할 때는 쉬운 것부터 천천히 해야 한다. 오랫동안 운동하지 않은 상태라면, 의사나 물리치료사와 상의하여 운동 계획을 세우는 것이 좋다. 이를 통해, 운동을 시작하기 전에 근육을 풀어 주는 방법을 배우고, 운동 시간과 강도를 서서히 늘려 가도록 스케줄을 짜고, 운동이 지나칠 때는 그 증상을 알 수 있는 방법 등을 배워야 한다. 운동 프로그램을 세울 때는 최소한 10분간의 준비운동과 운동 후 10분간 마무리 단계를 거치도록 해야 한다.

운동은 하루 중 다른 활동들을 방해하지 않을 시간을 선택하여 실시한다. 어떤 사람들은 아침식사나 저녁식사 직전 20~30분 정도 운동한다. 식사 직후에 운동하는 것은 좋지 않다. 피의 일부가 음식 소화를 위해 위로 역류될 수 있기 때문이다. 순환기 계통의 문제가 있거나 심장이나 혈압 감소를 위한 약을 복용하는 사람이 과식한 후 운동을 하게 되면 건강상의 문제들이 야기될 위험이 있다. 아울러 밤에 잠들기 직전에 운동하는 것은 피하는 것이 좋다. 숙면을 취하기가 어려워질 수 있기 때문이다.

운동과 영적 활동의 결합

운동은 영적 활동과 결합하여 둘 다 만족시키며 즐겁게 실시할 수 있다. 이럴 때 사람들은 더 정기적으로 운동을 지속할 수 있다. 그 중 한 가지는, 자넷 맥헨리(Janet McHenry)가 쓴 『기도 걷기(*Prayer Walk*)』라는 책에서 묘사한 대로 기도하며 걷는 것이다. 맥헨리는 기도 걷기를 자신이 사는 "지역의 거리나 도로를 걸으면서 하나님을 찬양하고 중보하는 시간을 갖는 것"이라고 정의한다. 이것은 맥헨리가 소개한 대로 혼자서 할 수도 있고, 그룹으로 할 수도 있다. 영적인 성장과 신체적인 건강을 만들어 가는 것을 동시에 할 수 있다면 이 얼마나 좋은 기회인가!

버려야 할 건강하지 못한 습관

흡연은 구강암이나 폐암 등을 유발하고, 고혈압과 관상동맥 심장 질환을 야기하는 만큼 어떤 경우라도 완전히 끊는 것이 좋다. 정기

적으로 흡연을 하는 미국인들은 전체의 25%를 넘는다. 따라서 금
연은 미국에서 사망과 질환을 예방할 수 있는 가장 대표적인 요인
이라고 할 수 있다. 또한 지나친 알코올 섭취도 간경변이나 고혈압,
위궤양, 식도 문제 등 복합적인 건강 문제를 초래할 수 있다. 기억
력, 집중력, 행동 감각에 대한 장단기적 영향은 말할 필요도 없다.
그렇다면 노년층에서 알코올을 어느 정도 섭취하면 지나친 것일
까? 음주는 하루에 두 잔 이상 혹은 가끔씩 다섯 잔 이상일 때 과다
음주에 해당된다. 여기에서 한 잔은 맥주로 340그램, 와인으로는
141그램, 기타 술로는 28그램에 해당하는 것이다. 나이가 들어 감
에 따라 신체 내 수분의 수준이 낮아지고 근육량이 감소하므로 혈
중 알코올 농도는 쉽게 올라가게 된다. 따라서 30세 성인에 비해 65
세 성인의 경우는 한 잔만 마셔도 혈중 알코올 농도는 20%나 높아
진다.

노년기 은퇴자들 중에는 항불안제나 수면제 같은 안정제를 과용
하는 경향이 있다. 이러한 경향은 특히 여성들에게 흔하다. 물론 이
러한 약물들은 불안장애나 수면장애 등으로 진단받았을 경우 적절
하게 복용할 필요가 있을 수 있다. 그런데 진정제는 남용하거나 잘
못 사용되면 기억장애나 균형장애, 낙상 등을 야기할 수 있고, 알코
올과 마찬가지로 건강에 부정적인 영향을 끼치는 심각한 부작용이
발생할 수 있다. 지나친 음주와 안정제 복용은 인생의 의미나 목적
을 갖지 못한 은퇴자들에게서 많이 볼 수 있다. 그리고 인생이 지루
하다고 느끼거나 자신이 쓸모없는 삶을 산다고 생각하는 사람, 여
가 시간이 남아도는 사람들이 이러한 약물을 찾는 경우가 많다. 가

치 있는 인생의 목적을 위해 힘쓰고 그 성취를 위해 노력하는 사람
들에게는 이러한 약물을 찾을 필요도, 시간도 없다.

맺음말

은퇴하여 건강한 삶을 사는 것은 신체적 건강을 유지하고 삶의 질
을 위협하는 질병을 예방하는 데 도움이 된다. 은퇴 후의 아름다운
삶을 위해 꼭 건강해야 하는 것은 아니지만, 건강은 그러한 삶을 살
아가는 데 큰 도움이 된다. 건강하게 살아가기 위해서는 영양분을
적절히 섭취하고, 칼로리가 낮은 음식을 먹으며, 단 것과 지방이 많
은 음식을 최대한 피해야 한다. 아울러 균형된 체중을 유지하기 위
해 정기적으로 운동하고, 알코올이나 약물남용을 피해야 한다. 어
떤 사람은 이러한 제안에 대해 "여보시오, 당신은 인생에서 즐거운
것은 다 빼 버리고 그 자리에 수고와 땀을 요하는 활동들로 채우는
군요."라고 말할지 모르겠다. 좋은 건강상태를 유지하려면 희생과
훈련이 필요하다. 이외에 다른 방법은 없다. 그러나 이것은 가치 있
는 일이다. 살아가면서 자신의 몸 상태가 좋다고 느끼고, 풍성한 에
너지를 경험하며, 정신적으로도 건강한 상태를 유지하고, 밤에 잘
쉬며, 궁극적으로는 자율적이고도 충만한 삶을 엮어 가는 것보다
더 중요한 것이 있을까? 그렇다. 그것은 분명 가치 있는 노력이다.

아름다운 은퇴를 향한 10단계

"너희가 모든 일에 넉넉하여 너그럽게 연보를 함은……"　　　　—고린도후서 9:11

　　오스 기니스(Os Guinness)는 "목적과 성취감이야말로 의미를 향한 추구와 관련된 가장 강력한 한 가지 요소다. 목적만큼 인생의 전 여정과 신앙을 끝까지 수행하는 특별한 도전을 잘 반영해 주는 것은 없다."라고 했다. 인생을 '잘 끝낸다는 것'은 분명히 특별한 도전이다. 목적 없이 어떻게 이것이 가능하겠는가? 올림픽 경주자가 최종 결승선이 어디에 있는지 모른다면 어떻게 그 마지막 선을 통과할 수 있겠는가? 토마스 카알라일(Thomas Carlyle)은 이것을 "목적이 없는 사람은 방향타가 없는 배와 같다."고 표현하였다. 도스토예프스키(Dostoevsky)는 『까라마조프가의 형제들(The Brothers Karamazov)』

에서 인생의 목적에 대해 확신이 없을 때 어떤 일이 생기는지 다음과 같이 말했다. "인간 존재의 비밀은 그냥 사는 것에 있는 것이 아니라 …… 어떤 분명한 것을 수행하는 데 있다. 자신이 무엇을 위해 사는지에 대해 확고하게 인식하지 못하는 사람은 지구상에 그냥 존재하며 살아가기보다는 파멸로 자신을 이끌어 갈 것이다." 실제로 역사 속에서 많은 철학자들은 이러한 선택을 하였다. 인생의 목적과 의미를 찾지 못할 때 그들은 말년까지 고뇌하며 갈등하였던 것이다.

인생에 어떤 중요한 전환이나 변화가 발생할 때 사람들은 자기 인생의 목적과 의미에 대해 생각한다. 그리고 그 과정에서 적지 않은 도전에 직면하게 된다. 은퇴의 사건 역시 은퇴하는 당시는 물론 그 이후로도 수많은 변화를 야기한다. 그때 삶의 의지가 흐려지거나 인생의 미션이 불분명해지는 경우가 있다. 이것은 정상적이고도 자연스러운 현상이다. 이러한 상황에서 사람들은 자기 안으로부터 빠져나와 인생의 새로운 목적을 발견해 갈 수 있다. 다음 내용은 은퇴와 더불어 인생의 중대한 전환기를 맞이할 사람들이나 이미 그러한 과정에 있는 사람들을 위한 10가지 구체적인 단계들이다. 이 내용들을 잘 실천한다면 목적으로 충만한 은퇴생활을 하는 데 도움이 될 것이다.

1. 인생의 과정을 점검하라.

현재의 장소에서 당신이 살아가는 이유에 대해 생각해 보라. 앨버트 아인슈타인은 1932년 베를린 연설에서 이렇게 말했다. "우리는 낯선 상황에서 이 세상을 살아가고 있다. 우리 모두는 원하거나 초대받아서 잠시 이 땅에서 살아가는 것이 아니다. 우리가 왜 여기에 존재하는지, 어디에서 왔는지 우리는 모른다." 이것이 사실일까? 우리가 '왜' 이 땅에서 살아가는지, '어디에서 왔는지' 안다는 것은 불가능한 일일까? 그것이 그토록 이해할 수 없는 것일까? 그것에 관한 이해의 실마리가 도처에 널려 있지 않은가? 그러한 힌트들이 우리에게 말하고 있지 않은가? 그런데도 사람들은 자신의 지식으로 그런 것들을 물리치고 있는 것은 아닌가?

지나 온 날들을 돌이켜보라. 당신이 이루어 온 것들은 무엇인가? 그러한 것들은 노력할 만한 가치가 있었던 것인가? 그동안 당신의 삶에 진정한 의미와 목적을 주었던 것들은 무엇인지 생각해 보라. 그리고 이제부터 남아 있는 소중한 인생을 어떤 목적을 위해 살아야 할지 곰곰이 점검해 보라. 시간을 두고 이 문제를 다루도록 하라. 지나 온 삶의 발자취를 추적해 보라. 많은 사람들은 이러한 중요한 질문들을 무시하거나 소홀히한다. 그러나 당신은 그렇게 하지 말라.

2. 영적인 인벤토리를 실시하라.

당신의 삶 속에서 영적인 요소들이 차지하는 부분은 어느 정도였는가? 지금까지 이러한 부분이 중요한 위치를 차지했었다면 현재의 삶에서도 그렇게 되도록 관심을 가져라. 그렇게 중요한 부분을 차지하지 않았다면 이제부터라도 좀 더 많은 관심을 갖도록 하라. 오스 기니스는 인생의 영적인 의미에 관한 진실을 추구하는 사람들을 위해 『집으로의 긴 여정(*The Long Journey Home*)』이라는 훌륭한

책을 썼다. 이 책은 영적인 부분을 탐색하는 당신에게 도움을 줄 것
이다. 영적으로 견고한 삶을 살고 있다면 이어지는 단계들을 실시
하기가 훨씬 쉬울 것이다. 삶의 영적인 부분을 위한 노력을 게을리
하지 말라. 어떤 선한 것도, 어떤 지속적인 변화도 노력이 없으면 불
가능하다. 이러한 노력을 어느 정도 지속하게 된다면 그것이 자연
스러운 삶의 한 부분이 될 것이다.

3. 가치 있는 목적을 정하라.

당신의 강점과 당신이 할 수 있는 것들을 점검하라. 당신이 갖고
있는 자원이나 강점을 사용하여 어떻게 다른 사람들의 삶에 긍정
적인 영향을 줄 수 있겠는가? 어떤 목표들을 세우면 당신의 삶이
보다 의미 있게 될 수 있겠는가? 가치 있는 목적만큼 당신의 삶에
파워와 에너지를 줄 수 있는 것은 없다는 사실을 명심하도록 하라.
가치 있는 목적이란 항상 시간, 돈, 사랑을 남에게 넉넉하게 줄 수
있는 것과 관련이 있다는 사실 또한 잊지 않도록 하라. 헬라 철학
자 소포클레스(Sophocles)에 따르면, "인간에게 가장 영광스러운 일
은 선한 일을 행하는 것이다." 은퇴 후의 삶을 통해 당신이 무엇을
성취할 수 있을지를 정하고, 그것을 위해 최선을 다하라. 그것들을
기록으로 남겨라. 그러한 사실들을 친구나 사랑하는 사람들과 나눠
라. 그리고 당신이 계속 그 목적을 위해 정진할 수 있도록 도움을 요
청하라.

4. 목표 성취를 위해 전진하라.

당신이 지나 온 삶을 점검하고 영적인 인벤토리를 실시했으며 가

치있는 목적까지 정했다면, 이제는 그 목적을 성취하기 위해 앞으로 나아가기 시작해야 한다. 당신이 가진 재능과 은사들이 작든 크든 상관없이 그것들을 사용하여 당신이 세운 목표들을 향하여 앞으로 전진하라. 목표를 향하여 앞으로 나아가려고 할 때 너무 늦어서 그렇게 할 수 없는 경우는 없다. 그저 어느 시점에서든 시작하는 순간이 있어야 한다. 당신이 세운 목표가 잘못되었을 가능성이 있을지라도 움직이기 시작하라. 시도해 보는 것이다. 완전하게 확실한 건 없다. 목표에 무언가 잘못된 것이 있을지라도 당신이 정신을 차리고 있다면, 삶 속에서 그러한 요소에 대한 경고와 인생의 방향을 바꿀 수 있는 필요한 만큼의 시간이 충분히 제공될 것임을 믿어라. 그러한 과정을 통해 결국에는 당신의 성격과 상황에 맞는 적절한 결과나 방향으로 나아가게 될 것이다. 과거는 과거임을 명심하라. 과거로부터 배우되 과거에서 떠날 수도 있어야 한다. 그리고 앞으로 전진하기 시작하라.

5. 참여 수준을 서서히 증가시켜라.

목표를 향하여 전진할 때 처음에는 서서히 그리고 신중하게 나아가라. 특히, 시간이나 돈, 기타 자원들을 사용하여 무언가 새로운 것을 시도할 때는 그렇게 해야 한다. 끝까지 할 수 없는 것들에 섣불리 뛰어들지 말라. 그러다가 나중에 자기 재능과 능력으로 감당하지 못하고 포기해야 할 경우도 생길 수 있기 때문이다. 자신이 해야 할 것이 무엇인지 점차 알아가면서 참여 수준을 서서히 증가시키도록 하라. 예를 들어, 당신이 집에 갇혀 살아가는 노인들을 돌봐주는 일에 자원봉사하기로 결정했다고 하자. 처음에는 매주 몇 시간씩만 봉사하는 것으로 시작하라. 그리고 이것이 당신의 시간을 잘 사용하는 것인지 그리고 이렇게 할 때 당신이 세운 목표를 잘 성취할 수 있게 될 것인지가 분명해질 때까지 한동안 이러한 수준을 유지하도록 하라. 그래서 이러한 활동이 당신에게 적절하고 또한 더 충족되어야 할 필요가 있음이 분명해지면 당신의 스케줄과 여건이 허락하는 선에서 점차 참여를 늘려 가도록 하라. 필요하다면 다른 사람들을 동원하여 함께 그 일을 나누고 진행시켜 가도록 한다.

6. 시간표를 설정하고 그것을 따르도록 하라.

당신의 하루가 어떻게 지나가는지 주의 깊게 살펴보라. 당신의 하루 활동 리스트를 작성하도록 하라. 어떤 일이 정말로 중요하고 어떤 일이 중요하지 않은지를 정하라. 당신이 세운 목표와 관련이 없는 행동들을 배제하는 것을 주저하지 말라. 사람들이 하는 많은 일들이 꼭 필요해서 하는 것은 아니다. 그러한 것들은 정말로 의미 있는 활동들을 방해하고 복잡하게 할 뿐이다. 당신에게 어떤 기쁨을 주거나 목적을 달성하는 데 도움이 되지 않는 불필요한 활동들이 무엇인지 잘 찾아내도록 하라. 아울러 다른 사람들이 당신의 스케줄을 결정하거나 채우도록 허용하지 말라. 신중하게, 의식적으로 당신 스스로가 그것을 만들어 가도록 하라. 동시에 스케줄을 세울 때는 융통성을 부여하도록 하라. 사람의 필요가 항상 시간표에 맞추어지는 것이 아니기 때문이다. 설사 당신의 은퇴 목적과 부합되는 활동들이라 할지라도 지나치게 자신을 내던지지는 말라. 그러다

보면 쉽게 탈진하게 된다. 탈진은 일하면서 받는 스트레스가 더 이상 견딜 수 없을 정도가 되고 그 일이 즐겁기보다는 부담스러워질 때 발생한다. 어떤 일을 할 때는 그것에 따르는 대가를 계산할 수 있어야 하고, 가치 있는 일일수록 인내하며 노력해야 함을 안다는 것은 중요하다. 하지만 너무 많은 일에 지나치게 헌신하는 것은 이내 시간과 자원들을 소진시켜서 결국 부작용을 일으키게 될 수 있다.

7. 긴장을 풀고 기운을 재충전하는 시간을 가져라.

사람들은 젊을 때 대부분 노는 것과 즐거운 시간을 갖는 것에 몰두한다. 중년이 되면 성공적인 경력을 쌓고 유지하기 위해 일에 몰두한다. 그러나 은퇴하게 되면 상황이 달라져야 한다. 인생의 3분의 2를 그렇게 보내고 은퇴했다면, 이제는 삶의 균형과 조화를 이루는 시간을 가져야 한다. 일과 놀이의 균형을 이루어야 하는 것이다. 수고의 열매를 즐기되, 그 열매를 즐기는 것을 은퇴의 목적으로 삼는 함정에 빠지지 말라. 이 책 전체에 강조하였듯이, 여가와 소비, 쾌락은 그 자체로 오래 가지 못한다. 인생에는 그보다 훨씬 높고 위대한 목적이 있다. 물론 그 목적의 일부는 편안한 쉼과 휴식을 포함한다. 그러나 그것은 보다 중요한 목표를 향해 나아가는 데 필요한 것이고, 그 목표를 향해 나아가는 데는 지속적인 노력이 필요하다. 시간을 내어 하나님과 함께 하는 시간을 가져라. 그리고 하나님으로부터 쉼과 평안 그리고 당신 안에 주시는 능력을 받도록 하라. 쉬지 않고 일을 계속하다 보면 이내 에너지가 고갈되고 동기도 소진되고 말 것이다. 그렇게 되면 불만이 생기고 다른 사람들을 섬기고 사랑하는 것이 어려워진다. 이때 기운을 재충전하기 위해 얼마나 휴식하고 쉬어야 하는지는 사람들마다 다르다. 그러나 쉼을 갖는 동안 지루함이 찾아들기 시작하면 충분히 쉬었다는 하나의 분명한 신호라고 보면 된다.

8. 자신의 건강에 관심을 가져라.

당신이 은퇴기에 어떤 목적을 달성할 수 있을지는 당신의 건강상태에 달렸다. 건강을 잘 유지하면 보다 많은 선택을 할 수 있지만, 그렇지 않을 경우 당신의 선택은 제한될 수밖에 없을 것이다. 그렇다고 해서 아픈 사람은 보람 있는 목적을 세우고 의미 있게 실천해 갈 수 없다는 말은 아니다. 그렇지만 당신의 잘못이 아닌 어떤 이유로 병약해지는 것과 자신의 건강에 소홀하거나 절제하지 못해 병드는 것은 전혀 다른 문제다. 따라서 정기적으로 건강검진을 하고, 의사의 지시를 따라 필요하다면 처방해 주는 약을 먹는 것이 중요하다. 그리고 적절한 운동, 건강 다이어트, 충분한 수면, 이상적인 체중 관리 및 유지를 하는 것이 필요하다. 아울러 흡연이나 지나친 음주처럼 당신의 건강을 해치는 행동은 피해야 한다. 건강한 생활방식을 유지하도록 힘써라.

9. 당신의 모델을 찾아라.

당신의 역할 모델이 될 만한 사람을 찾아라. 그리고 그 사람의 삶을 통하여 배워라. 그 사람이 어떤 일을 하며 살아가는지, 그 이유는 무엇인지, 어떻게 그렇게 하는지 등에 대해 살펴봐라. 당신과 유사한 자원을 갖고, 당신이 세운 은퇴 목적과 비슷한 가치 있는 목표를 성취한 사람이 있는지 찾아봐라. 일단 역할 모델의 예로 꼽을 만한 사람들로는 마더 테레사(Mother Teresa), 성 요한(St. John of God), 존 템플턴 경(Sir John Templeton), 노만 빈센트 필(Norman Vincent Peale), 루스 필(Ruth S. Peale), 로잘린 카터(Rosalyn Carter), 지미 카터(Jimmy Carter), 마하트마 간디(Mahatma Gandhi), 데스몬드 투투(Desmond Tutu), 헨리 누웬(Henri Nouwen) 등이 있다.

인생의 말년에 탁월한 업적을 남긴 사람들의 삶을 살펴봐라. 갈릴레오는 72세 때 역학 원리에 대한 자신의 초기 연구물들을 정리한 *Dialoghi Delle Nuove Scienze*를 저술하였다. 알렉산더 훔볼트(Alexander Humboldt)는 70대 후반에 행성론에 관한 유명한 책인 『코스모스(*Kosmos*)』의 첫 2권을 쓰고, 80대 후반에 2권의 책을 추가하였다. 지그문트 프로이트(Sigmund Freud)는 정신분석에 관한 책을 대부분 67세에서 82세 사이에 저술하였다. 벤자민 프랭클린(Benjamin Franklin)은 78세 때 이중초점의 안경을 발명하였다. 목적이 있는 사람에게는 나이가 제한이 되지 않는다. 이러한 삶을 보여주는 사람들은 많이 있다. 그들의 삶에 관한 책들을 읽어라.

10. 모든 사람에게는 소명이 있다는 것을 기억하라.

오스 기니스는 '소명'을 "하나님의 호출에 대한 반응으로 우리의 모든 것, 우리가 하는 모든 것, 우리가 갖고 있는 모든 것을 다해 헌신적으로 수행하도록 하나님께서 주시는 확고한 사명"이라고 간단하게 정의하고 있다. 모든 사람에게는 저마다 다 특별한 사명이 있다. 이것은 그 사람만이 갖고 있는 독특한 재능과 환경을 통하여 수

행할 수 있는 것이다. 그 사람이 부자든 가난하든, 똑똑하든 그렇지 못하든, 건강하든 병들었든 상관 없다. 하나님은 손가락 지문이 똑같은 사람이 하나도 없는 것처럼 각 사람을 온전히 독특한 존재로 창조하셨다. 당신이 어떤 상황에 있든지, 그것이 얼마나 어려운 상황인지는 문제가 안 된다. 당신은 그 자리에서 변화를 만들어 가도록 부르심을 받았다. 현재 인류는 세계 곳곳에서 채워야 할 필요들을 안고 살아가고 있다. 그리고 우리는 이러한 필요들을 무시할 수 없는 중요한 역사적 시점에 살고 있다. 그러한 필요들을 채우라는 하나님의 부르심을 외면하지 말라. 당신의 삶에 무언가 안정됨이 없고 지루하며 자신이 쓸모없는 사람이라는 느낌이 든다면, 이는 당신의 삶에 무언가가 빠져 있다는 신호다. 당신의 삶에 더 있어야 할 그 무언가를 경험하고 즐길 수 있는 핵심 열쇠는 당신의 인생을 향한 하나님의 목적을 발견하고 성취하는 것이다.

아름다운 은퇴를 위하여

"지나온 날들을 돌아보면 나는 대체로 하지 말았어야 할 일들보다는 하지 않았던 일들로 인하여 안타까운 마음이 든다."
　　　　　　　　　　　　　　　　　　　　　　　　　　—말콤 포브스(Malcolm S. Forbes)

　사회과학자들은 은퇴가 어떤 사람들에게는 스트레스를 주는 사건이라는 사실을 발견하였다. 일터를 떠난다는 것은 사람들에게 재정적으로, 사회적으로, 정서적으로 여러 면에서 큰 도전을 준다. 일은 사람들에게 심리적 필요충족만 아니라, 규칙적인 시간에 어떤 활동을 해야 할지 알려 주며, 인생의 목적과 의미에 대한 성취감을 주기도 한다. 사람들은 지적이고 창조적이거나 신체적인 일에 에너지를 투입하고, 그 과업을 달성하였을 때 만족감을 얻는다. 그런데 이 모든 것들이 은퇴와 더불어 막을 내린다. 그리고 어떤 사람들은 이러한 과정에서 정체성의 위기를 겪는다.

이러한 상황에서 은퇴를 활력 있고 만족스러우며 의미 있는 사건으로 만들 수 있는 방법이 있다. 그 핵심 열쇠는 새로운 목적을 찾는 것이다. 삶의 의미와 만족을 주며 상급이 될 수 있는, 그래서 힘차게 그것을 향해 달려갈 수 있는 새로운 목표를 발견하는 것이다. 은퇴기에 목적을 찾는 것은 그 어느 때보다도 필요하고 급박한 일이다. 이때가 가슴 깊은 곳으로부터 삶의 목적을 찾으려는 갈망이 가장 강력해지는 시기기 때문이다. 오늘날 미국인들은 어떤 일이든 자신이 원하는 것을 선택하고 변화를 추구할 수 있는 다양한 자원과 기회를 갖고 있다. 그럼에도 불구하고 인류의 역사에 나타났던 많은 위대한 문명 중에서, 미국은 "인생의 목적이 무엇인가?"라는 질문에 전반적으로 일치된 해답을 갖지 못한 첫 번째 문명사회다. 오스기니스가 말한 대로, 우리는 "살아가기에 너무 많은 것을 갖고 있으면서도 무엇을 위해 살아야 할지에 대해서는 별로 가진 것이 없다."

은퇴의 진정한 파워를 경험하려면 우리의 관심과 에너지를 자기중심의 삶에서 벗어나 밖으로 향하게 하는 가치 있는 삶의 목적과 목표들을 선택해야 한다. 인생의 목표들은 곤경에 처한 다른 사람들의 필요를 도와주는 것과 관련이 있을 때 특히 가치를 갖는다. 즉, 다른 사람들에게 편안함을 제공하기 위해 자신의 편안함을 희생하며 자기의 시간과 자원들을 사용해 고통 가운데 있는 사람들을 찾아가고 외로운 사람들을 돌보며 지원해 주는 것이다. 자기자신의 세계에 집중되어 있던 눈을 돌려 다른 사람의 세계에 관심을 둔다는 것은 대부분의 사람들에게 결코 용이한 것이 아니다. 나 역시 매일 이 단계에서 갈등하곤 한다. 나 자신이 집착적으로 바라는 것들과 염려, 관심에 신경이 가는 내 자연스러운 본성에 역행하는 것이기 때문이다. 그렇지만 이러한 단계를 조금이나마 통과했을 때 나는 내가 이 세상에 창조된 일부의 목적이나마 성취하고 있다는 압도적인 강한 느낌을 맛보곤 하였다. 나는 병든 사람이든 건강한 사람이든 이러한 방식으로 우리 인생의 목적을 성취하며 살아갈 수 있다고 확신한다. 그것은 온 우주에 내재된 법칙이다. 자신의 진정한 삶을 찾고 싶은 사람이 있다면 그는 먼저 자기 삶을 잃어야 한다. 이것 외에 다른 길은 없다.

우리가 가치 있는 목표에 시선을 고정시키고 그것을 향해 나아가려면 상당한 노력과 자기 훈련 및 희생을 감수해야 할 것이다. 그것은 마치 타이탄 미사일이 지구가 중력으로 강력하게 붙들려는 힘을 넘어 우주 밖으로 나아가기 위해서는 엄청난 에너지를 분사해야 하는 것과 같은 이치다. 자기중심적인 옛날의 습관들은 마치 중력처럼 우리를 물질적인 쾌락과 안정된 생활에 붙들어 매려고 한다. 그렇지만 일단 변화에 필요한 에너지를 일으킨다면 우리는 삶의 목적을 따라 앞을 향해 순항하게 될 것이다. 이때 우리의 삶의 목적은 처음에 일으킨 에너지에 점점 더 탄력적인 강도를 더해 주고, 변화를 이어가는 데 들어가는 수고는 줄여 줄 것이다. 물론 타이탄 미사일이 목적지를 향해 지속적으로 순항하기 위해서는 조그만 가이드 로켓들이 필요하듯이, 우리 또한 궤도에 지속적으로 머물러 있기 위해 가끔씩은 특정한 노력들을 기울여야 할 것이다. 우리에게 영적인 안내 로켓들이 지속적인 변화를 위한 파워와 방향 감각을 제공해 줄 것이다.

그러나 이러한 변화 시도에 대한 초기 저항은 그리 쉽게 극복할 수 있는 것이 아니다. 그것은 주로 우리 자신에게서 온다. 우리는 어떤 새로운 것을 향해 도약하기를 두려워하는 경향을 갖고 있다. '만약에, 혹시'라는 부정적인 생각들이 순간순간 찾아와 우리를 얽어붙게 할 수 있다. 이러한 것을 깨뜨리고 나아갈 수 있는 믿음과 확신을 갖는다는 것도 쉽지 않다. 시간과 재능, 돈을 다 내놓았는데 거기에서 얻어지는 것이 아무것도 없다면 어떻게 할 것인가? 당신이 병들게 되어 이미 내놓은 돈과 자산들이 다시 필요하다면 어떻게 할 것인가? 다른 사람들에 대한 영향력이나 통제, 힘을 잃어버리게 되면 어떻게 할 것인가? 이러한 것들은 다 거짓 불안이요 염려들이다. 돌려받을 것을 기대하지 않고 그냥 주는 사람은 항상 자신이 준 것보다 더 많은 것을 얻게 된다. 이것은 바뀌거나 사라지지 않는 영원한 법칙이다. 역사 속의 위대한 성자와 선지자, 현자 혹은 시인들의 외침을 음미해 보라.

* 모세(Moses, 대략 1400 B.C.): "원수를 갚지 말며 동포를 원망하지 말며 네 이웃 사랑하기를 네 자신과 같이 사랑하라" -레위기 19:18

* 크리슈나(Krishna, 900 B.C.): "[다른 사람들을 위한] 서비스에 온전히 헌신하고 어떤 상황에서도 넘어짐이 없는 사람은 이내 자연 세계의 본성을 초월하여 브라만의 경지에 도달하게 된다." -바가밧-기타(Bhagavad-Gita) 14:26

* 고타마 붓다(Gautama Buddha, 563-483 B.C.): "다른 사람을 너 자신처럼 여기라." -다마파다(Dhammapada) 10:1

 * 공자(Confucius, 551-479 B.C.): "다른 사람에게 좋은 것이 있기를 원하는 사람은 자신의 것을 이미 얻었다."

 * 루시우스 아나니우스 세네카(Lucius Annaeus Seneca, 4 B.C.-A.D. 65): "네가 너 자신을 위해 살기를 원하는 것처럼 네 이웃을 위해 살라."

 * 나사렛 예수(Jesus of Nazareth, A.D. 0-32): "네 이웃을 네 자신과 같이 사랑하라" -마태복음 19:19 / "남에게 대접을 받고자 하는 대로 너희도 남을 대접하라" -누가복음 6:31

 * 무하마드(Muhammad, A.D. 570-632): "네가 어떤 선을 베풀든 네게로 돌아올 것이다. 그리고 부당한 일을 당하지 않을 것이다." -수라 2:272

 * 랄프 왈도 에머슨(Ralph Waldo Emerson, A.D. 1803-1882): "당신이 다른 사람들을 사랑하고 섬긴다면, 아무리 숨거나 꾀를 낸다 해도 그에 따른 보상을 피해 갈 수는 없다. 보상이 주어지지 않는다면, 언제나 하늘의 정의로 쌓일 것이다. 그 저울대를 기울일 수는 없다. 세상의 모든 폭군들과 지배자들 및 독재자들은 그들의 등을 돌려 헛되이 그것을 들어 올리려고 하였다. 그러나 그 육중한 잣대는 영원히 그 자리에 머물러 있을 것이고, 세상 모든 사람들과 온갖 티끌, 별과 해는 그 안에 머물러 있어야 한다. 그렇지 않으면 튕겨져 나와 가루가 되고 말 것이다."

세상의 주요 종교나 철학 혹은 사상 체계에서는 이기심이 행복과 건강을 가져온다고 가르친 적이 없다. 예외가 있다면 그것은 아마도 자연도태이론일 것이다. 이 이론은 적자생존을 강조한다. 즉, 생존에 필요한 자원을 공격적으로 확보하는 유기체만이 그 종을 번식시켜 살아남을 가능성이 있다고 주장한다. 다른 사람이나 원수들은 파괴해야 할 대상인데 반대로 그들에게 당신이 가진 것을 나누어 주거나 원수를 사랑하는 것은 어리석은 짓이고, 결국은 당신 자신이 세상에서 멸망하고 도태되는 결과를 초래할 수 있다는 것이다.

이러한 자연도태이론은 자연세계나 동물의 왕국에서는 가능할지 몰라도 인간세계에서는 이야기가 다르다. 인간이 생존할 수 있는 유일한 길은 각자의 자연 본성에 속한 이기성이라는 동물적 본능을 극복하는 것뿐이다. 그래야 비로소 우리가 진실로 이 땅에 살아남을 수 있을 뿐만 아니라, 나아가 정서적이고 영적으로 의미충만한 존재의 비상을 경험하는 삶을 살 수 있을 것이다. 그리고 다가오는 영원한 세계의 한 단면을 엿볼 수 있게 될 것이다.

은퇴의 목적에 대한 탐색은 많은 사람들에게 남아 있는 가장 중요한 과제다. 이것을 발견하는 것이야말로 우리에게 남아 있는 소중한 세월들을 변화시키고 강화시킬 수 있는 핵심 열쇠가 될 것이다. 그것은 각 사람의 삶의 상황과 상관없이 인생에 궁극적인 의미와 열매를 가져다주는 면류관이 될 것이다. 나는 이제 겨우 내가 이 길에 들어섰다는 것을 안다. 당신 역시 이 여정에 올라 성공하기를 기원한다. 그리고 이 여행 길에서 당신을 볼 수 있게 되기를 소망한다.

참고문헌

Aaron, D. (1998). *Endless Light: The Ancient Path of the Kabalah to Love, Spiritual Growth, and Personal Power.* New York: Penguin-Putnam.

Achat, H., Kawachi, I., Spiro, A., DeMolles, D. A., & Sparrow, D. (2000). Optimism and Depression as Predictors of Physical and Mental Health Functionings: The Normative Aging Study. *Annals of Behavioral Medicine, 22,* 2, 127-130.

Achenbaum, A. W. (1978). *Old Age in the New Land: The American Experience Since 1790.* Baltimore: Johns Hopkins University Press.

Ali, M. M. (1983). *The Holy Quran: Arabic Test, English Translation and Commentary Revised Edition.* Lahore, Pakistan: Ahmadiyya Anjuman Ishaat Lahore, Inc.

Armstrong, K. (1994). *A History of God: The 4000-Year Quest for Judaism, Christianity and Islam.* New York: Random House.

Baron, R. S., Cutrona, C. E., Hicklin, D., Russel, D. W., & Lubaroff, D. M. (1990). Social Support and Immune Function among Spouses of Cancer Patients. *Journal of Personality and Social Psychology, 59,* 344-352.

Benet, S. (1974). *Abkhasians: The Long-Living People of the Caucasus.* New York: Harcourt Brace College Publishers.

Benson, H. (1975). *The Relaxation Response.* New York: William

Morrow.

Benson, H. (1997). *Timeless Healing.* New York: Simon & Schuster.

Benyamini, Y. (May 1997). The Bases of Predicting One's Mortality: The Relationship between the Predictors of Self−assessments of Health and the Predictors of Mortality. *Dissertation Abstracts International, 57,* 11−B, 7243.

Blazer, D. G. (1982). Social Support and Mortality in an Elderly Community Population. *American Journal of Epidemiology, 115,* 5, 684−694.

Bosse, R., Aldwin, C., Levenson, M., Workman−Daniels, K., & Ekerdt, D. (1990). Differences in Social Support among Retirees and Workers: Findings from the Normative Aging Study. *Psychology and Aging, 5,* 1, 41−47.

Bradford, L. P. (December 1979). Can You Survive Your Retirement? *Harvard Business Review,* 103−109.

Brundage, D. K. (December 1930). The Incidence of Illness among Wage Earning Adults. *Journal of Industrial Hygiene, 12,* 385−386.

Bunyan, J. (1999). *The Pilgram's Progress, 1678.* Nashville: Thomas Nelson.

Bureau of the Census (2001). *Projections of the Total Resident Population by 5−Year Age Groups, and Sex with Special Age Categories: Middle Series, 1999 to 2100.* Washington, D.C.

Burns D. (1999). *Feeling Good: The New Mood Therapy.* New York: William Morrow.

Burns R. J. (January 1954). Economics Aspects of Aging and Retirement. *American Journal of Sociology, 59,* 389.

Butler, R. N. (1975). *Why Survive? Growing Old in America.* New York: Harper & Row.

Cannon, W. B. (1941). The Emergency Function of the Adrenal Medulla in Pain and the Major Emotions. *American Journal of Physiology, 33,* 356.

Carroll, S. (1993). Spirituality and Purpose in Life in Alcoholism Recovery. *Journal of Studies on Alcohol, 54*, 3, 297–301.

Caspersen, C. J., Christenson, G. M., & Pollard, R. A. (1986). Status of the 1990 Physical Fitness and Exercise Objectives: Evidence from NHIS–1985. *Public Health Reports 101*, 587–592.

Casscells, W., Hennekens, C. H., Evans, D., Rosener, B., De Silva, R. A., Lown, B., Davies, J. E., & Jesse, M. J. (14 June 1980). Retirement and Coronary Mortality. The Lancet, 1288–1289.

Cavanaugh, J. C. (1998). Friendships and Social Networks among Older People. *Clinical Geropsychology.* ed. I. H. Nordhus, & G. R. Vanden–Bos et al. Washington, D.C.: American Psychological Association

Chenoweth, C. I. (November 2001). *Make a Small Difference in a Big Way.* Daily Inspiration.

Cohen, S., Tyrell, D. A. J., & Smith, A. P. (1991). Psychological Stress and Susceptibility to the Common Cold. *New England Journal of Medicine, 325*, 606–612.

Cole, T. R. (1986). Putting Off the Old: Middle–class Morality, Antebellum Protestantism, and the Origins of Ageism. *Old Age in a Bureaucratic Society.* ed. D. D. Van Tassel, & P. N. Sterans. Westport, Conn: Greenwood Press.

Costa, D. L. (1998) *The Evolution of Retirement: An American Economic History, 1880–1990.* Chicago: University of Chicago Press

Curtis, J. E., Grabb, E., & Baer, D. (1992). Voluntary Association Membership in 15 Countries: The Comparative Analysis. *American Sociological Review, 57*, 139–152.

Dawood, N. J. (1990). *The Koran.* New York: Penguin.

Department of Health and Human Services (January 2000). *Healthy People 2010*, 1. Washington, D.C.

Drentea, P. (1999). The Best or Worst Years of Our Lives? The Effect of Retirement and Activity Characteristics on Well–being.

Dissertation Abstracts International, 60, 5−A, 1771.

Edmonds, A. J. (1914). Buddhist and Christian Gospels: New First Compared from the Originals: Gospel Parallele from Pali Texts. *Masaharu Anesaki* (4th ed.), 2 vols. Philadelphia: Innes & Sons.

Ekerdt, D. J., Baden, L., Bosse, R., & Dibbs, E. (1983). The Effects of Retirement on Physical Health. *American Journal of Public Health, 73,* 779−783.

Ekerdt, D. J., Bosse, R., & Levkoff, S. (1985). An Empirical Test for Phases of Retirement: Findings from the Normative Aging Study. *Journal of Gerontology, 40,* 1, 95−101.

Ellis, J. R. (1993). Volunteerism as an Enhancement to Career Development. *Journal of Employment Counseling, 30,* 3, 127−132.

Erikson, E. (1994). *Vital Involvement in Old Age: The Experience of Old Age in Our Time.* New York: Norton.

Evans, D. L., Leseran, J., Perkins, D. O., Stern, R. A., Murphy, C., Zheng, B., Getters, D., Longmate, J. A., Silva, S. G., van der Horst, C. M., Hall, C. D., Folds, J. D., Golden, R. N., & Petitto, J. M. (1997). Severe Life Stress as a Predictor of Early Disease Progression in HIV Infection. *American Journal of Psychiatry, 154,* 630−634.

Fischer L. R., & Schaffer, K. B. (1993), *Older Volunteers.* Thousand Oaks, Calif.: Sage Publications.

Fischer, D. H. (1977). *Growing Old in America.* New York: Oxford University Press.

Fitzpatrick, T. R., & Bosse, R. (2000). Employment and Health among Older Bereaved Men in the Normative Aging Study: One Year and Three Years Following a Bereavement Event. *Social Work and Health Care, 32,* 2, 41−60.

Fogel, R. W. (1989). *Without Consent or Contract: The Rise and Fall of American Slavery.* New York: Norton.

Food and Drug Administration (1995). Center for Food Safety and

Applied Nutrition, Department of Health and Human—Services. *Nutrition and Your Health: Dietary Guidelines for Americans* (4th ed.). USDA report.

Frankl, V. (1959). *Man's Search for Meaning*. New York: Pocket Books.

Freedman, M. (1999). *Prime Time: How Baby Boomers Will Revolutionize Retirement and Transform America*. New York: Public Affairs Publishers.

Freud, S. (1962). Civilization and Its Discontents, Standard Edition of the Complete Psychological Works of Sigmund Freud. ed. and trans. J. Strachey (1930, repr.). London: Hogarth Press.

Fried E. G. (1949). Attitudes of the Older Population Groups toward Activity and Inactivity. *Journal of Gerontology, 4*, 141–151.

Fried, L. P., Freedman, M., Endres. T. E., & Wasik, B. (1997). Building Communities That Promote Successful Aging. *Western Journal of Medicine, 167*, 4, 216–219.

Gall, T. L., Evans, D. R. & Howard, J. (1997). The Retirement Adjustment Process: Changes in the Well—being of Male Retirees across Time. *Journals of Gerontology, 52B*, 3, 110–117.

George. B. J., & Goldberg, N. (2001). The Benefits of Exercise in Geriatric Women. *American Journal of Geriatric Cardiology, 10*, 5, 260–263.

Giles, L. ed. (1993). *The Sayings of Confucius*. Boston: Charles E. Tuttle.

Glaser, R., Rabin, B., Chesney, M., Cohen, S., & Natelson, B. (1999). Stress—induced Immunomodulation: Implications for Infectious Disease? *Journal of the American Medical Association 281*, 24, 2268–2270.

Glassman, A. H., & Shapiro, P. A. (1998). Depression and the Course of Coronary Artery Disease. American Journal of Psychiatry, 155, 4–11.

Gonzalez, E. R. (1980). Retiring May Predispose to Fatal Heart Attack. *Journal of the American Medical Association, 243*, 13–14.

Graebner, W. (1980). *The History of Retirement: The Meaning and Function of an American Institution, 1885-1978*. New Heaven: Yale University Press, 10-11.

Grand, A., Gorsclaude, H., Bocquet, J., Pous, J., & Albarede, L. (1998). Predictive Value of Life Events, Psychosocial Factors, and Self-rated Health on Disability in an Elderly Rural French Population. *Social Science and Medicine 27*, 1337-1342.

Guiness, O. (1998). *Long Journey Home: and Os Guinness*. The Call. Nashville: Word.

Guinness, O. (2001). *Long Journey Home: A Guide to Your Search for the Meaning of Life*. New York: Doubleday.

Gurland, B. (1995). Psychopathology. *The Encyclopedia of Aging*. ed. G. Maddox. New York: Springer Publishing Co.

Haapanen-Niemi, N., Miilunpalo, S., Pasanen, M., Vuori, I., Oja, P., & Malmberg, J. (2000). Body Mass Index, Physical Inactivity and Low Level of Physical Fitness as Determinants of All-Cause and Cardiovasular Disease Mortality: 16-year Follow-up of Middle-aged and Elderly Men and Women. *International Journal of Obesity, 24*, 11, 1465-1474.

Haber, C., & Graton, B. (1994). *Old Age and the Search for Security: An American Social History*. Indianapolis: Indiana University Press.

Hainworth, J., & Barlow, J. (2001). Volunteers' Experiences of Becoming Arthritis Self-management Lay Leaders: It's almost as if I've stopped aging and started to get younger! *Arthritis & Rheumatism, 45*, 4, 378-383.

Harlow, L. L., Newcomb, M. D., & Bentler P. M. (1986). Depression, Self-derogation, Sbustance Use, and Suicide Ideation: Lack of Purpose in Life as a Medicational Factor. *Journal of Clinical Psychology, 42*, 1, 5-21.

Harlow, R. E., & Cantor, N. (1996). Still Participating After All These Years: A Study of Life Task Participation in Later Life. *Journal of*

Personality & Social Psychology, 71, 6, 1235–1249.

Hayghe, H. V. (1991). Volunteers in the United States: Who Donates the Time? *Monthly Labor Review, 114*, 17–23.

Heathcote, G. (2000). Autonomy, Health and Aging: Transnational Perspectives. *Health Education Research, 15*, 13–24.

Hellich, N. (December 15, 2000). 61% of Americans Overweight. *Latest Health Survey Finds*. USA Today.

Herbman, R. B. (1991). Principles of Tumor Immunology. *Textbook of Clinical Oncology*. ed. A. Holleb, D. J. Fink, & G. P. Atlanta: American Cancer Society, 69–79.

Hinkle, L. E. (1987). Stress and Disease: The Concept after 50 Years. *Social Science & Medicine, 25*, 6, 561–566.

Harris, L., & Associates (1981). *Aging in the Eighties*. Washington, D.C.: National Council on the Aging.

Hirvensalo, M., Rantanen, T., & Heikkinen, E. (2000). Mobility Difficulties and Physical Activity as Predictors of Mortality and Loss of Independence in the Community–living Older Population. *Journal of the American Geriatrics Society, 48*, 5, 493–498.

Hodgkinson, V. A., & Wuthnos, R. (1990). Faith and Philanthropy in America. San Francisco: Jossey–Bass.

Holtz, B. W. (1986). *Back to the Sources: Reading the Classic Jewish Texts*. New York: Simon & Schuster.

Honma, Y. Naruse, Y., & Kagamimori, S. (1999). Physio–social Activities and Active Life Expectancy, Life Expectancy in Japanese Elderly. *Japanese Journal of Public Health, 46*, 5, 380–390.

Hooker, K., & Siegler, I. C. (1993). Life Goals, Satisfaction, and Self–rated Health: Preliminary Findings. *Experimental Aging Research, 19*, 97–110.

House, J. S., Landis, K. R., & Umberson, D. (1988). Social Relationships and Health. *Science, 241*, 4865, 540–545.

House, J. S., Robbins, C., & Metzner, H. L. (1982). The Association of Social Repationships and Activities with Mortality: Prospective Evidence from the Tecumseh Community Health Study. *American Journal of Epidemiology, 116*, 123–140.

Hurnard, H. (1975). *Hind's Feet on High Places.* Wheaton, Ⅲ: Tyndale.

Ironson, G., LaPerrier, A., Antoni, M., O'Hearn, P., Schneiderman, N., Klimas, N., & Fletcher, M. A. (1990). Changes in Immune and Psychological Measures as a Function of Anticipation and Reaction to News of HIV–A Antibody Status. *Psychosomatic Medicine, 52*, 247–270.

Janson, C., Lindberg, E., Gislason, T., Elmasry, A., & Boman G. (2001). Insomnia in Men: A 10–year Prospective Population Based Study. *Sleep, 24*, 4, 425–430.

Jayashree, V., & Rao, T. (1991). Effects of Work Status on Adjustment and the Life Satisfaction of the Elderly. *Indian Journal of Clinical Psychology 18*, 2, 41–44.

Johnnson, B., Sernbo, I. Kristensson, I. H., & Johnell, O. (1993). Hip Fractures in Middle–aged Men: A Consequence of Early Retirement and Alcohol Misuse? *Alcohol & Alcholism 28*, 6, 709–714.

Johnston T. (1990). Retirement: What Happens to the Marriage? *Issues in Mental Health Nursing, 11*, 4, 347–359.

Kabat–Zinn, J., Lipworth, L., & Burney, R. (1985). The Clinical Use of Mindfulness Meditation for the Self–regulation of Chronic Pain. *Journal of Behavioral Medicine, 8*, 163–190.

Kabat–Zinn, J., Massion, A. O., Kristeller, J., Peterson, L. G., Flecther, K. E., Pbert, L. Lenderking, W. R., & Santorelli, S. F. (1992). Effectiveness of a Meditation–based Stress Reduction Program in the Treatment of Anxiety Disorders. *American Journal of Psychiatry, 149*, 936–943.

Kamimoto, L. A. Easton, A. N., Maurice, E., Husten, C. G., & Macera, C.

A. (1999). Surveilance for Five Health Risks Among Older Adults—United States, 1993—1997. *Mortality and Morbidity Weekly Reports, 48*, ss. 08, 89—130.

Kempis, T. (1998). *The Imitation of Christ, 1617.* New York: Random House.

Kiecolt—Glasaer, J., Marucha, P. T., Malarkey, W. B., Mercado, A. M., & Glaser, R., (1996). Slowing of Wound Healing by Psychological Stress. *Lancet 346*, 8984, 1194—1196.

Kiecolt—Glaser, J., Dura, J. R., Speicher, C. E., Trask, O. J., & Glaser, R. (1991). Spousal Caregivers of Dementia Victims: Longitudinal Changes in Immunity and Health. *Psychosomatic Medicine, 53*, 345—362.

Kiecolt—Glaser, J., Garner, W., & Spelcher, C. (1984). Psychosocial Modifiers of Immunocompetence in Medical Students. *Psychosomatic Medicine, 46*, 7—14.

Kiecolt—Glaser, J., Glaser, R., Gravenstein, S., Malarkey, W. B., & Sheridan, J. (1996). Chronic Stress Alters the Immune Response to Influenza Virus Vaccine in Older Adults. *Proceedings of the National Academy of Sciences of the Untied States of America, 93*, 3043—3047.

Kiecolt—Glaser, J., Ricker, D., George, J. (1984). Urinary Cortisol Levels, Cellular Immunocompetence, and Loneliness in Psychiatric Inpatients. *Psychosomatic Medicine, 46*, 15—23.

Koenig, H. G. (2001). *The Healing Connection.* Nashville: Word.

Koenig, H. G. (2002). *Chronic Pain: Biomedical and Spiritual Approaches.* Binghamton, N. Y.: Haworth Press.

Koenig, H. G., & Cohen, H. J. (2002). *The Link Between Religion and Health: Psychoneuroimmunology and the Faith Factor.* New York: Oxford University Press.

Koenig, H. G., Kvale, J. N., & Ferrel, C. (1988). Religion and Well-being in Later Life. *The Gerontologist 28*, 18—28.

Koenig, H. G., McCullough, M. E., & Larson, D. B. (2001). *Handbook of Religion and Health*. New York: Oxford University Press.

Koenig, H. G., Parament, K. I., & Nielsen, J. (1998). Religious Coping and Health Outcomes in Medically Ill Hospitalized Older Adults. *Journal of Nervous & Mental Disorders, 186,* 513–521.

Krause, N. (2001). Social Support. *Handbook of Aging and the Social Sciences* (5th ed.). ed. R. H. Binstock, & L. K. George. San Diego, Calif.: Academic Press

Krause, N., Herzog, A. R., & Baker, E. (1992). Providing Support to Others and Well-being in Later Life. *Journal of Gerontology, 47,* 300–311.

Krause, N., Ingersoll-Dayton, B., Liang, J., & Sugisawa, H. (1999). Religion, Social Support, and Health among the Japanese Elderly. *Journal of Health & Social Behavior, 40,* 405–421.

Ladinsky, D. J. trans. (1999). *Gift: Poems by Hafiz the Great Sufi Master.* New York: Penguin Putman.

Lama, D. (2001). *An Open Heart: Practicing Compassion in Everyday Life.* ed. N. Vreeland. New York: Little, Brown & Company.

Lama, D., & Cutler, H. C. (1998). *The Art of Happiness: A Handbook for Living.* New York: Putnam.

Lapierre, S., Pronovost, J., Dube, M., & Delisle, I. (1992). Risk Factors Associated with Suicide in Elderly Living in the Community. *Canada's Mental Health, 40,* 3, 8–12.

Larson, S. L., Owens, P. L., Ford, D., & Eaton, W. (2001). Depressive Disorder, Dysthymia, and Risk of Stroke: Thirteen-year Follow-up from the Baltimore Epidemiologic Catchment Area Study. *Stroke 32,* 9, 1979–1983.

Latting, J. L. (1990). Motivational Differences between Black and White Volunteers. *Nonprofit and Voluntary Sector Quarterly, 19,* 121–136.

Lawson, D. L. (1999). *More Give to Live: How Giving Can Change Your*

Life. San Diego: ALTI Publishing.

Lee, G. R., & Shehan, C. L. (1989). Retirement and Marital Satisfaction. *Journal of Gerontology, 44,* 6, 226–230.

Lemonick, M. D., & Mankato, A. P. (May 14, 2001). The Nun Study: How One Scientist and 678 Sisters Are Helping to Unlock the Secrets of Alzheimer' s. *Time,* 54–64.

Levy, S., Lee, J., Bagley, C., & Lippman, G. (1988). Survival Hazards Analysis in First Recurrent Breast Cancer Patients: The Seven–year Follow–up. *Psychosomatic Medicine, 50,* 520–528.

Levy, S., Lippman, M., & d' Angelo, T. (1987). Correlation of Stress Factors with Sustained Suppression of Natural Killer Cell Activity and Predictive Prognosis in Patients with Breast Cancer. *Journal of Clinical Oncology, 5,* 348–353.

Lewis, C. S. (2001). *Mere Christianity, 1943.* San Francisco: Harper.

Liang, J. L., Dworkin, L., Kahana, E., & Maziau, F. (1980). Social Integration and Morale: A Re–examination. *Journal of Gerotology. 35,* 746–757.

Manton, K. G., & Gu, X. (2001). Changes n the Prevalence of Chronic Disability in the United States: Black and Nonblack Population above Age 65 from 1982 to 1999. *Proceedings of the National Academy of Sciences of the United States of America, 98,* 11, 6354–6359.

Manton, K. G., & Vaupel, J. W. (1995). Survival after the Age of 80 in the United States, Sweden, France, England, and Japan. *New England Journal of Medicine, 333,* 1232–1235.

Manton, K. G., Corder, L., & Stallard, E. (1997). Chronic Disability Trends in Elderly United States Populations: 1982–1994. *Proceedings of the National Academy of Science of the United States of America, 94,* 6, 2593–2598.

Marucha, P. T., Kiecolt–Glaser, J., & Favagehi, M. (1998). Mucosal Wound Healing Is Impaired by Examinations Stress.

Psychosomatic Medicine, 60, 362−365.

Mattila, V., Joukamaa, M., & Salokangas, R. (1990). Retirement, Aging, Psychosocial Adaptation and Mortality: Some Findings of a Follow−up Study (The TURVA Project). European Journal of Psychiatry 4, 3, 147−158.

McAuley, E., Blissmer, B., Marquez, D. X., Jerome, G. J., Kramer, A. F., & Katula, J. (2000). Social Relations, Physical Activity and Well−being in Older Adults. *Preventive Medicine 31,* 608−617.

McClelland, D. C. (1988). The Effect of Motivational Arousal through Films on Salivery Immunoglobulin. *A Psychology and Health, 2,* 31−52.

McHenry, J. H. (2001). *Prayer Walk.* Colorado Springs, Colo.: Water Brook Press.

McWilliam, C. L., Brown, J. B., Carmichael, J. L., & Lehman, J. M. (1994). A New Perspective on Threatened Autonomy in Elderly Persons: The Disempowering Process. *Social Science & Medicine, 38,* 2, 327−338.

Midlarsky, E., & Kahana, E. (1994). *Altruism in Later Life.* Thousand Oaks, Calif.: Sage Publications.

Milne, C., Saccco, C., Cetinski, G., Browne, G. & Roberts, J. (1994). Correlates of Well−being among Caregivers of Cognitively Impaired Relatives. *Canadian Journal of Nursing Research, 26,* 1, 27−39.

Mishra, S. (1999). Leisure Activities and Life Satisfaction in Old Age: A Case Study of Retired Government Employees Living in Urban Areas. Activities, Adaptation, and Aging

Moore, M., & Goodman, J. C. (August 2001). Straight Talk about the Social Security Trust Fund, brief analysis #366 prepared for the National Center for Policy Analysis, 10.

Mor−Barak, M. E., Scharlach, A. E., Birba, L., & Sokolov, J. (1992). Employment, Social Networks, and Health in the Retirement

Years. *International Journal of Aging & Human Development, 35*, 2, 145–159.

Mueller, P., Plevak, D. J., & Rummans, T. A. (2001). Religious Involvement, Spirituality, and Medicine: Subject Review and Implications for Clinical Practice. *Mayo Clinic Proceedings, 76*, 1225–1236.

Musick, M. A., Wilson, J., & Bynum, W. B. (2000). Race and Formal Volunteering: Differential Effects of Class and Religion. *Social Forces, 78*, 1539–1571.

Musselman, D. L., Evans, D. L., & Nemeroff, C. B. (1998). The Relationship of Depression to Cardiovascular Disease: Epidemiology, Biology, and Treatment. *Archives of General Psychiatry, 55*, 580–592.

Mutchler, J. E., Burr, J. A., Massagli, M. P., & **Pienta** (1999). Work Transitions and Health in Later Life. *Journal of Gerontology, 54*, 5, 252–261.

Mutran, E., & Reitzes, D. C. (February 1984). Intergenerational Support Activities and Well–being among the Elderly: A Convergence of Exchange and Symbolic Interaction Perspective. *American Sociological Review, 49*, 1, 117–130.

Myers, D. G. (1993). *The Pursuit of Happiness.* New York: William Morrow.

Myers, S. M., & Booth, A. (1996). Men's Retirement and Marital Quality. *Journal of Family Issues, 17*, 3, 336–357.

Niemi, T. (1979). The Mortality of Male Old–age Pensioners Following Spouse's Death. *Scandinavian Journal of Social Medicine, 7*, 3, 115–117.

Niemi, T. (1980). Retirement and Mortality. *Scandinavian Journal of Social Medicine 8*, 1, 39–41.

Oman, D., Thoresen, C. E., & McMahon, K. (1999). Volunteerism and Mortality among the Community–dwelling Elderly. *Journal of*

Health Psychology 4, 301-316.

Osler W. (1910). The Fixed Period. *Aequanimitas: With Other Addresses to Medical Students, Nurses and Practitioners of Medicine.Philadelphia*, 391-411.

Palmore, E. B. (1998). *The Facts on Aging Quiz* (2nd ed.). New York: Springer Publishing Co.

Park, J. Z., & Smith, C. (2000). To whom much has bee given...: Religious Capital and Community Voluntarism among Churchgoing Protestants. *Journal for the Scientific Study of Religion, 39*, 272-286.

Payne, E., Robbins, S., & Dougherty, L. (1991). Goal Directedness and Older adult Adjustment. *Journal of Counseling Psychology, 38*, 3, 302-308.

Pennington, M. B. (1980). *Centering Prayer: Renewing an Ancient Christian Prayer Form.* New York: Doubleday.

Peterson, P. G. (1999). *Gray Dawn: How the Age Wave Will Transform America—and the World.* New York: Times Books.

Potts, M. K. (1997). Social Support and Depression among Older Adults Living Alone: The Importance of Friends Within and Outside of a Retirement Community. *Social Work, 42*, 4, 348-362.

Putnam, R. (1995). Bowling Alone: America's Declining Social Capital. *Journal of Democracy, 6*, 65-78.

Rabin, B. S. (1999). *Stress, Immune Function, and Health: The Connection.* New York: Wiley-Liss & Sons.

Rappaport, H., Fossler, R. J., Bross, L. S., & Gilden, D. (July-August 1993). Future Time, Death Anxiety, and Life Purpose among Older Adults. *Death Studies, 17*, 4, 369-379.

Reker, G. T., Peacock, E. J., & Wong, P. T. (1987). Meaning and Purpose in Life and Well-being: A Life-span Perspective. *Journal of Gerontoloy, 42*, 1, 44-49.

Richardson, V. E., & Kilty, K. M. (1991). Adjustment to Retirement:

Continuity vs. Discontinuity. *International Journal of Aging and Human Development 33, 2*, 151–169.

Roberts, D., Andersen, B. L., & Lubaroff, D. (1994). Stress and Immunity at Cancer Diagnosis. *Department of Psychology*. Ohio State University, Columbus, Ohio.

Robinson, J. P., & Godby, G. (1999). *Time for Life: Surprising Ways That Americans Use Their Time*. University Park, Pa.: Pennsylvania State University Press,

Rosengren, A., Tibblin, G., & Wilhelmsen, L. (1991). Self–perceived Psychological Stress and Incidence of Coronary Artery Disease in Middle–aged Men. *American Journal of Cardiology, 68*, 1171–1175.

Rowe, J. W., & Kahn, R. L. (1999). *Successful Aging*. New York: Random House.

Sapolsky, R. M., Alberts, S. C., & Altman, J. (1997). Hypercortisolism Associated with Social Subordinance or Social Isolation among Wild Baboons. *Archieves of General Psychiatry, 54*, 1137–1143.

Schaeffer, E. (1978). *Affliction: A Compassionate Look at the Reality of Pain and Suffering*. Grand Rapids, Mcih: Baker.

Schor, J. B. (1991). *The Overworked American*. New York: Basic Books.

Schuster, M. A., Stein, B. D., Jaycox, L. H., Collins, R. L., Marshall, G. N., Elliott, M. N., Zhou, A. J., Kanouse, D. E., Morrioson, J. L., & Berry, S. H. (2001). A National Survey of Stress Reactions after the September, 11, 2001, Terrorist Attacks. *New England Journal of Medicine, 345*, 1507–1512.

Schwartz, R. S. (2000). *Finding a Spiritual Home: How a New Generation of Jews Can Transform the American Synagogue*. San Francisco: Jossey–Bass.

Seeman, T., & Syme, S. L. (1987). Social Networks and Coronary Artery Disease: A Comparison of the Structure and Function of Social Relations as Predictors of Disease. *Psychosomatic Medicine, 49*,

341-354.

Sertz, K. M. (1989). The Relationship among Background Characteristics, Purpose in Life, and Caregiving Demands on Perceived Health of Spouse Caregivers. *Scholarly Inquiry for Nursing Practice 3*, 2, 133-153.

Shaw, W. S., Pattersonl, .T. L., Semple, S., & Grant; I. (1998). Health and Well-being in Retirement: A Summary of Theories and Their Implications. *Handbook of Clinical Geropsychology*. ed. M. Hersen, & V. B. Van Hasselt. New York: Plenum Press, 383-409.

Sheldon, C. M. (1982). *In His Steps*. Fort Worth, Tex: Brownlow.

Siebert, D. C., Mutran, E. J., & Reitzes, D. C. (1999). Friendship and Social Support: The Importance of Role Identity to Aging Adults. *Social Work, 44*, 6, 522-533.

Silverman, M. (1953). Psychological and Social Aspects of Psychiatric Disorders in the Aged. *Journal of Mental Science, 99*, 257-264.

Slattery, M. L., & Jacobs, D. R. Jr. (1988). Physical Fitness and Cardiovascular Disease Mortality: The U. S. Railroad Study. *American Journal of Epidemiology, 127*, 3, 571-580.

Smith, D. H. (1994). Determinants of Voluntary Association Participation and Volunteering: A Literature Review. *Nonprofit and Voluntary Sector Quarterly, 23*, 243-263.

Spiegel, D. (1999). A 43-year-old Woman Coping with Cancer. *Journal of the American Medical Association, 282*, 371-378.

Spiegel, D., Bloom, J. R., Kraemer, H. C., & Gottheil, E. (1989). Effect of Psychosocial Treatment on Survival of Patients with Metastatic Breast Cancer. *Lancet 2*, 8668, 888-891.

Staley, E. ed. (1952). *Creating an Industrial Civilization: A Report on the Corning Conference*. Corning, N.Y.: American Council of Learned Societies and the Corning Glass Works

Stefano, G. B., Fricchione, G. L., Glingsby, B. T., & Benson, H. (2001). The Placebo Effect and Relaxation Response: Neural Processes and Their Coupling to Constitutive Nitric Oxide. *Brain Research Review, 35*, 1–19.

Stein, S. Linn, M. W., & Stein, E. M. (1982). The Relationship of Self-help Networks to Physical and Psychosocial Functioning. *Journal of the American Geriatrics Society, 30*, 12, 764–768.

Stewart, A. L., Verboncoeur, C. J., McLellan, B. Y. Gillis, D. E., Rush, S., Mills, K. M., King, A. C., Ritter, P., Brown, B. W., & Bortz, W. M. (2001). Physical Activity Outcomes of CHAMPS II: A Physical Activity Promotion Program for Older Adults. *Journals of Gerontology, 56*, 8, M465–470.

Stoll, A. (2001). *The Omega-3 Connection.* New York: Simon & Schuster.

Sugisawa, A., Sugisawa, H., Nakatani, Y., & Shibata, H. (1997). Effect of Retirement on Mental Health and Social Well-being among Elderly Japanese. *Japanese Journal of Public Health 44*, 2, 123–130.

Swanson, A. (2001). St. Christopher's Hospice awarded $1 million: London Hospice get Hilton Humanitarian Prize. *Research News & Opportunities in Science and Theology, 2*(3), 26.

Taylor, E. J. (1993). Factors Associated with Meaning in Life among People with Recurrent Cancer. *Oncology Nursing Forum, 20*, 9, 1399–1405.

Teresa, M., & Chaliha, J. (2000). *The Joy in Loving.* ed. E. L. Joly. New York: Penguin/Viking.

U. S. Social Security Administration (November–December 2000). *Social Security Today 5*, 6, 1.

Uchino, B. N., Cacioppo, J. R., & Kiecolt-Glaser, J. (1996). The Relationship between Social Support and Physiological Processes: A Review with Emphasis on Underlying Mechanisms and Implications for Health. *Psychological Bulletin, 119*, 488–531.

United Nations, Population Division, Department of Economic and Social

Affairs (1999). *Population Aging-1999.* Publication ST/ESA/SER.A/179.

Vaillant, G. (1977). *Adaptation to Life.* Boston: Little & Brown.

Vinick, B., & Ekerdt, D. J. (1989). Retirement and the Family. *Generations 13,* 2, 53-56.

Waisberg, J. L., & Porter, J. E. (1994). Purpose in Life and Outcome of Treatment for Alcohol Dependence. *British Journal of Clinical Psychology, 33,* 1, 49-63.

Wasserbauer, L. I., Arrington, D. T., Abraham, I. L. (1996). Using Elderly Volunteers to Care for the Elderly: Opportunities for Nursing. *Nursing Economics, 14,* 232-238.

Wei, M., Kampert, J. B., Barlow, C. E., Nichaman, M. Z., Gibbons, L. W., Paffenbarger, R. S. Jr., & Blair, S. N. (1999). Relationship between Low Cardiorespiratory Fitness and Mortality in Normal-weight, Overweight, and Obese Men. *Journal of the American Medical Association, 282,* 16, 1547-1553.

Weinstein, L., Xie, X., & Cleanthous, C. C. (1995). Purpose in Life, Boredom, and Volumterrism in a Group of Retirees. *Psychological Reports, 76,* 2, 482.

Wilkinson, B. (2000). *The Prayer of Jabez.* Sisters, Ore.: Multnomah.

Williams, R., & Williams, V. (1998). *Anger Kills.* New York: HarperCollins.

Williams, R. B., Barefoot, J. C., Califf, R. M., Haney, T. L., Saunders, W. B., Pryor, D. B., Hlatky, M. A., Siegler, I. C., & Mark, D. B. (1992). Prognostic Importance of Social and Economic Resources among Medically Treated Patients with Angiographically Documented Coronary Artery Disease. *Journal of the American Medical Association, 267,* 520-524.

Wilson, J., & Musick, M. A. (1997). Work and Volunteering: The Long Arm of the Job. *Social Forces, 76,* 251-273.

Wilson, M. (1983). How to Mobilize Church Volunteers. *Minneapolis:*

Auguburg, 22–23.

Winter, D. B. (1971). *Closer Than a Brother: Practicing the Presence of God*. Wheaton, III: Harold Shaw Publishers.

Woodbury, R. G. (1999). Early Retirement in the Untied States. Metropolitan Insurance *Companies Statistical Bulletin, 80,* 3, 2–7.

Yusuf, H. R., Croft, J. B., & Giles, W. H. (1996). Leisure–time Physical Activity among Older Adults, United States, 1990. *Archives of Internal Medicine, 156,* 1321–1326.

Zika, S., & Chamberlian, K. (1992). On the Relation between Meaning in Life and Psychological Well–being. *British Journal of Psychology, 83,* 1, 133–145.

저자 소개

Harold G. Koenig

해롤드 코닉 박사는 스탠퍼드 대학교와 샌프란시스코에 있는 캘리포니아 주립 대학교 그리고 듀크 대학교 등에서 공부했으며, 현재 듀크 대학교 의과대학 정신의학 교수로 재직 중이다. 그는 미국에서 노인학의 선두 주자로 인정받고 있으며, 듀크 대학교의 Religion/Spirituality and Health 연구소의 설립자 겸 책임자로서 영성과 신학 그리고 건강 분야에서 왕성한 연구와 활동을 전개하고 있다. 그의 책과 논문들은 세계의 전문 잡지들과 미국의 주요 방송국들, *New York Times, USA Today, Newsweek, Reader's Digest* 등에 소개되어 왔다. 그의 최근 저서에는 *The Healing Power of Faith*(Simon & Schuster, 2001), *The Handbook of Religion and Health*(Oxford University Press, 2001), *Spirituality in Patient Care*(Templeton Foundation Press, 2002), *Faith in the Future*(Templeton Foundation Press, 2004), *The Healing Connection*(Templeton Foundation Press, 2004) 등이 있다.

역자 소개

유재성

미국 텍사스의 서남침례신학대학원(SWBTS)에서 가족치료와 목회상담으로 박사학위를 취득한 뒤 댈러스와 시애틀에서 가족상담사 및 병원 채플린으로 활동하였다. 현재 침례신학대학교 상담심리학과장으로 재직 중이며, 대덕단지 내에 있는 늘사랑교회의 협동목사이기도 하다. 대학교나 상담기관 그리고 교회 등에서 개인상담, 가족치료, 목회상담을 가르치며 상담 및 가정사역을 전개하고 있다. 위기에 처한 가정들을 해결중심적 관점에서 돕는 『누구나 한번쯤 이혼을 꿈꾼다』(한언출판사)와 『해결중심 목회상담』(요단출판사)을 비롯한 다수의 역서를 펴냈으며, 최근에는 '현대목회상담학개론' 과 '해결중심의 라이프웨이 상담 워크북' 을 집필 중이다.

역자와의
협약으로
인지생략

아름다운 은퇴
Purpose and Power in Retirement

2006년 8월 21일 1판 1쇄 인쇄
2006년 8월 25일 1판 1쇄 발행

지은이 · Harold G. Koenig
옮긴이 · 유재성
펴낸이 · 김진환
펴낸곳 · **학지사**
121-837 서울특별시 마포구 서교동 352-29 마인드월드빌딩 5층
대표전화 · 02)326-1500 / 팩스 02)324-2345
홈페이지 · http://www.hakjisa.co.kr
등 록 · 1992년 2월 19일 제2-1329호

ISBN 89-5891-319-3 03370

정가 12,000원

잘못된 책은 구입처에서 교환하여 드립니다.

인터넷 학술논문 원문 서비스 **뉴논문** www.newnonmun.com